RESEARCH
REPORT
ON
CURRENT
GLOBAL
PARTY
POLITICS
(2013)

当今世界政党政治研究报告（2013年）

中共中央对外联络部研究室 编

序　言

2008年爆发的国际金融危机牵动了世界经济、国际关系的复杂变化，深刻影响了当今世界各国政党所处的内外环境。如何认识当今世界政党政治的发展变化？如何汲取不同类型政党兴衰沉浮的经验教训？如何把握当今世界政党政治发展的规律？是人们热切关注的话题。

中共中央对外联络部作为我党观察、研究世界政党政治的窗口和从事政党国际交往的职能部门，长期以来密切关注世界政党的变化发展，形成了调查研究的优良部风。本文集就是我部研究人员相关研究成果的荟萃。其中既有对欧洲、亚洲、拉美、非洲等地区政党政治发展进行的宏观总结，也有对20多个国家政党政治发展的微观解析；既有对社会党国际、欧洲社会党、欧洲左翼党等国际性、地区性政党组织发展演变的脉络梳理，也有对共产党、社会党、保守党、绿党等不同类型政党的政策调整、力量变化及其兴衰沉浮进行的客观分析。文集对当今世界政党面临的多重挑战、应对举措及其经验教训进行剖析，对世界政党政治的未来发展前景进行了展望，向广大读者展示了当今世界丰富多彩的政党政治画卷。故将文集编辑出版，供党政机关、社科学界研究人员参考。

中共中央对外联络部研究室
2014年11月

目 录

如何认识当今世界的政党政治？·····················周余云/001
2013年世界政党形势·······························魏　伟/008
近年来发展中国家政党政治的若干变化···············邹国煜/014
近年来国外共产党的新变化、主要挑战及未来发展趋势····柴尚金/021
国外社会党近期的变化情况及困境前景探析···········唐海军/028
近年来国外保守政党的发展变化·····················邹国煜/035
近年来世界伊斯兰政党的发展变化···················石晓虎/041
近年来世界绿党的发展变化·························魏　伟/046
南亚政党政治发展的特点与趋势············崔　翔　杜小林/052
阿富汗政党政治的特点及发展趋势···················常久青/057
中亚地区政党政治及发展趋势·······················崔丽芝/060
日本政党政治的新变化新特点·······················连　智/064
蒙古政党政治的变化与特点·························梓　萌/068
印尼政治改革进程中的得与失·······················杨　晨/071
西亚北非地区政党政治的基本特点、新变化及发展趋势····朱　悦/076
苏丹政党政治的特点、新变化及发展趋势·············储雪芬/081
伊拉克政党政治主要特点及发展趋势·················杨　迪/085
当前黑非洲政党政治的几个特点·····················丁　逾/088
国际金融危机以来西欧政党政治的发展变化与走向·····郝　明/092
当前英国政党政治新动向、新特点···················王迎春/100
当前希腊政党政治发展变化的若干特点···············邹国煜/105

剧变以来中东欧政党制度演变及前景探析·················赵雪林/109
当前波罗的海三国政党政治的主要特点············张振坤　姚　兰/121
俄罗斯政党政治改革及前景······························朱晓姝/124
金融危机以来美国政党政治的演变························吴　航/127
当前拉美地区政党政治的主要特点及发展趋势··············陈文学/132
当前阿根廷政党政治主要特点、格局变化和发展趋势········王　淄/135
巴西政党政治主要特点、格局变化和发展趋势··············陈晓玲/140
当前秘鲁政党政治的主要特点和发展趋势··················黄华毅/144
当前玻利维亚政党政治的主要特点和发展趋势··············齐　萌/148
新世纪哥伦比亚政党政治特点····························陈　华/152
当前厄瓜多尔政党政治主要特点、格局变化和发展趋势······齐　萌/155
当前委内瑞拉政党政治特点及发展趋势····················王　楠/159
当前墨西哥政党政治的特点和变化及发展趋势··············曾祥伟/163
乌拉圭政党政治主要特点、格局变化和发展趋势············周　超/167
智利政党政治主要特点和格局变化························周　超/170
当前中美洲政党政治特点和变化··························陈朝霞/174
西欧社会党面临的挑战及其应对举措······················周荣美/178
对社会党国际部分成员党另组"进步联盟"的初步看法······徐　敏/182
苏东剧变以来西欧国家共产党的力量变化、反思调整
　及发展前景·····································孙兆龙　杜　洋/186
从欧洲左翼党的发展看欧洲左翼力量现状及面临的挑战······林　蔚/193
国外政党应对选民政党认同下降的主要做法················魏　伟/199

附录一　2013年世界政党形势大事记·································205
附录二　希腊、葡萄牙、意大利三国政党政治
　　　　考察报告·······················邹国煜　唐海军　周余云/266
附录三　意大利政要学者谈国内形势及政党政治·················唐海军/272
附录四　葡萄牙政要学者谈国内形势及政党政治·················唐海军/281
附录五　希腊政要谈政党政治·································邹国煜/289

如何认识当今世界的政党政治？

周余云

现代政党政治发源于英美等西方发达国家，现已成为世界上绝大多数国家的政治运作方式。目前，除少数实行君主立宪制的酋长国等禁止政党存在外[1]，世界上有160多个国家存在着6200多个不同类型的政党[2]。这些历史背景不同、意识形态各异、价值取向多元的政党通过不同形式相互作用，掌控或参与一国政治，并在长期的实践中形成了丰富多彩的政党体制。现代政党政治如同一枚多棱晶体，人们在不同的角度可以感受到它不同的映像。

一、如何看待当今世界的政党体制？

作为当今世界政党政治中具有典型意义的政党体制，无论是以英美为代表的两党制，还是以法国为代表的多党制，都经历了长期的孕育发展。英国是世界上最早产生政党的国家，早在1679年就出现了两大政党——托利党和辉格党，但两党制的真正形成却经历了漫长的过程：从1694年第一个政党内阁的出现，到1721—1742年间议会制的形成，再到1868年大选中两党制的完全成熟，历经两个世纪。在美国政党发展史上，1792年被认为是具有标志性意义的年份，是年，在美国的第二届大选中，形成了"联邦党"和"民主共和党"两大全国性政党；1800年大选中，联邦党败北，民主共和党入主白宫，标志着两党制的初步形成，此后经历联邦党的消亡、民主共和党的分裂、共和党的诞生等曲折，直至1884年以总统大选为标志，稳定的两党制正式形成。法国早在1789年的大革命中就出现了维护旧秩序的贵族派和拥护新制度的爱国党，但政党体制的确立却是在第三共和国时期。这个时期政党林立，伴随着保王党衰落、共和党执政和工人政党诞生，法国逐步确立了延续至今的多党制。

从英、美、法政党体制的形成来看，一种政党体制的产生和确立并非凭空制造出来，而是在本国的文化传统、政治土壤中，通过不同政治力量的此消彼长逐渐演进而成；是从本国的政治经济土壤中生长出来的，而不是人为创造出来的。英美之所以形成两党制，是因为它们在统一的资本主义经济基础之上，逐步形成了成熟稳定并与政权直接关联的两大政党。法国之所以形成多党制，是由法国的政治经济环境所决定：经济上，小农经济占优势，小资产阶级有如汪洋大海，经济上的分散导致政治力量的分散和分裂，使得法国政党林立；思想上，各种政治思潮如自由主义、工业主义、雅各宾主义、波拿巴主义、戴高乐主义和社会主义等此起彼伏；选举制度上采取了有利于小党的比例代表制等。由此可见，英、美、法的政党体制体现了各自的国情特点，同时也适应了其内部权力和利益再分配的需要。

因此，政党体制的形成是一个长期的自然历史过程，不同类型的政党体制，既受制于各国社会政治经济文化发展水平，也体现了人类社会政治文明发展模式的多样性。

二、如何认识一些发展中国家政党体制的"进口替代"？

第二次世界大战后，一些相继获得独立的发展中国家效仿西方宗主国，实行了两党制或多党制。20世纪90年代以来，原苏东国家在放弃共产党领导后也采用了多党体制，非洲国家还出现了多党制风潮。环顾世界，应该说，发展中国家实行两党制或多党制的国家很多，但就目前而言，真正取得成功的不多。究其原因，这是由于西方国家的两党制或多党制普遍经历了一二百年的时间才发育完成，而一些发展中国家力图依靠政党体制的"进口替代"，或在自身的政治肌体上进行"假肢移植"，短期速成，必然会带来排异反应等先天性缺陷，甚至有的国家只搬来了多党民主的外壳，未能学到民主政治的精髓——妥协与尊重选举结果，代之以街头政治或兵刃相见。法国政治思想家托克维尔在谈到其他国家在移植美国联邦制时指出，美国的联邦制、民主制度对美国来说是一件好东西，"好像能工巧匠创造的一件只能使发明人成名发财，而落到他人之手就变成一无用处的美丽艺术品"。他说："墨西哥人希望实行联邦制，于是把他们的邻居英裔美国人的联邦宪法作为蓝本，并几乎全部照抄过来。但是，他们只抄来了宪法的条文，而无法同时把给予宪法以生命的精神移植过来。"托克维尔还认为，在一个政党林立的社会中，大党在激荡社会，小党在骚扰社会；大党使社会分裂，小党使社会败坏。李光耀在回忆录中写道：我也亲眼看着80多个前殖民地，虽有英国法国亲自为它们制定宪法，实行了多党民主政治，却多数以失败而告终。而在当代，像伊拉克这样的多党民主选举是由美英联军荷枪实弹强加进来的，那么这种民主造成的代价比它带来的好处要高得多。

西方政治学者在评价发展中国家的多党民主政治转型是否顺利时，提出"两度易位测试"标准，即在转轨阶段的首次选举中赢得大选的政党在下一次选举中失利，把政权让渡给选举中的赢家，而后者又能和平地把权力让渡给下一次选举的胜利者。但这只是从多党民主政治稳定性的角度看，另一方面，看一个政党体制是否成功有效，最终要体现在能否促进国家的稳定发展和现代化进程上。对发展中国家来说，其首要任务是发展经济、扶助民生，而这首先需要的是稳定的政治环境和良好的社会秩序。马丁·雅克认为，"如果认为我们这个时代的主旋律就是事事围着民主转，那这样的观点也只不过是将西方狭隘的心态暴露无遗"，他还认为，从现代化进程的历史经验看，"几乎没有哪个国家的民主进程与经济腾飞是同步进行的"。美洲开发银行把政治体制与人口、地理共同列为影响发展的三大非经济因素，认为政党之间永无休止的争斗只会中断经济发展进程。因此，对发展中国家来说，重要的是要确保政党政治不成为经济发展的绊脚石。李光耀在分析印度、泰国的多党体制时认为，印度政治有足够的灵活性来满足说300种不同语言、来自多元种族的国民。但是，当政党政治玩得过火时，负面的影响就出现了。例如当某个政党一上台，一些反对党就会迫不及待，不管三七二十一要把它拉下台。如印度2004年第14届大选时，全国政党总数达750个，创下历史新高。这样庞大的政党群体，记住党名就很不容易，遑论各政党的价值取向了。泰国1932年就完成了资产阶级革命,确立了名义上的民主政治和宪政制度。近80年后的今天,泰国的政党政治仍未成熟,始终处在多党林立、小党众多的状态。据泰国内政部统计,从1932年到1996年,泰国正式申报组建的政党有155个,其中多数政党是为选举匆匆而建,也因选举落幕烟消云散。长期存在的多党联合政府出于平衡各党派利益需要,难以推行长期的发展规划和政策,政策朝令夕改,不但阻碍经济成长,造成失业率上升,还导致政局不稳定。1932年到1992年,泰国发生大小政变19次,民选政府常被非民主的军事政变赶下台,从中折射出民主制度的脆弱和宪政意识的淡薄。

因此,政党体制需要放在恰当的历史和环境中来考量,稳定而成熟的政党体制具有内生性,需要一定的阳光、土壤和水分的养护。发展中国家在政党体制上搞"进口替代",简单移植别国的政党体制会造成水土不服,如缺少相应的环境支撑,短期内很难成功,在多数情况下反而妨碍了经济发展和社会稳定。因此,发展中国家在通往现代化的道路上,要警觉"多党制幻觉",注意避让"民主陷阱"。

三、如何看待政党体制与民主政治?民主是否一定要表现为两党制或多党制?

在当今国际社会话语权被西方主流媒体垄断的情况下,有人认为,评价一个国家形象好坏的标准之一,就是看这个国家是否有民主制度,而民主与否的标准,就是看这个国家是否实行了一人一票的普选权和多党选举制。

其实,民主与普选制、多党制虽有较大的关联,但绝非完全等同。一方面,从历史上看,多党制与民主政治及普选制的实现并非完全同步,存在一个时间差。如英国两党制形成于19世纪60年代,但直到19世纪80年代,绝大多数男性才获得选举权,到1918年,英国30岁以上的女性才获得选举权。美国19世纪80年代确立了两党制,但美国白人女性直到1920年才赢得选举权,黑人直到1965年才获得选举权。另一方面,两党制或多党制不是在任何时空背景下都是民主政治的体现。正如亨廷顿所认为的那样,一些发展中国家通过搬用多党制来体现民主,但实际上这些政党并不是民主政治的象征，而是成为政客们个人政治野心的战车。如某一政客在原来的政党中无所施其计就会组建新党，然后再去招兵买马，正是这种"低水平的政党制度导致政治紊乱和暴力"。基于这样的情况，亨廷顿认为，对于政治发展来说，重要的不是政党的数量而是政党制度的力量和适应性，"政治稳定的先决条件在于有一个能够同化现代化过程所产生出来的新兴社会势力的政党制度"。

当今时代，民主已成为全人类的共同追求，也是中国政治体制建设和改革方向。正如温家宝总理在《未来中国的走向》一文中所阐明的那样："未来的中国，将是一个充分实现民主政治、公平正义的国家。在人类历史上，在反对封建专制斗争中形成的民主、法治、自由、平等、人权等观念，是人类精神的一次大解放。只是不同社会、不同国家，实现的途径和形式有所不同。"这种不同正是人类政治文明多样性的生动体现，而一些人先把复杂多样的政治形态简化为多（两）党制与一党制的差别，继而简化为民主与专制的对立，把多（两）党制与民主政治简单等同起来，这实在是一种民主教条主义。

应当看到，在通向现代化的历史进程中，政治民主是必不可少的自然历史过程，但它不是在实验室封闭环境中完成的科学实验，而是涉及民族前途和亿万人命运的社会实践，是一项复杂的系统工程，不存在可以简单复制的模板。在多党制与民主政治之间不能简单画等号，也不能笼统地、一般地去反对多党制本身，因为作为一种政党体制，本身无所谓优劣，但那种不问青红皂白，不顾时空条件，把国外政党体制简单搬用到当代中国的主张，认为只要实现了多党制，一切发展中的问题就会迎刃而解的看法是不足取的。应当看到，一些发展中国家移植西方发达国家政治体制所付出的代价，当代中国是无力支付的！

四、如何看待当代中国的政党体制？

政党政治是当代世界政治文明的重要组成部分，一个国家采取什么样的政党体制为好，一切要以国情为依据。纵观世界政党政治发展史，可以看出，各国政党政治的体制模式、理论与实践规则各不相同，也不可能相同。不论哪一个国家试图全盘照搬别国的政党体制模式，都不会取得好的效果；反之，不论哪一个国家试图让别国移植自己的政党体制，也行不通。

在中国近现代史上，不是没有模仿、搬用过多党政治的试验。维新运动后，一些思想家认为，西方国家富强之本，不仅在于技术的先进，也在于政治制度的优越，要求学习"西学"、"西法"，主张实行"议会"、"君民共主"的君主立宪政治。薛福成还介绍了"英国上下议院、有公保两党，迭为进退，互相维制"的情况。辛亥革命后，《中华民国临时约法》颁布，一时间涌现出312个政党。但政党林立，最终导致"党见纷歧，心意各别，欲图和衷共济，更所难得"。1912年12月到1913年3月的国会选举更是丑闻不断，如拉人冒名投票、以金钱或吃喝贿选、胁迫别人投票、虚报选民数字等。国民党虽在选举中成为国会中的第一大党，其代理理事长宋教仁自以为可以组成政党内阁，但袁世凯的刺刀刺破了美丽的多党民主政治的肥皂泡。袁世凯就任大总统后，下令解散国民党，取消第一届国会。此后，民国初年以来的大多数政党烟消云散，议会制、多党制的尝试也宣告失败。

中国共产党领导的多党合作与政治协商制度融合了诸多政党体制的优长，又体现了自身的特点：它不是一党制，而是多党合作制，是在共同政治和经济基础上的多党合作共事的、为社会主义事业服务的多党合作制；它也不是两党制，而是一党执政、多党参政制。这种独具中国特色的政党体制已经内化为中国体制的力量，在推动中国政治进步、经济发展和社会安定方面发挥积极作用，以至于国外一些执政党领导人感叹道，要是我们的反对党像你们的民主党派就好了。另一些反对党领导人则表示，要是我们的执政党像中国共产党对待民主党派那样对待我们就好了。因此，从国际比较来看，中国共产党领导的多党合作与政治协商制度与国外的一党制、两党制、多党制一样，都是人类社会在其发展进程中所产生的政党政治发展模式，决不能妄自菲薄地认为中国的政党体制落后于人。同时，也应清醒地认识到，中国的政党体制还存在制度化、法制化程度不高，民主监督起步晚、不到位，有些公民权利尚未充分实现等不足。因此，在推进民主政治建设的过程中，要注意汲取别国的经验教训，并增强自身才干和促进自我完善，这才是一种聪明的政治智慧。在政治发展过程中，东施效颦是可笑的，故步自封是愚蠢的！

国外现代化的经验表明：一个国家现代化能否顺利进行，最后都要追踪到政治原因。没有一个稳定而高效的政治体制，就没有社会经济文化的高速增长和协调发展，即使有一时的高速发展，也不能持久。国际经验表明：现代化进程一般需要两个"发动机"推进——一个是经济增长的发动机，其原动力是市场扩张带来的活力；一个是收益分配的发动机，其原动力是政府调控带来的稳定。两个发动机的有效运转及相互关系的协调有赖于健全的政治系统，政党体制作为这个政治系统的核心部件，就显得尤为重要。

因此，国家经济实力竞争的表象背后，实质是体制的竞争。从四川汶川大地震、北京奥运会到应对当前的金融危机，都彰显了中国特色社会主义的体制力量。回顾过去，中国人民可以在改革开放的伟大实践中探索出具有中国特色的社会主义市场经济体制；展望未来，中国人民也一定能够在坚持和完善中国共产党领导的多党合作与政治协商制度的过程中，闯出一条具有中国特色的政治文明发展之路，从而丰富世界民主政治的内涵与形式，为人类社会的政治文明作出独特贡献。

[1] 这些国家主要是实行君主制、酋长制或政教合一的国家。如沙特阿拉伯是一个政教合一的君主立宪制国家，法律明确规定禁止政党活动，此外阿联酋、科威特、卡塔尔、巴林、阿曼等一些信奉伊斯兰教的阿拉伯海湾国家，都没有政党存在。

[2] 这个数据是作者根据相关资料统计而得，截止到2011年初。事实上，世界政党的实际数量一直处在变化之中。

2013年世界政党形势

魏 伟

2013年，全球近60个国家举行总统或议会选举，选举形势平稳，政权过渡有序。西方国家政治生态持续嬗变，传统政党压力上升。新兴市场国家各种矛盾积聚释放，发展治理困境突出。多数发展中国家政局趋稳，部分转型国家政治重建曲折反复，在"变"与"乱"中艰难前行。各国共产党努力适应新形势，积极寻求发展之道；社会主义国家执政党政权稳固，进一步完善自身建设，推进国家发展。

一、年度世界政党形势的突出特点

（一）各国选情总体平稳，选举结果折射政坛新动向。一是部分大国朝野政党互有得失。德国联盟党应对欧债危机举措得当，继续赢得组阁权，但因原执政伙伴自民党惨败，不得不与社民党组建大联合政府。澳大利亚联盟党击败工党，时隔六年重新上台执政。意大利传统主流政党普遍受创，不得不组建左中右大联合政府。日本自民党赢得参院选举胜利，全面掌控参众两院，摆脱"扭曲国会"局面。二是一些中小国家选举结果风向标意义明显。在东南亚，马来西亚国阵、柬埔寨人民党在全国大选中遭遇反对党挑战，执政优势削弱；新加坡人民行动党补选落败，反对党的影响有所上升。在南亚，巴基斯坦人民党惨败，穆盟（谢）胜选，正义运动党持续崛起并在地方执政，印度反腐人士于2012年成立的平民党在德里议会选举中获得第二名，显示该地区新兴平民政党上升势头较快。在中东欧和高加索，斯洛文尼亚、阿尔巴尼亚、捷克等国中左翼赢得选举，冲击了该地区一段时间以来右翼全面掌权的格局；格鲁吉亚总统、"玫瑰革命"旗手萨卡什维利当权十年后黯然下台,预示着该地区"颜色革命"风云人物渐成"明日黄花"。在南欧,塞浦路斯劳动人民进步党败选,标志着"冷战"结束后资本主义国家共产党通过选举上台执政暂告一段落。在拉美,厄瓜多尔总统科雷亚连任,委内瑞拉前总统查韦斯指定的接班人马杜罗成功当选,智利中左翼联盟领导人巴切莱特再度当选,以及阿根廷胜利阵线在中期选举中保住第一大党地位,表明该地区左翼力量虽然面临的挑战增加,但仍有一定发展空间。

(二)发达国家政坛进一步右倾化,极端势力上升势头明显。一方面,右翼政党对政府的政策选择和施政影响加大。主导欧洲政坛的右翼政党继续推进紧缩政策,削减社会福利和公共开支,以稳定财政为国家发展松绑。法国、丹麦等国执政的社会党迫于经济窘境,不得不向引以为豪的社会福利开刀,以保持经济活力。部分组建大联合政府的欧洲国家执政联盟左右翼力量相互妥协,总体上延续新自由主义政策。受此种趋势影响,多数国家执政当局支持率下降。西班牙、葡萄牙、意大利等危机重灾国朝野政党恶斗加剧,民间罢工抗议不断。美国总统奥巴马连任以来,共和党加大对民主党政府的执政干扰与牵制,导致奥巴马的控枪法案被否,综合移民政策改革受挫,医保法案实施遇阻,而且一度导致政府非主要部门停摆。日本安倍政府利用自民党的优势地位,在"修正"历史认识、摆脱战后体制约束、强化军力等方面不断有所突破,年末更是通过《特定秘密保护法》,以加强舆论控制。另一方面,极端主义势力持续崛起,打破政坛平静。意大利草根政党"五星运动"打着反紧缩、反政党、还政于民等口号,一跃成为议会大党。英国独立党异军突起,支持率达到15%,超过了联合执政的自由党。在捷克,成立仅4个月的曙光党以"推动直接民主,普遍实行全民公决"为口号挤进议会。法国极右翼组织国民阵线,影响持续上升,其领导人玛丽娜·勒庞支持率达到24%。德国反欧元党成立仅7个月,就在选举中获得4.7%的支持率。

(三)新兴国家执政党挑战进一步增大,维持社会稳定、促进经济发展的压力上升。受外部需求减少和内部增速放缓影响,一些国家的通胀、失业、社会分化等问题日益突出,影响社会安定和政治团结。土耳其民众以政府强行实施伊斯坦布尔加济公园改造工程为由，组织大规模抗议活动并引发骚乱。巴西11个州首府公交车票涨价，引发20多年来罕见的大规模抗议运动，严重损害劳工党政府形象。阿根廷20个省因警察罢工引发骚乱和哄抢商店现象，造成社会治安恶化。南非劳资纠纷升温，罢工活动此起彼伏，严重影响长期投资和就业，迟滞经济发展。俄罗斯民众要求更多参与国家事务，促进人权状况的改善。新加坡因南亚劳工问题发生历史罕见的群众性集会运动。鉴于此，不少国家执政党着力听取民意，促进解决相关问题。巴西劳工党政府大力推进政治改革，解决民众最关心的官僚主义、贪腐等问题，同时推动地方政府关注民生。俄罗斯总统普京决定尽快制定《社会监督法》，为公民参政议政奠定法律基础；进一步提升公众院的作用，将其打造成各专业团体表达利益的平台；全力铲除极端民族主义土壤，强化对在俄外国人的管理，确保各民族和平相处。新加坡人行党政府着力推动新加坡人的身份认同，为所有新加坡人创造机会，推动建立公正公平的社会，加强建设反应迅速、负责任的政府。

（四）许多发展中国家政党政治持续演变，政党斗争更趋复杂。一是部分西亚、北非国家陷入转型困境，伊斯兰政治势力遇挫。埃及穆斯林兄弟会上台执政一年就因为排斥异己、搞激进伊斯兰化被军方赶下台，实力受挫；突尼斯复兴运动与反对派就政治过渡进程达成共识，在选出过渡政府总理后暂时退出政府；摩洛哥公正与发展党虽然挨过政府危机，但掌控能力下降；受伊朗、叙利亚形势影响，巴勒斯坦哈马斯处境日益艰难。二是东南亚、南亚一些国家主要政治力量对国家政治制度诉求不一，相互博弈升级。泰国总理英拉试图通过特赦条例为他信脱罪，招致反对派大规模抗议，为泰党政府迫不得已宣布解散议会和提前举行大选。但反对派仍不满足，谋求让国王任命非政党人士出任总理，成立非民选的"人民议会"并负责政治过渡安排，以彻底铲除他信的政治基础。缅甸民盟领导人昂山素季积极争取西方支持，谋求推动修宪，为其参选总统扫除最后障碍。尼泊尔大选中，大会党和尼共（联）大胜，联合尼共（毛）受挫，各党在选举合法性以及组阁等问题上激烈角力。三是东欧一些国家政治力量围绕国家走向纷争不断。乌克兰朝野围绕与欧盟签署联系成员国协议产生严重分歧，反对派组织大规模示威抗议，并借西方支持一举推翻总统亚努科维奇。摩尔多瓦执政联盟内部围绕权力斗争产生重大矛盾，反对党摩共借机联手个别执政联盟成员党罢免了总理、议长并迫使第一副议长辞职，但在欧美干预下执政联盟主要力量相互妥协，组建新的联合政府。匈牙利青民盟继续坚持政治改革，包括将国会选举由两轮改为一轮、减少国会议员人数等，着力改变以往朝野恶斗、中央缺乏权威的问题，引发反对派持续抗争。

（五）各国共产党在复杂的内外环境中直面挑战，积极谋划应对之策。一是越南、朝鲜、老挝、古巴四国执政党继续深化改革。越共完成修宪工作，强化意识形态和宣传领域的主动权，加强反腐，增强党的纯洁性和领导能力。朝鲜强调唯一领导体系，肃清党内异己，处决中央行政部长张成泽，更换了总理、总参谋长等高官，并提出"经济建设与核武建设并进"路线。老挝人革党着力从思想建设、制度建设、干部队伍建设等领域加强党建，提高党的领导能力和执政水平，并针对政府经济管理不力、财政压力陡增等问题，紧急出台调改政策。古共改选中央委员，选拔一批能力强的中青年干部、女性干部以及黑人干部到中央和地方重要岗位；同时，深化经济领域改革，包括启动国企改革、减少对非公经济限制、推进优势产业发展、出台系列改革配套措施等。二是一些资本主义国家共产党继续探索各自的发展道路。葡萄牙共产党、比利时工人党、马耳他共产党等国共产党主张扩大与工会组织的联系，组建人民联盟或加强左翼合作，形成更大的政治影响力。拉美国家共产党继续推动从本国经济寡头和跨国公司手中夺回经济控制权，促进社会公正公平。苏丹共产党、埃及共产党、阿尔及利亚民主和社会主义党等一些发展中国家的共产党谋求利用国内的动荡形势，争取社会大众支持，扩大影响。三是各国共产党注重加强国际交流。11月，葡萄牙共产党在里斯本主办了第十五届世界共产党和工人党国际会议，来自63个国家的75个共产党参会，大会呼吁各国共产党人协同合作，共同抵御资本主义的进攻。

二、几点看法

（一）资本主义政党制度弊端日益暴露，对政党政治运行影响加深。一方面，当前发达国家经济困境与政党制度的消极作用相互结合，导致发达国家传统政党信誉受损，民众改革政党政治的呼声也越来越高。另一方面，不少发展中国家政党体制受到的外部压力及内部冲击加大，影响本国的民主政治进程：一些主流政党不尊重选举民主，将少数人利益放到优先地位，要么不承认选举结果，要么要求执政党和政府作出"非民主"更替；一些政党凭借执政优势挤压反对党运行空间，并对政党制度作出于己有利的改变；一些政党借助外部力量，增强国内政治斗争资本，导致本国政党政治受制于外部影响加深。

（二）传统政党的政策理念趋于中间化，与极端小党的激进诉求形成鲜明对比。一是主流政党更加趋向实用主义和中间化。在欧洲、拉美地区，传统左右翼相互借鉴越来越明显，都不同程度主张社会公正，重视市场的资源配置作用。智利中左翼政党重新掌权后，也宣称要坚持自由市场经济导向，实行审慎的宏观经济社会政策。在西亚、北非地区，伊斯兰政党开始反思推进伊斯兰化受挫的原因，谋求适当扩大世俗性，增强包容性。二是一些新兴激进政党借助煽动性、敏感议题，在短时间内争取到大量社会支持。此类政党在一国政治生活中可能会长期存在，但难以提出国家发展的全面战略和政策主张，缺乏后续发展空间。三是绿党、自由党所主张的绿色环保、自由主义理念多为其他大党所吸收借鉴，自身特色日益模糊。其政治空间日益受到来自左右两方面的挤压，支持率有所下降，在多国政党格局中的地位出现下滑。

（三）各国执政党应对经济难题、协调社会利益的挑战上升，普遍遭遇执政阵痛。在不少国家，民意碎片化趋势继续发展，众多政治势力纷纷介入国家事务，左与右、温和与极端、世俗与宗教、传统势力与新兴势力等竞相影响国家决策，导致执政党陷入政治权威弱化、凝聚社会共识难度上升、攸关国家发展的各种政策措施无法顺利推行等困局。一些西方国家执政当局急于摆脱危机，采取牺牲部分社会群体利益的减支增收措施，遭到社会强力抵制，虽在大选中取胜，但执政道路不会平坦。一些拉美国家左翼执政党在困难时期坚持推动社会公正，获得了下层选民支持，赢得近期多次选举，但是政府财政压力剧增。因此，各国执政党在困境中，更需要妥善处理民众参政意识增强与社会利益诉求增多的关系，广泛凝聚社会共识，确保社会政治稳定。

近年来发展中国家政党政治的若干变化

邹国煜

一、发展中国家政党政治变化的主要表现

（一）不同类型政党兴衰沉浮不定。一是传统大党老党遭遇困境，威权领袖风光不再。近年来，受内外多重因素影响，部分国家大党老党遭受不同程度挫折：埃及民族民主党、突尼斯宪盟等短时间内亡党丧权；印尼专业集团党的老大地位被民主党取代；新加坡人行党、马来西亚国阵在选举中的绝对优势渐失；南非非国大民意支持率持续下降，"一党独大"地位面临挑战。同时，不少曾叱咤一时的铁腕人物也相继跌落神坛：哈萨克斯坦、乌兹别克斯坦威权领袖压力骤升，有限放权举动不断；巴基斯坦穆沙拉夫被迫下台并身陷囹圄；萨利赫、本·阿里、穆巴拉克、卡扎菲等西亚北非政治强人更是逃的逃，倒的倒，死的死，处境凄凉。二是左翼政党在部分地区势头上升，冲击地区政党格局。其一，拉美左翼强势崛起。自1998年查韦斯领导的第五共和国运动赢得大选以来，相继有巴西劳工党、玻利维亚争取社会主义运动、厄瓜多尔主权祖国联盟运动等十多个左翼政党上台执政，打破了该地区右翼政党长期独霸政坛的局面。其二，"冷战"结束后一度由盛而衰的中东欧左翼逐步恢复。捷克社民党、罗马尼亚社民党、阿尔巴尼亚左翼联盟、黑山左翼力量、保加利亚社会党、斯洛文尼亚中左翼等在近期选举或朝野博弈中均有较好表现，地区力量对比天平出现往左回摆迹象。三是伊斯兰力量异军突起，改变西亚北非政党政治版图。突尼斯复兴运动、埃及自由与正义党、摩洛哥公正与发展党、利比亚公正与建设党、也门改革集团等先后执掌或参与国家政权，并一度与该地区已

稳居政坛的土耳其正发党、黎巴嫩真主党、巴勒斯坦哈马斯运动、伊朗的伊斯兰政权等相互呼应，形成群体性崛起之势。其后虽在埃及等国遭遇挫折，但作为该地区最重要的政治博弈者之一，伊斯兰政党与世俗势力的政治角力将持续深入，深刻影响地区政党政治的转型和重塑。

（二）政党体制孕育着新的变化趋势。一是从两党轮流坐庄向多党联合执政转变。随着部分主流政党实力下降、单独控局风险和压力陡增，以及一些逐渐融入主流体制的边缘性小党影响力和重要性上升乃至成为朝野博弈的"权力平衡者"，多党抱团取暖、联合组阁渐为各国广泛采用。具体表现为：其一，印度国大党等失去独大优势的大党老党，只能放下身段，与小党联合组阁，维持执政地位。其二，泰国为泰党、柬埔寨人民党、加蓬民主党等本可以单独组阁的优势政党，也放弃独揽大权的做法，兼顾其他党派关切，采取与小党联合组阁的方式，进一步平衡朝野力量对比，确保执政地位巩固。其三，肯尼亚、尼日尔等还出现反对党与执政党摒弃前嫌、共同组建联合政府的现象。二是政党博弈朝多党两极化方向发展。经过长期的多党竞争实践，以及各党派间力量此消彼长与分化组合，不少国家政党力量分布逐渐由分散化转向集约化，并最终围绕某些特定议题形成两大截然不同的阵营，政党体制中两极对垒态势越来越明显，具体表现为：其一，以拉美为代表的部分国家政党体制按照意识形态分野，形成左右两派对垒。其二，西亚北非等部分国家围绕宗教在国家政治生活中的作用和地位，形成世俗和宗教两大阵营。其三，泰国、新加坡等一些亚洲国家还形成了传统精英与草根势力两股力量相互竞争的局面。

（三）政党执政理念出现中间化和全民性。一是政策纲领强调包容性，维护和保障绝大多数民众利益。经济全球化深入发展和国际金融危机持续发酵双重冲击下，一些主流政党尤其是执政党为化解国家经济衰退、民众生活水平下降，以及社会矛盾突出等现实问题，相继调整理论纲领和政治路线，跳出左右等传统执政思路，采取灵活务实的中间化施政纲领。印度国大党提出"惠及全民的经济增长"口号；南非非国大坚持走"包容性发展"道路；土耳其正发党也营造"被驯化的伊斯兰政党形象"，无论是执政理念还是具体政策都显示出其多元和包容态度。二是自身定位强调全民性，宣称代表所有群体和阶层。不少主流政党淡化意识形态色彩，进一步向跨阶级政党甚至"全民党"转型。墨西哥革命制度党第四次全国代表会议重新自我定位为"联合各阶层民众、组织的包容性政党"，该党二十大进一步将党的宗旨确定为服务社会和全体民众，从而淡化了党的革命色彩，扩大了群众基础和代表性，使之成为团结全党和广大民众的新旗帜；巴西劳工党将自身定位为"开放型政党"，强调面向所有阶层、为所有人服务；安哥拉人民解放运动、莫桑比克解放阵线等也提出要淡化意识形态和部族色彩，主张建设全民党。

（四）政党政治运行的内外环境有所改善。一是法制环境改善。近年来，不少国家加强了有关政党的立法工作，建立健全相关法律规章制度，使政党政治在法制轨道上运行。保加利亚、哈萨克斯坦、布隆迪、几内亚、安哥拉、摩洛哥、阿富汗、伊朗、缅甸、印度尼西亚等均相继颁布和修订《政党法》，为政党活动提供了可靠的法律保障。东帝汶、哥伦比亚等则通过设置3%的议会门槛，改变进入议会政党过多、相互"打乱仗"的局面，以提高政治效率。二是政党博弈秩序改善。部分国家理顺政党间相互关系，政党博弈态势从单纯的竞争转向竞争与合作并存。墨西哥三大主要政党签署致力于合作共治的《墨西哥协议》，并切实履行承诺，配合新政府积极推动教育、电信、能源、财税等重要领域改革。巴西各主要政党也放弃"零和"博弈方式，尤其在一些关乎国计民生的大事上更多顾全大局，不再围绕一党私利恶斗。三是朝野斗争和政权更替渐入正轨。一方面，经过多年民主实践，多数国家民众参政态度渐趋理性，对选举骚乱更是深恶痛绝，迫使相关政党在选举中行为也更加检点收敛。塞拉利昂、加纳、塞舌尔、吉布提等"逢选必乱"典型国家，打破恶性循环，总统和议会选举和平进行。另一方面，通过军事政变、流血冲突等改变政党政治格局的极端方式较前已有所减少。曾一度为军事政变困扰的非洲大陆，近年除尼日尔、马里等极少数特例以外，政权更迭相对平静。尼泊尔主要派别相继达成和解，结束流血冲突，回归议会斗争。

（五）公民社会和新媒体深刻影响政党政治发展。近年来，非政府组织和新媒体在不少发展中国家迅速兴起并相互借重，对主流政党形成冲击和挤压，有的直接介入国家大选，影响选举进程和结果。印度的

"民间反腐"、马来西亚"一起回国投票"运动、埃及"凯法雅运动"及亚非拉多国反政府抗议示威活动等背后均有公民社会组织的大力推动。新媒体和各种形式的社交网络平台也在各国政治生活中扮演了重要角色。从西亚北非持续动荡到今年的巴西、土耳其骚乱,这些所谓的"草根运动"并无严格意义上的组织者和领导者,而主要由手机和互联网提供串联沟通的平台和手段。

(六)政党的地区和国际联合意愿增强。一是同一地区相同类型政党间"同声相应、同气相求"现象越来越普遍。拉美地区的"圣保罗论坛",南非非国大、坦桑尼亚革命党等南部非洲"六姐妹党会议"机制,相互交换对地区与世界形势的看法,借鉴彼此治国理政经验教训,并就某些重要国际问题加强相互支持,联合发声,提高了整体的影响力和号召力。二是同一地区不同类型政党间"求同存异、合作共赢"愿望越来越强烈。亚洲政党国际会议迄今已经连续举办七届。该会议开辟了不同国家、不同意识形态政党开展多边交流与国际合作的新渠道和新形式,促进了各国政党的相互理解,被认为是继APEC、ACD和"博鳌论坛"后亚洲区域合作的"第三轨道"。亚洲政党国际会议还与拉美政党常设大会共同举办拉美亚太地区政党会议,以此为平台加强不同地区政党的相互交流与对话。

二、引发上述变化的原因分析

(一)社会结构深层变动对传统政党变革转型压力加大。伴随经济全球化、科技革命发展和产业结构调整,不少发展中国家的社会阶级结构发生深刻变化,社会阶层之间的流动性、易变性增强,原有的政党与阶级之间一一对应关系被打破。尤其是国际金融危机以来,一些发展中国家的中产阶层受到严重冲击,内部发生重大分化,相当部分的中产阶级出现"身份倒退",被挤出中产阶级队伍。阶级结构变动引发社会利益多元化、价值取向多样化,加之非政府组织和新媒体广泛兴起,取代了传统政党的部分职能,改变了民众政治参与的形式和手段,对传统政党生存发展带来了多重危机和挑战。

（二）多元理论思潮交锋与民众发展诉求上扬对政党政治影响加深。"冷战"结束后，一些发展中国家采取了新自由主义发展模式，但短暂"蜜月期"后，新自由主义的深层弊端充分暴露，不少套用这一模式的国家先后出现危机。穷则思变，一些国家改弦更张、另寻出路，市场原教旨主义一统天下的局面被打破，各种社会思潮竞相登场，形成多元博弈态势。委内瑞拉、玻利维亚、厄瓜多尔等拉美国家各具特色的"21世纪社会主义"，以及西亚北非动荡中埃及、突尼斯等国重新抬头的伊斯兰宗教思想等，均深刻影响了本国乃至整个地区力量对比和政治生态变化。同时，全球化和国际金融危机背景下，民众对国家经济社会和政治发展的要求和期待普遍提高，迫使各党不得不进行相应的政策调整，回应民众期许诉求，以致在很多方面出现理念和政策趋同现象。

（三）民主意识增强促进民众政治参与。大众传媒的兴起，网络时代信息传播的速度加快和范围不断扩大，促进了民主参与意识的扩展，使很多发展中国家民众对政党政治有了更深刻的了解和认识，对如何维护自身利益、影响政治决策和克服本国政治运行弊端有了更强的意愿和能力。大多数民众已经懂得用手中选票来表达自身诉求。在合理诉求遭到抑制、利益得不到有效伸张时，部分民众也会通过抗议示威等方式向当局施压。土耳其民众发生针对正义与发展党的大规模游行示威，就是民众不满其三选连胜后日渐自大、"想干什么就干什么、其领导人说什么就是什么"状况的一种表现。当矛盾和不满积累到一定程度时，一些民众会选择以极端方式颠覆现行体制，寻求建立更加民主、合理和公正的制度，波及西亚北非多国的政局突变在很大程度上正是归因于此。

（四）吸取历史教训有助政党政治规范有序运行。"冷战"结束初期，非洲、中亚、东南亚等地区的一些国家的多党选举曾引发了逢选必乱的流血冲突，使社会动荡不安、经济停滞不前。20多年来不少国家以史为鉴，全方位反思总结，促进政党政治向规范化发展。一是多国民众反思内乱之痛，降低对传统政治"零和游戏"和出于一党私利的无序恶斗等党争乱象的容忍度，并通过多种手段向主流政党特别是执政党施压，迫其完善和健全规制，保障政党政治有序运行。二是一批曾失去政权的大党老党反思丧权之痛，不断调整自身理论纲领和政治主张，重新赢回民意。三是部分主流政党反思无序恶斗之痛，根据内外形势变化，主动转变观念，扩大包容性、改变竞争方式方法，有效促进了政党政治运作的规范化和有序性。

三、几点看法

一是政党政治没有统一模式，应尊重民主政治发展道路的多样性。发展中国家国情千差万别，不同国家政党政治也有各自不同的具体内容和表现形式。无论是两党制还是多党制，它们都只是政党政治众多体制中的一种，本身没有好不好、只有适合不适合的问题。各国在发展政党政治的过程中，一方面必须考虑本国具体国情，讲究循序渐进，不能一蹴而就，更不能生搬硬套；另一方面，应当充分尊重发展模式的多样性和各国自主选择适合自身发展道路的权利，把握世界政党政治发展的共同规律，善于从世界政治发展的经验教训中汲取政治智慧，把自己的政党体制建设好。

二是政党政治并非一成不变，需与时俱进、不断完善。政党政治是一个持续发展的过程，其运行状况和发展走向取决于各种内外因素的综合作用。当前各国经济社会形势日新月异，尤其是民众民主和权利意识普遍觉醒、政治参与意愿不断增强，对传统政党政治运行方式提出了新要求。面对新形势下这一系列的新问题新挑战，唯有重视社会政治生态变化，广泛听取意见，积极吸纳各种有益因素，不断调整完善理论方针政策，健全充实各项民主机制，才能有效确保政党政治始终平稳有序运作。

三是优胜劣汰乃政党政治演化法则，要保持清醒头脑，积极回应民众利益诉求，加强自身建设。"物竞天择，适者生存"的进化论法则在政党政治的发展中也同样适用。在利益多元化、诉求多样化的客观形势下，部分大党老党无视客观形势变化，不思进取、故步自封，无视民众诉求，忽视自身建设，在政治角逐中渐处下风、甚至被淘汰出局的现象为其他国家和政党留下了深刻的前车之鉴。对于发展中国家大多数政党，尤其是那些长期处于执政地位的大党老党来说，不断强化危机意识，改善领导方式，全面提高执政能力和治理能力，是其深入巩固执政基础、确保执政地位的重要内容。

四是新媒体、新社会运动既形成挑战也带来机遇,宜化压力为动力,妥善引导应对。公民社会和新媒体是一柄"双刃剑",其在改变传统政治参与形式的同时,也对主流政党特别是执政党治国理政提出了新的问题和挑战。对此,任何一个现代化的政党都不能视而不见,更不能自乱阵脚、唯恐避之不及,而应客观理性分析看待,利用其积极面,通过有效引导,使其成为民众有序参政议政、及时了解社情民意的有效渠道,而不是扰乱社会、损害人民福祉的动荡根源。

近年来国外共产党的新变化、主要挑战及未来发展趋势

柴尚金

近年来，国外一些共产党抓住资本主义经济社会危机频发的机遇，积极宣传自己的理念主张，赢得了部分中下层民众的同情与支持，扩大了影响，出现了一些新变化。但从总体上看，共产党处境仍很困难，生存与发展面临严峻挑战。

一、积极应对国内外挑战，努力寻求变化与突破

（一）越南、朝鲜、老挝、古巴执政党重点解决民生、执政党建设和政权稳定等重大问题，继续走本国特色的自主道路。2011年，越共召开十一大，提出快速发展和可持续发展相结合、经济和政治改革同步推进、完善社会主义定向的市场经济体制和强化党对经济工作和国企改革的领导等一系列方针政策。国际金融危机爆发后，越南采取积极应对措施，加快民生和基础设施建设，一定程度上克服了危机的消极影响，成为亚洲经济增长最快的经济体之一。2011年，金正日去世，金正恩接班，朝鲜领袖接班平稳完成。朝鲜新领导人树权威，稳政权，谋发展，在坚持先军政治、拥核自保的既定国策的同时，放松经济政策以改善民生。老挝人革党九大要求提升党的领导作用和能力，推动革新取得新突破，提出要在2020年摆脱国家欠发达状态。近年，老挝发挥资源优势，广泛开展对外互利合作，经济持续增长，贫困人口不断下降。2011年，古共六大通过了具有重大历史意义的《经济社会政策纲要》，经济政策

调整步伐加快。2013年2月，古巴召开了第八届全国人民政权代表大会，52岁的卡内尔当选国务委员会兼部长会议第一副主席，为古巴最高领导层未来新老交替迈出了重要一步。

（二）发达国家共产党高举捍卫劳动者权益大旗，利用国际金融危机后西方国家深陷困境的有利时机，深入批判新自由主义理论及政策主张，强烈抨击政府推行的紧缩政策，联合其他反资本主义力量共同开展政治斗争，努力寻找左翼替代方案。在近年的重要选举中，发达国家共产党以左翼阵线方式结成竞选联盟，得票率有所上升，重新凝聚了人气，初步遏制住力量下滑态势。法共动员群众，发起反政府紧缩政策的社会运动，逐渐恢复了活力。2012年，法共支持的左翼阵线候选人梅朗雄在总统选举首轮投票中取得了11.1%的得票率，全年吸纳7000名新党员，其中1/3是30岁以下的年轻人。葡共联合左翼在2011年议会选举中赢得16席，比上次增加两席。西共为主的联合左翼在去年西班牙大选中获得168万张选票，议席大幅上升，从2席上升到11席。日共始终自我定位为政府的"监督者"和右翼势力的"牵制者"，坚持代表弱势群体和广大中下层劳动者利益，围绕民众关心的就业、福利、社会保障等问题组织各种活动，不断巩固党的阶级基础和扩大党的群众基础。国外许多共产党强调不同形式的左翼联合并频繁参与地区和国际性活动，西欧共产党强调加强联合与协调，并与欧洲工会和其他社会运动联手，力求在欧洲层面改变现状，实现左翼替代。

（三）发展中国家非执政共产党工作重点放在反对新自由主义、维护劳动者利益等方面，吸引传统选民的支持，在中下层民众中的影响扩大。金融危机爆发以来，许多国家经济低迷、失业率居高不下、福利水平下降，加之能源资源和粮食价格上涨、通货膨胀、中下层民众切身利益受损，引发人们对资本主义制度的反思，客观上使得共产党的政治理念和政策主张受到关注。南非共注重突出共产党特色，推动非国大政府通过国家干预来改造种族隔离制度造成的不平等经济结构，为南非多添加一些社会主义色彩，党员人数从5年前的7.5万人增至16万人，在非国大和南非各级政府中任职党员明显增多，政府部长达5人，创历史之最。俄共在2011年举行的俄罗斯国家杜马选举中，支持率有所回升，所获席位由57

席上升至92席，保持议会第二大党地位。尼泊尔联合尼共（毛）作为制宪会议第一大党在尼政坛发挥重要作用，近期与尼共（联）、大会党、马德西人民权利论坛等主要政治力量达成共识，推动成立过渡性政府以组织新一届制宪会议选举。印共（马）和印共深刻总结地方选举失利的教训，在分裂多年之后开始出现弥合趋势，呼吁联合自强。印共二十大将团结地方政党和民主力量、扩大统一战线、共同应对资产阶级政党的攻势作为当前的首要任务和一切政策的核心。捷摩共致力于社会建设，发展公民自治，在保持纲领主张不变的前提下，赢得了部分选民的长期支持。捷摩共现有9万名党员，是捷克议会第三大党。巴西共产党支持并加入劳工党政府，成为南美最大国家的参政党，极大地鼓舞了拉美地区共产党乃至左翼力量的信心。委内瑞拉共产党选择与本国左翼政权合作，力量有所增长。

二、内外因素掣肘理论和实践创新，国外共产党仍面临重大挑战

虽然金融危机充分暴露了资本主义制度的深层矛盾，有利于共产党站上道义制高点并扩大影响，但应清醒地看到，各种不利于社会主义发展的环境和因素依然存在，国外共产党仍面临许多问题与挑战。

（一）"资强社弱"、"资攻社守"的基本格局没有改变，国外共产党发展空间易受其他政治力量挤压

在全球化背景下，西方分化、西化社会主义国家的危险增大。由于频遭封锁制裁，朝鲜、古巴外部环境更加恶化。查韦斯去世后，拉美左翼失去领军人物，古面临新的考验。西方国家以市场、投资和经援为诱饵，加紧对越南、老挝进行渗透，其国内问题容易受到外部干扰。

参与多党竞争的国外共产党除受制于资本主义制度框架外，其生存发展还受到一些新的外部因素制约。一是共产党传统话语权失去优势，意识形态影响力削弱。近些年来，为争夺选民，无论是左翼、右翼还是民族主义甚至教派政党，均抢抓平等公正的大旗，使共产党最能打动民心的社会公正、扩大就业、完善福利保障制度等政策主张难以像以往那样广泛吸引民众。法国"新反资本主义党"等鼓吹排外主义、反全球化等极端要求，

不仅不能维护劳动者利益，而且还会败坏左翼形象，干扰共产党力量健康发展。二是一些国家的政党格局变化和选举规则调整，进一步挤压了共产党发展空间。意、德、希腊等国的极右翼政党迅速崛起，绿党等在议会中的席位不断增加，一些新兴社会组织和中间力量积极参与多党竞争，与共产党争夺为数不多的议会席位，使得共产党政治空间拓展难度加大，传统选民逐渐流失。许多国家的大党为了保持其轮流执政的垄断地位，往往利用修改选举法、抬高议会"门槛"、大选前重新划分选区等办法，将共产党等众多弱小的党排斥在国家主流政治之外，使其难以发挥作用。如俄罗斯去年修改《政党法》，将政党注册人数的标准从5万降至500人，导致俄政党数量猛增，出现了一批与共产主义意识形态相近的政党，俄共面临新的挑战。日本改革选区制度，有利于自民党、民主党等大党，日共在小选区内胜出难度加大。三是反共势力抹黑唱衰共产党，对可能上台的共产党实行联合打压。西方反共势力打着民主自由旗号，竭力抹黑社会主义、唱衰共产党。出于历史偏见，欧洲右翼不满塞浦路斯劳进党执政，支持中右政党上台。罗马尼亚对摩尔多瓦共产党人党参与大选进行干预，极力阻止其上台执政。印度则对联合尼共（毛）进行施压，迫使其改变对印政策。

（二）一些共产党去传统、去意识形态化，导致思想和组织混乱，创新不足，行动能力弱化，成为制约发展的主要因素

首先，指导思想多元化，党内思想混乱，理论探索不成熟，政策纲领缺少新意。由于多年来推行革新调整，一些党过于多元化，理论准备很不充分，缺乏明确的、有凝聚力的纲领目标，在许多重大问题上没有形成自己的观点。还有极少数党认识不到资本主义的新发展和新变化，固守阶级对立和武装斗争的立场，在本国政治格局中日益边缘化。为了显示与执政党有别，有的党观念主张进一步激进化，很难被多数人接受。思想分歧导致组织分裂已成为共产党发展的最大障碍。一些党面对危机，不仅提不出有效的应对之策，而且思想更加保守僵化。提出可行性的政治经济替代战略，确立科学的指导思想，是当前非执政共产党面临的最大压力和紧迫任务，如果这一重大问题得不到解决，其发展前景不容乐观。

其次，组织涣散，党内纷争不断，党的凝聚力和战斗力下降。政党的力量主要体现为组织力量，组织有序、行动一致是党的实力体现。一些共产党由于取消了民主集中制，在党的组织建设方面出现很多问题：一是党内派别林立，纷争、分裂不断。摩尔多瓦共产党人党失去执政地位后，虽仍为国内第一大党，但因党内发生分裂，难以形成合力再次取得大选胜利。联合尼共（毛）领导层在党的战略策略方针上存在严重的思想分歧，频频分裂，力量削弱。二是党的组织发展仍很困难，党员人数不断减少，选民队伍持续流失。随着新兴社会运动兴起和年轻人参与传统政治的积极性降低，一大批共产党传统依靠力量流失，党的后备力量不足。一些党虽然积极参与新兴社会运动，努力争取社会中间阶层的支持，但效果不彰。三是自身建设不到位，党的作用弱化。一些党没有处理好民主与集中的问题，抑制了党的活力。有的老党、大党"精英化"和"官僚化"倾向明显，领导层多年无法正常轮替，党员干部日益脱离民众。俄共党员老化问题突出，缺乏中坚力量，囿于法律限制，俄共在学校、工厂、公司等基层单位发展党员极为困难。印共（马）、印共在总结地方执政失败教训时，认为党的骄傲自大、腐败和党的基层组织涣散是主要原因。有的党基层组织萎缩，无力应对来自其他政党、非政府组织的竞争。

第三，变革创新能力不足，在国内外难以形成稳固的统一战线。国际金融危机爆发以来，各种反资本主义的力量在反新自由主义的旗帜下开展反政府紧缩政策的示威抗议活动，但共产党不能很好地把自己的纲领和政治目标融入并体现到运动中，影响力没有明显提升。原因在于共产党不掌握运动的主动权，缺乏创新能力和手段来统领各种力量。日共党员人数虽有扩大，但没同其他立场相近的党或组织建立统一战线，在国会议席上并无扩大，基本维持在前五年水平。许多共产党虽然强调建立左翼阵线，但由来已久的"唯我独革"、"唯我独左"的宗派倾向严重，不能采取正确策略，要么在与其他左翼合作时削弱了自身实力，要么过分强调合作条件和原则而未能通过联合左翼扩大影响。从总体上看，对于是否及怎样参与左翼运动，如何建立统一战线，多数共产党内部及共产党之间不同程度地存在分歧，很难形成共识，甚至很难在一个平台上聚会。

三、搞好自身建设是提升实力的保证，变革创新是未来发展的动力

（一）搞好党的建设、提升自身实力是共产党未来发展的根本保证。实现世界社会主义复苏与发展，除了需要有利的外部环境外，还要看共产党主观条件是否成熟和实力是否强大。虽然金融危机充分暴露了资本主义内在矛盾，客观上为社会主义发展创造了有利的外部环境，但应清醒地看到，主观条件滞后是共产党未来发展的重大障碍。执政的共产党在如何认识社会主义、如何建设社会主义的问题上还需不懈探索，民主、法治和党的自身建设都需进一步加强。非执政共产党批判资本主义仅停留在抽象的道德评判层面上，左翼替代口号在很大程度上变成了没有政治内容的空洞论辩，这大大削弱了共产党的影响力和感召力。只有通过加强党的思想和组织建设，解放思想，推动党的思想理论和政策主张的与时俱进、不断创新，才能凝聚民心，扩大政治影响，为实现世界社会主义新发展提供保障。

（二）探索符合实际的斗争方式和道路是共产党未来发展的基本要求。在全球化信息化背景下，世界社会主义在低潮中实现复兴的道路坎坷不平。共产党昔日创造的辉煌事业因时过境迁而被新一代遗忘，资产阶级政权排斥打压共产党的手段更隐蔽，更具欺骗性，民众更关心影响切身利益的具体政策，对共产党的观点主张不易理解与认同。在此背景下，非执政共产党既不能走过去的传统老路，也不能让泥沙俱下的新兴社会运动裹挟而迷失方向。议会斗争虽然是非执政共产党主导性活动方式，但街头广场示威、抗议活动也是当今左翼参与其中的有效方式，如何将体制内斗争与体制外斗争结合起来，灵活运用，能否找到一条适合自身发展的道路，对非执政共产党未来发展至关重要。

（三）加强与各种新社会运动合作，团结各种左翼力量，培育新优势是共产党未来发展的主要途径。近年来，反新自由主义全球化运动方兴未艾，许多左翼力量、非政府组织投身其中，并得到民众的广泛响应和支持。一些环保主义政党如绿党等在各国政坛独树一帜，并成为重要的参政党。一些有利民生、推动历史进步的新兴社会运动拓宽了当今政治实践

领域，不仅为共产党扩大生存和发展空间提供了机遇，也是共产党可以借重和合作的生力军。共产党应坚持尊重差异、包容多样的原则，善加引导，调动和利用各种积极因素，制定正确的战略与策略，扩大左翼统一战线，以达到凝聚队伍和争取自身发展的目的。

国外社会党近期的变化情况及困境前景探析

唐海军

近几年来，社会党特别是西方国家社会党依然延续世纪初以来的困难与低迷，多数党面临执政理念、政策、发展模式及争取基本支持群体等多方面的严峻挑战。在当前整体不利的内外环境下，尽管不少党在加紧探索和革新，但要全面摆脱困境、实现复兴还要闯关过隘。

一、国外社会党近期以来的发展演变状况

（一）社会党当前执政参政的成员持续减少，尤其在西方重量级成员多数在野。据不完全统计，截至2013年年中，当今在123个存在社会党的国家中，只有30个党执政，其中主要有法国、澳大利亚、奥地利、丹麦、挪威、比利时、马耳他、罗马尼亚、斯洛伐克、墨西哥、南非、巴基斯坦、莫桑比克、纳米比亚、安哥拉等国成员党。参政的党有12个，主要有巴西、荷兰、瑞士、希腊、乌拉圭、津巴布韦等国成员党，德国社民党于2013年底经过党内投票同意与联盟党组成大联合政府而参政。近几年来，社会党大家庭中有不少党相继失去执政参政地位，沦为在野党，像英国、西班牙、葡萄牙、新西兰、匈牙利、塞尔维亚、秘鲁、智利、科特迪瓦、蒙古等国的十几个成员党因大选落败而丢掉政权，突尼斯宪盟、埃及民族民主党更是丧失了执掌54年、31年的政权。而在国际金融危机前，世界上大约有50来个社会党成员执政参政。

（二）社会党的组织力量有所削弱，在西方国家更加凸显。近些年来，许多国家社会党的组织力量相对削弱，党员队伍持续减少，德国社民党党员从2000年大约80万下降到近年最低时的49万多人，英国工党从

1997 年 40 万减少到目前的 19.8 万人，西班牙工社党从 1993 年 33 万多降至目前的 21.7 万人。西方大多数社会党党员均不同程度地减少。墨西哥民主革命党党员也从 90 年代初的 173 万下降到目前的 127 万人。突尼斯宪盟、埃及民族民主党则在"街头革命"中全军覆没，两党 400 多万党员消散。与此同时，不少社会党内部的组织体系也有所弱化，特别是党内分裂对本党的冲击加大。近些年来，德国、法国、英国、希腊、南非、蒙古等国成员党都曾发生或濒临分裂，党内部分力量甚至组建新党，导致党的实力受损，行动能力削弱。在世纪之交社会党发展的高峰期，其在全球大约有 4 亿多选民，而今其动员力量明显下降，只能争取到 3 亿多选民支持。

（三）许多社会党的政治影响力下降，有的施政能力遭质疑。因受各种主客观因素影响，近期以来，多数社会党在本国的政治影响力不同程度下降，尤其体现在选举方面，德、西、葡、希、瑞典等成员党在最近一次大选中分别仅获 25.6%、28.7%、28%、12.28%、30.66% 选票支持率，均创下其历史新低。作为一党独大的安哥拉人民解放运动近两次议会选举得票率呈明显下降趋势，从 81.64% 降至 71.82%。墨西哥革命制度党总统候选人 2012 年赢得总统选举的得票支持率为 38.08%，仅比 2000 年该党候选人输掉其选举的得票支持率高 2.38%，由此可见该党政治影响力的变化。当前，英、澳工党的民意支持率已经跌到 30% 以下。波兰民左联党从 20 世纪 90 年代中期的主要执政党，之后在几次大选中影响不断下滑，现仅为国内第五大党，在议会选举中得票 8.2%。日本社民党战后长期是国内第二大党，90 年代中曾一度执政，现沦为只占众院 480 席中的 2 席的边缘小党。

近些年来，许多执政社会党提出的政策主张未能实现，影响其公信度。南非非国大提出的三个经济发展战略均未达预期，损害了执政党形象。法国社会党虽在 2012 年强势重返政坛，但近两年来，其推出的经济增长计划，工业、就业和税改等政策均遭遇阻力，竞选诺言难以实现，其执政能力遭到社会质疑，奥朗德的支持率从当政初 58% 下降到 24%。像瑞典、澳、西、匈、以色列等不少在野成员党对本国执政党的牵制和影响力都不如以前，导致不少国家中右翼政府强势。

（四）社会党国际的作用与影响较前下降，社会党大家庭中内顾倾向上升。金融危机以来，社会党国际先后召开第23、24次大会，欧洲社会党举行第8、9次大会，并组织召开全球进步论坛等一系列多边会议，就有关国际金融危机、欧债危机、全球气候变化等重大问题发声，彰显社会党的立场主张。然而，社会党国际的作用与地位下降到20世纪80年代以来的低点，除了全球经济治理这一议题外，其对诸多重大国际问题的影响力明显下降，国际社会对其关注度减小。社会党国际各类成员也从2009年的170个减少到目前的162个。欧洲多数国家社会党现任领导人因棘手的国内、党内事务，对社会党国际事务无暇兼顾，即使像布莱尔、施罗德等无公职的重要级人物也不热心社会党事务。尤其是2013年在纪念德国社民党创立150周年的活动中，部分社会党成员发起成立新的政党组织"进步联盟"的倡议，包括德国社民党、澳大利亚工党、美国民主党、墨西哥革命制度党、希腊泛希社运、俄罗斯公俄党、印度国大党、南非非国大等70多个政党、组织参会，声称要在社会党国际之外另立门户，对社会党国际带来较大冲击。它们希望建立一个比目前的社会党国际范围更大的左翼政党和政治联盟，从而在国际政治舞台获得更大的话语权，目前双方没有闹翻，进步联盟也未在组织上采取实际的步骤。此外，欧洲社会党近两届党代会，西欧一些重要成员党领导人都未与会，现任主席交由小国在野党保加利亚社会党主席担任。

二、国外一些社会党近期主要调整动向

（一）大力批判新自由主义，在反思金融危机中调整纲领，探索新的发展道路，与保守政党争夺思想制高点。国际金融经济危机为社民主义找到反击新自由主义的突破口。近几年来，各国特别是西方社会党集中火力，从剖析危机根源和祸害的视角，着力批判和清算新自由主义。英国工党领袖米利班德强调是撒切尔政府所采取的新自由主义政策为危机埋下祸根。德、法等多国社会党表示，不加限制的新自由主义是国际金融危机的祸首，它表明了"新自由主义的巨大失败"，"金融资本主义主导的旧体系的破产"，自由放任的资本主义正面临"一个时代的转折"，证明了这种

全球化模式的不可持续性。西欧社会党为此共同倡导建立一种"大众的、人道的、负责任的资本主义"。法国社会党致力于探索后危机时代的经济社会与生态相协调的、可持续的新增长模式。德国社民党则主张建立一种实现全民就业、扩大公共支出、减少投机、实现收入和财富公平分配、促进男女平等、实现可持续发展的"新的进步模式"。部分发展中国家社会党成员也表达了类似设想。

同时，西方多国社会党在反思"第三条道路"基础上适度调整理论纲领，更加强调社会公正。瑞典社民党重新定位社会公正，强调要更加重视就业和社会保障，关注弱势群体。德国社民党在2007年通过的最新纲领中重提民主社会主义，提出要继续将"民主社会主义作为自己的政治理想"，推动政治回摆。法国社会党自危机以来多次召开全国会议，全面梳理该党发展理念、社会公正等理论，提出要发展"社会生态主义"、创新型社会和"税制革命"，建设一个平等、公正、和谐的社会。

（二）加大经济社会政策调整，更加重视社会公正问题，关心弱势群体。金融危机及欧债危机后，欧洲一些国家社会党特别是执政的社会党面对阻力，克服困难，提出并推行了一些具有较鲜明左翼色彩的经济社会政策：主张经济增长与紧缩政策并重，增加公共投资，限制金融投机，开设资本交易税，德国社民党提议税率为0.05%；大力发展实体经济，法社会党政府出台新工业政策，重启大工业计划，扶持创业项目，设立公共投资银行，优先为中小企业和新兴行业融资；大力发展环保、材料和新能源工业，支持能源转型；大力重视就业，加大职业培训力度，为中小企业雇工和年轻人自主创业提供政策优惠，法政府每年投入320亿欧元帮助失业者再就业；提高最低工资水平，德国社民党提出提至8.5欧元/小时；提高富人税率，征收特别消费税，德国社民党主张将所得税率从42%提高到49%，法政府决定征收75%的巨富税；致力于加强劳动者职业安全保障，兴建社会住房，改善劳资关系，开展社会对话，挪威工党政府利用庞大的主权财富基金加大对公共服务和社会保障的投入。

发展中国家执政社会党根据国情有针对性地调整经济社会政策。南非国大提出包容性发展战略，让更多民众分享全球化和经济发展成果，为此推出"新增长路线"，改变黑白二元经济状况，探索"黑人经济振兴计划"

新模式，从政策、财政层面予黑人群体更多的帮助和优惠，推动公正、平等，提出将基尼系数从0.69降到0.6。毛里求斯工党联合政府在金融危机冲击下，加快经济转型，着力打造离岸金融、高端服务等经济支柱，以减缓对传统产业、行业的依赖。

（三）推进党自身调整改革，更新政治理念，塑造新形象，着眼未来大选。金融危机以来，一些社会党加快自身革新步伐。英国工党在米利班德上任后，与布莱尔新工党拉开距离，提出"新新工党"口号，强调要构建"同一国家工党"，倡导国家团结、责任共担、繁荣共享、目标共寻、民众共同努力，共同享受一种国家，打造现代工党的"温情"形象。德、法、葡、西等党在政治定位上从中间向左微调，确立其"左翼"全民党形象。许多社会党推动党的组织、宣传活动等领域革新，调整党的机构，扩大党内民主，增强党的团结，赋予基层党组织更多参与和决策权力，注意吸纳党内不同方面意见；加强党同社会联系，扩大对社会开放，推动党"回归民众"，通过设立论坛、研讨会等形式加强同社会对话，甚至允许党外群众参与党的有关政策文件投票，使党成为自由、多元、密切联系党员和社会各层次的"思想实验室"。此外，一些党已在为将要举行的大选加紧人事布局。德国社民党通过特别党代会确定前财长施泰因布吕克为总理候选人。巴基斯坦人民党把比拉瓦尔正式推向政坛前台，准备通过大选历练接班。南非国大通过处分青联主席马莱马，结束了"二马之争"，2012年底召开的53次大会推举祖马连任党主席，明确了下届总统候选人。

（四）继续抓住全球经济治理话语权，以图在调控全球化和未来国际秩序重塑中发挥重要作用。近几年来，社会党结合国际金融危机、欧债危机，加强研究和探讨，进一步丰富完善全球经济治理的立场和主张，制定社民主义的政策文件和替代方案，呼吁全球社会主义者、社民主义者和进步力量团结起来，共同抵制新自由主义和保守力量的治理方略。同时，在国际双、多边活动中不断阐述其观点立场，以使更多的国际参与方理解、认同乃至接受其治理理念和政策，从而推动"全球新政"，实现全球经济社会进步治理。目前看，社会党人在全球经济治理上赢得了某些话语引领地位，且其相关主张在近期国际经济金融体系改革中得到部分采纳。但鉴于整个国际力量对比的右强左弱态势，社会党的这种话语优势并未完全转变成现实的政策优势,目前它们恐难取得当今国际体系和规制改革的主导权。

三、国外社会党面临的困境与未来前景探析

(一)全球化发展所导致社会阶级结构的重大变化,弱化了社会党尤其是西方社会党的社会基础。由全球化、科技革命引发的产业分工与经济结构新变化,导致西方多国传统工业体系大调整,制造业不断外迁,造成产业"空心化"和机器取代工人现象,工人阶级不断减少,在一定程度上冲击着社会党的社会基础。加上前些年西方社会党推行"第三条道路",当前推行紧缩政策,损害了劳方利益,疏远了同工会的关系,导致中下层民众的强烈不满,乃至为此发起大规模的抗议活动。在南非、佛得角等国,也不时发生针对政府的罢工浪潮。近期以来,西方大多数社会党的传统支持者减少,如德国社民党选民减少1000万,他们多是其长期的支持群体。

(二)社民主义所坚持的发展模式在新形势下遭遇结构性危机,仍未找到有效应对全球化挑战的新发展道路。当今全球化、信息化的快速发展,以及西方人口老化、经济长期低增长,彻底改变了社民主义的运行逻辑,其传统发展模式遭遇巨大挑战。金融危机、欧债危机更使其丧失运行的物质基础。加上欧洲多数社会党对"欧洲病"的结构性危机认识不足,其执政理念和政策已失去推行的可行性。尽管严峻的内外形势促使西方社会党认识到转变思维,更新执政理念,实施政策调整,改革传统体制的必要性,但在多数党内,对于如何改革调整分歧甚大,尤其在党内上层、精英人士同普通党员和党内外支持者之间,远未达成共识。如何探索一种有效应对全球化挑战,使本国经济尽快走出危机、实现复兴,同时得到大多数党员认同的社民主义现代发展模式,看来还有很长的路要走。

(三)路线分歧、权力争斗与腐败现象,成为长期损害社会党形象、影响其行动能力的顽症。当今大多数社会党内部都存在不同派系,它们建立在不同立场和政策主张基础上,由此引发路线之争和权力争斗,尤其在大选关口更加凸显。前几年南非非国大姆贝基与祖马围绕经济社会发展政策、党主席归属的争斗,牵动全党上下,祖马最终博弈成功,但也造成党的分裂,

支持姆贝基的一派随后组建南非人民大会党。多年来，在毛里求斯、以色列及东欧部分社会党内，都程度不同地发生过党内不同派别围绕路线、权力归属的博弈。在法、英、德、西、葡、希、澳等西方社会党内部，近期由于派系争斗而引发的内讧频频出现，曾引发或明或暗的争斗，甚至导致双方决裂。近些年来，南非、巴基斯坦及英、挪、葡等多国频频发生腐败丑闻，如英"报销门"事件、葡"窃听门"事件，都严重损害了社会党的政治声誉。

（四）新自由主义长期盛行，其他政党和政治势力崛起制约了社会党发展的政治空间。近20—30年来，新自由主义思潮在世界尤其是西方泛滥，社民主义思想严重受挤。尽管金融危机一度导致新自由主义思潮受到抑制，但欧债危机又使社民主义主张再次受挫，凯恩斯主义回不来，新自由主义却似有在西方卷土重来之势。当前由于许多国家面临严峻的经济社会形势，社会不满、焦虑情绪上升，为各种激进主义、民粹主义提供了土壤，极左、极右等一些极端政党组织开展大规模宣传鼓动工作，得到了许多对现实不满的中下层民众的共鸣和支持，这些群体的多数曾是社会党的支持者与重要社会基础。此外，战后特别是"冷战"后以来，社会党人提出和倡导的有关公平正义、平等互助、福利国家、维护世界和平、实现可持续发展等许多好的理念和主张，都程度不同地被保守党、自由党、绿党乃至极端政党吸收采纳，甚至提出新的解读，致使社会党的身份特征和传统优势日渐模糊和淡化，而目前又未能提出吸引公众眼球的新理念、新政策，导致社会党人的政治施展空间较前狭小。

基于上述，可以明显看到，世界特别是西方社会党当前处于艰难的变革、转型期，这种调整正处在一种阵痛阶段，还未到位，甚至不排除反复的可能。纵观历史，社会党的历次转折和复兴都是通过自身的革新取得的，其未来振兴唯有通过再次革新而得以实现。当前，大多数国家社会党正在加快改革调整，努力探索适应时代发展要求的新的理念和发展模式，力图寻找取代保守政党的有效替代方案，以图在不久的将来实现重振，但这需要经受一段时间的历练和考验，社会党要根本改变当前相对于保守政党的弱势地位，短期难度较大。

近年来国外保守政党的发展变化

邹国煜

"保守党"一词最早见于1817年英国《保守党人》杂志，是当时维护君主制或正统主义原则的保守政治力量的统称。现代意义上的保守政党主要指包括保守党、基督教民主党和部分自由主义政党在内，具有一定保守倾向的各类资本主义右翼或中右翼政党。近年来，随着国际金融危机在全球范围内持续蔓延和发酵，中右和右翼政党在各国朝野力量对比中的地位发生深刻变迁。同时，面对形势变化所带来的新挑战，各保守政党也纷纷就本身执政理念和方针政策等作出一定的调整。

一、保守政党在全球政党格局中实力突出，影响很大

一是欧洲右翼占据和保持优势，仅有少数保守政党丢掉政权。面对危机，欧洲右翼表现出远大于左翼政党的耐力和应变能力，相当一部分保守政党在朝野博弈中渐居上风。英国保守党打破工党"三选三胜"神话，与自由民主党联合上台执政。德国基民盟及友党以高达48.6%的总得票率大比分赢得议会选举，强势蝉联执政。匈牙利青民盟和基民盟组成竞选联盟，在议会大选中以53%的得票率强势胜出，上台执政。北欧的芬兰民族联合党和受欧债危机影响最严重地区的西班牙人民党、葡萄牙社会民主党、希腊新民主党等也纷纷化危机为动力，在朝野更替中占据优势，借机上位。此外，在欧洲议会选举中，中右翼政党在英、法、德、西、意等大部分国家全面获胜，代表中右翼的人民党党团在新一届欧洲议会中独占鳌头。与此同时，也有法国人民运动联盟、丹麦自由党、意大利自由人民党等少数中右政党在危机中回天无力，渐失民心，最终丧

失政权，沦为在野党。

二是亚洲、大洋洲中右力量总体上扬，保守政党日渐增强。随着金融危机的深入冲击，日本经济严重萧条，社会思潮持续右摆，政治右倾化日益突出。右翼自民党趁势在最近议会大选中囊括近三分之二议席，一举从民主党手中夺回政权。韩国新国家党总统候选人朴槿惠在危机中适时打出改善民生、经济民主化等口号，赢得民众广泛支持，成功登上总统宝座，巩固了该党执政地位。蒙古民主党在国家大呼拉尔选举中以相对多数胜出，上台组阁。澳大利亚自由党自2007年大选落败以来逐渐恢复元气，2010年议会大选几与执政党工党平分秋色，为下轮鏖战奠定坚实基础。新西兰国家党凭借危机中的出色表现，在2011年国家议会选举中以48%的得票率遥遥领先其他参选各党，成功蝉联执政。

三是北美保守政党力量相对稳定，拉美中右政党处于劣势。加拿大保守党在联邦议会选举中，赢得总共308个选区中的166个，实现连续三届执政，并首次组成多数政府。美国共和党在金融危机肇始之初沦为在野党，后蓄积力量欲东山再起，该党2012年总统大选候选人罗姆尼甚至曾一度为各界看好，大选得票总数也与寻求连任的民主党总统候选人奥巴马几近平手，但终究功亏一篑。拉美政坛近年几为左翼垄断，中右力量总体低迷。苦撑危局的墨西哥国家行动党也终被卷土重来的革命制度党赶下台。虽然洪都拉斯2009年出现中右翼国民党主导的政变，智利右翼反对派联盟"争取变革联盟"候选人塞巴斯蒂安·皮涅拉在2010年总统大选中一举成为该国52年来首位通过选举上台的右翼领导人，但这些零星亮色短期内难成气候，远不足改变地区力量对比态势。

四是注意加强地区和国际合作，巩固全球影响。面对金融危机的冲击和挑战，一些保守政党相互照应、"抱团取暖"意愿增强。不少党在他国大选时积极为参选友党摇旗呐喊，声援造势。2012年法国总统大选期间，以默克尔总理为首的德国基民盟曾多次公开力挺法国人民运动联盟候选人萨科齐。美国总统大选期间，英国保守党不仅主动向共和党候选人罗姆尼提供巨额竞选经费，包括卡梅伦在内的众多高层还热情宴请来访的罗姆尼，不遗余力为其造势。同时，中右阵营跨国政党也续有发展。如，欧洲人民党近年已发展为欧洲最大的跨国政党，拥有来自39个国家的72个成员党（其中19个为执政党），跻身欧洲议会第一大议会党团地位，并掌握欧盟执委会主席、欧洲委员会主席、欧洲议会会长三大欧盟机构主席职位，为中右政党在欧洲层面沟通协调准备了良好平台。与之相比较，作为世界范围内保守政党相互交流合作重要平台的国际民主联盟（俗称"保守党国际"），近来却一直处于一种不愠不火状态，成员数量基本保持平衡，国际大会等活动断续开展，在理论思潮和政策主张上也鲜有实质性变化和突破。

二、方针政策遭遇挑战，以调整求发展

一是重心转向危机应对，经济政策上紧缩与增长并举。国际金融危机引发空前的经济大衰退，传统左右翼政治理念的分野已不再是选民关注焦点，民众收入多少和国家经济状况有无切实改善日渐成为各国朝野博弈中的决定性因素。为迎合民意，不少保守政党纷纷淡化意识形态，放弃在左右翼理念上的缠斗和对民主、自由、有限政府等传统抓手的过度坚持，转而集中精力寻求应对危机的办法，大打经济民生牌，凝聚民心民意，巩固加强自身地位。实际操作中深刻反思传统自由放任和新自由主义政策，保增长和减赤字双管齐下。德国基民盟强调加强金融监管，同时又先后出台金融救市计划和经济刺激计划，适当增加财政预算，促进经济增长，保障就业，并着眼联邦大选，将经济和劳动力政策作为其下届大选核心议题。上述政策使德国在欧债危机持续冲击中始终屹立不倒，失业率下降到统一以来最低水平。新西兰国家党面对金融危机影响下经济严重衰退、失业率和物价屡创新高的局面，一方面坚持紧缩货币政策，另一方面提出减税、增加基础建设投入、改善治安、完善教育和医疗体系等主张，有效控制了危机深入发酵。加拿大保守党甚至顶着"背弃民主"、"藐视议会"的罪名，一方面坚持削支减赤，另一方面又花大力气促进增长，推动经济复苏，并取得相当成效。

二是借"变革"、"公正"之名抢占主动，社会政策兼顾效率公平。金融危机在冲击各国政治经济的同时，也对其社会政策领域带来深刻影响。面对民众日益迫切思新求变的愿望，一些保守政党表现出罕见的妥协

性与灵活性，趁势在社会政策方面持续变革，打着"公平、公正"旗号抢夺民意主动权。 英国保守党在议会大选中原封不动照搬奥巴马竞选口号"为变革而投票"和"变革于你得利"。卡梅伦先是提出要改变民众中长期存在"我给政府缴税，政府负责打理一切"的依赖性思维，发扬人人参与、人人尽责的"大社会精神"。后又有意淡化"大社会"等宏观理念，突出政府对社会福利制度改革各领域的介入，稳步推进社会改革，并针对危机，大胆引入"社会公正"、"进步主义"等中左理念，以彰显本党变革精神和责任感。加拿大保守党推出《这里为了加拿大》的竞选纲领，欲通过减免普通家庭税负和大幅增加针对老年人、失业者和残疾人等的福利开支来寻求社会公正。德国基民盟改变一贯的"社会冷酷者"形象，在家庭、教育、环保等领域提出一系列"积极的社会政策"，并更多吸收左翼政党的"公平色彩"，受到更广泛民众认可。韩国新国家党朴槿惠总统提出建立"公平市场"，并承诺改善社会保障体系，减轻养老育儿负担，提高教育体系质量等，致力于建设"国民幸福新时代"。

三是淡化保守色彩，增加对特殊社会群体的包容性。金融危机削弱了中右翼政党民意基础，一些保守政党开始主动与传统保守主义保持一定距离，淡化自身保守色彩，并积极考虑通过摒弃先前对待少数族群、女权主义者和同性恋等特殊群体的一些不合时宜的偏见，来增加自身包容性和开放性，以获取更广泛的民意支持。英国保守党最近推出吸引更多少数族群加入保守党、鼓励更多少数族裔人士参与保守党基层活动、选拔少数民族精英到一些较为有胜算的选区参加国会议员选举等系列措施，以期赢得少数族裔的选票。新西兰国家党高层也对少数族裔敞开大门，奥克兰大学人文学院华人副院长杨健博士因此当选国家党议员候选人。英国保守党一些女议员加入女权组织，接受同居，不再视一纸婚书为构成家庭的唯一标准，甚至不再希望反对堕胎成为保守党的整体标签。该党2009年曼彻斯特年会推出以"骄傲"为主题的六色彩虹标志，明确表达其打破传统禁忌、友好对待同性恋的全新立场。保守党政府甚至酝酿于2015年大选之前通过新法案，允许同性伴侣正式结婚。

三、优势地位尚可维持，困难与问题也不容忽视

总的看，国际金融危机以来全球范围内保守政党力量有所上升，这主要得益于这些政党本身策略得当和适时有效调改，使其在左翼拿不出更好替代政策的情况下成为次优选择。此外，不少中右翼政党突破传统右翼理念窠臼，在经济、社会政策等领域采取与左翼类似立场，炮制右翼"第三条道路"，不断挤占左翼政党的理论阵地和政策空间，争取到相当一部分中间力量，巩固了自身优势。可以预见，在今后一段时期内，保守政党仍会在全球范围内左右翼势力较量中保持相对优势地位。但是这并不意味着右翼就可以高枕无忧，未来政治角逐中保守政党照样受到内外诸多因素牵制，同样面临系列困难和问题：

一是经济社会困境对治国理政要求日益苛刻，保守政党现有应对方略捉襟见肘。全球仍处于衰退的阴霾中，经济形势持续恶化，不断加剧民众焦虑情绪。随着大部分民众思新求变的愿望日益迫切，对不作为和无效作为的容忍度不断降低，传统政策的回旋空间将大幅缩小。如何采取有效措施带领民众走出困境越来越成为一项风险性与日俱增的任务，稍有不慎就有可能伤及民心，甚至政党被动下台。过去一段时期内，右翼主要依靠新自由主义方案并糅合一些左翼理念勉强过关，但危机本身已暴露出新自由主义太多弊端，"右翼全民党"等中间化道路也被证明是顾此失彼，虽能赚一时优势，但非长久之计。能否找到一种更为合理有效的危机应对方略，仍是一个困扰很多保守政党尤其是处于执政地位的保守政党的重大难题。

二是民众的信任和参与热情大幅下降，中右翼政党党员数量不断减少。国际金融危机的蔓延和欧债危机的深化，日益暴露出西方传统政党和政党制度深层次弊端。由于大多数民众的意愿和诉求难以通过政党渠道得以表达，公众政治参与热情逐年下降，世界范围内出现传统政党"衰退潮"，右翼保守政党也不例外。据相关报道，近年来英国保守党成员数量已减少了60%。日本自民党党员人数也从2009年大选时候的108.1万下降到78.9万。德国基民盟自2008年金融危机爆发以来党员人数从52.9万迅速下降到48.9万。法国人民运动联盟党员人数也已从2008年的34

万锐减至不到 21 万，而且该趋势仍在继续。党员数量的急剧减少是这些政党社会基础进一步弱化的具体表现，并将最终使这些党未来生存和发展面临重大挑战。

三是社会多元化诉求更加突出，新兴政治力量势必进一步挤压中右翼政党战略空间。全球化、信息化的深入发展已使世界政治生态发生重大变化，国际金融危机中不断恶化的经济形势则进一步加剧了社会焦虑、浮躁情绪，为各种激进主义、民粹主义提供滋生的土壤和温床。社会多元化、政治碎片化和极端化现象凸显，传统政党日渐难以有效整合社会资源。在此背景下，除了传统左右翼之间力量此消彼长之外，绿党政治在全球方兴未艾，极右翼、极左翼和民粹主义政党已在有些国家开始逐渐得势，诸如"海盗党"、反传统体制的"五星运动"和各种"占领运动"之类的非传统政治力量也在一些国家相继出现，并一度坐大。中右翼政党若不及时采取有效应对措施，今后的政治角逐中所面临的各方压力恐进一步加大。

近年来世界伊斯兰政党的发展变化

石晓虎

据不完全统计,世界范围内正式登记注册且在本国具有一定影响的伊斯兰政党约有七八十个,主要分布在亚非国家。伊斯兰政党起源于现代伊斯兰复兴运动,20世纪70年代逐步向合法化、政党化转型。"9·11"事件后以美国为首的西方国家明里暗里将伊斯兰与恐怖主义相挂钩并极力打压一些国家伊斯兰政党,恶化了一些伊斯兰政党的内外环境。国际金融危机持续发酵激发了一些发展中国家民众的反政府心态,为部分伊斯兰政党快速发展创造了条件。

一、地区发展相对不均衡

近年来,伊斯兰政党在西亚北非地区——穆斯林世界的核心地带——实现重大突破,而在其他地区则未出现大的变化,发展呈现明显的地域不均衡性。

一是西亚北非地区伊斯兰政党异军突起,成为牵动地区政治转型的主要力量。继土耳其正义与发展党在2001年通过选举掌权以来,伊拉克伊斯兰达瓦党、摩洛哥公正与发展党、突尼斯复兴运动及埃及自由与正义党近年来先后登台执政。也门改革集团参与和解政府,成为政坛两股主要力量之一。利比亚公正与建设党以国民大会第二大党身份入阁,占据石油、电力、经济等重要部长职位,成为国家政治格局中的重要一极。约旦伊斯兰行动阵线要求国王加大放权力度,在要求得不到满足的情况下持续发动街头抗议,使得政府首相频繁换人。巴勒斯坦哈马斯、黎巴嫩真主党等在地区动荡前就已占据政坛重要地位的伊斯兰政党,地位更加稳固。相比之下，阿尔及利亚伊斯兰政党在立法选举中不敌世俗势力；苏丹全国大会党在两苏分离后面临的执政压力显著上升，控局难度加大。

二是南亚地区伊斯兰政党社会基础较好，能量不小。南亚国家穆斯林人口比例很大，伊斯兰政党相对众多且活动空间较大。巴基斯坦神学会、伊斯兰促进会等利用主流政党恶斗的有利时机，发挥重要的平衡作用，还一度实现参政。阿富汗2003年颁布《政党法》，一批伊斯兰政党合法登记，它们大多通过议会参政议政并影响政府决策。马尔代夫正义党2005年成立，2008年大选后执掌新成立的政府伊斯兰事务部，近两年来扩张迅速，成为主要政党竞相拉拢的重要力量。孟加拉国伊斯兰大会党在2001年大选中获得18个议席并获中央政府数个部长职位，但在2008年大选中支持率有所下降。印度伊斯兰政党在宗教政党中实力相对较弱，印巴分家时曾名噪一时的全印穆斯林联盟早已衰落，目前仅在喀拉拉邦活动。2011年，印度穆斯林又成立全国性的福利党并以世俗政党面目活动，参与政治竞争，但影响亦有限。

三是东南亚地区伊斯兰政党数量不多，影响有限。东南亚国家多为世俗国家，对伊斯兰政党予以一定限制。印尼是世界上穆斯林人口最多的国家，伊斯兰政党力量较强，民族觉醒党、建设团结党、繁荣公正党、国民使命党等四个伊斯兰政党在2009年议会选举中分别赢得10.6%、8.1%、7.9%和6%的得票率。在2014年议会选举中，伊斯兰政党总得票率进一步上升，影响进一步增强。马来西亚伊斯兰党在2008年选举中实现较大幅度的力量回升，议会席位从7席增至23席，并在数州单独执政或联合执政。在天主教徒占据多数的菲律宾，伊斯兰政党在几个穆斯林地区持续活动，但影响力不大。

四是中亚伊斯兰政党面临不利政治环境，难有大的突破。中亚国家多为强人当权，实行政教分离制度，不允许伊斯兰组织组建政党和参政议政。作为内战的遗产，塔吉克斯坦伊斯兰复兴党成为地区唯一合法的伊斯兰政党。该党在2000年和2005年大选中均获9%的支持，稳居第三大党地位，但是在2010年下议院选举中仅获2席，实力有所下降。凭借长期经营基层的优势，该党仍在政坛具有一定政治影响力。

此外，在高加索和东非地区个别国家也有伊斯兰政党活动，但影响十分有限。

二、纲领主张趋于灵活务实

各国伊斯兰政党背景不尽相同，教派因素对其政策主张影响较大。多数伊斯兰政党注意顺应形势变化，不断调整自身政策诉求，以更好地争取民众和开展政治斗争。

一是注意淡化伊斯兰色彩。其一，重视伊斯兰价值观，但不谋求实行伊斯兰法和建设伊斯兰国家。突尼斯复兴运动表示，"我们并不想建设一个神权国家。我们追求的是一个为自由理念所塑造的民主国家，人民将决定他们自己怎么生活……我们不是伊斯兰主义政党，我们是一个尊奉《古兰经》为原则的伊斯兰政党"。摩洛哥公正与发展党倾向于将本国建设成为有伊斯兰渊源的公民国家。其二，谋求建设全民党，塑造开明、温和的现代政党形象。部分伊斯兰政党认识到要打破狭隘的宗教政党性质，增强社会代表性，扩大社会基础。土耳其正义与发展党在执政后积极向"全民党"转型，明确提出不以意识形态画线。该党主席埃尔多安指出，"正义与发展党的前身仅从信奉其认可的意识形态的特定人群中寻求支持者，仅发挥了宗教共同体的功能，不具有广泛代表性和民众基础。正义与发展党与它们有着本质不同，是代表全体人民利益的政党"。马来西亚伊斯兰党出于政治需要，也打出"全民的伊斯兰教党"口号，并对伊斯兰教法作出只适用于伊斯兰教徒的诠释，以消除非穆斯林的疑虑。

二是谋求通过选举上台执政的方式对国家进行改革。长期以来，不少国家伊斯兰政党处于在野和被压制地位，相对激进，谋求通过暴力手段夺取政权。"冷战"结束以来，不少伊斯兰政党的政治观出现变化，认为"民主是解决问题的新方法"，不再诉求建立伊朗式的政教合一政权，转而谋求走土耳其正义与发展党的道路，突出伊斯兰与民主的兼容性，将发展议会民主、政治多元以及公民社会作为当前的政治目标。马尔代夫伊斯兰民主党主张在本国建立伊斯兰民主制度，将民主纳入到伊斯兰教的框架之内，以维护国家的和谐与稳定。同时指出，政治改革不能急于求成，必须循序渐进。摩洛哥公正与发展党在掌权后,成功推动政改,将大权从国王转向政府首脑,由其负责内阁和政府政策。突尼斯复兴运动、埃及自由与正义党当权后,均强调政治改革是所有真正改革的开始,但政改路径不同,效果不一。前者选择自下而上的政治路线图,重视政治协商和对话,力争形成改革共识,维护了政局稳定;后者则谋求一党独大,独掌改革方向,引发朝野冲突不断、社会动荡不安。

三是注重发展经济和改善民生。伊斯兰作为一种宗教,并未形成成熟的经济思想和政策,多数伊斯兰政党倾向于市场经济和自由竞争。土耳其正义与发展党主张建立和完善市场经济体系,政府在经济发展中只发挥调控与监督作用。也门改革集团重视发展私有经济,允许私有部门参与制定经济政策。同时,对公正、正义、平等等朴素思想的追求,也使得不少伊斯兰政党强调兼顾效率与公平。土耳其正义与发展党在执政一段时间之后注意到社会两极分化和区域发展不平衡问题,一方面加强对经济发展的规划性,促进区域均衡发展;另一方面加大民生投入,通过增加农业补贴、完善社保体系、提高社会福利等政策切实改善民生。马来西亚伊斯兰党作为地方执政党,提出要在经济上改革税收政策,平均分配财富,增加就业机会。印尼国民使命党主张在公正、有活力、稳定、高效的基础上发展经济,关注底层人民的经济生活,力促消除任何阻碍中小企业发展和合作社发展的因素,以扩大就业。但是在性别平等问题上,多数伊斯兰政党重承诺、轻实践,还难以满足社会的广泛期待。

四是以更加理性的方式看待西方。多数伊斯兰政党对西方在"9·11"事件后将反恐问题扩大化,乃至抹黑伊斯兰文明、破坏伊斯兰形象非常反感,多有微词。一些伊斯兰政党对西方支持本国强人搞独裁以及在阿以关系中偏袒以方也非常不满,动辄在一些问题上指责西方。但是考虑到美国强大的国际影响力,一些伊斯兰政党选择在反美议题上说多做少,重点敲打本国政府,以免刺激美国。西亚北非地区一些伊斯兰政党在合法化或当权后也逐步改变对美立场,一方面坚持国家利益、平衡发展大国关系,另一方面也谋求以美国为首的西方国家的理解和支持,以增强国际合法性。2012年,埃及、摩洛哥、利比亚、突尼斯四国的伊斯兰政党还联合组团访美,表达与西方沟通及建立良好关系的意愿。

三、面临的挑战与困难不少

伊斯兰政党作为宗教政党，只有在特定的社会政治环境下才能够生存和发展，当前在一些国家尽管面临一定的有利形势，但总的看，挑战和困难不少。其未来走向如何，还取决于多重因素：一是选择做真主的代表，还是人民的代表。在世俗化国家，伊斯兰政党既要坚持伊斯兰属性，又要不断地改造自己，以适应社会变化状况，如何平衡两者关系仍是一个重大问题。放弃伊斯兰旗帜，可能失去基层民众支持；过度强调伊斯兰特色，有可能失去城市中产阶级和其他中间选民。二是能否处理好与不同政治力量的相互关系。一方面，要争取世俗势力的认可，避免形成相互对抗的局面；另一方面也要维护不同教派之间的团结，避免不同伊斯兰政党相互掐架，自折实力。埃及自由与正义党因为当政后激进推动伊斯兰化，遭到世俗势力和军方的反对，被军方赶下台。三是部分伊斯兰政党能否完成角色转变、守住政权。包括在短期内能否迅速解决经济难题、改善民生，在中长期内能否成功探索符合国情的政治发展道路，实现政治和解、政治和谐。四是能否处理好与西方的长远关系。一些伊斯兰政党为站稳脚跟，在伊斯兰教法等问题上暂时缓和立场，取得了较好效果。一旦上述伊斯兰政党不再守拙、锋芒毕露，就可能引发西方的警觉和敌意，招致西方的干涉。

近年来世界绿党的发展变化

魏 伟

绿党发源于上世纪六七十年代西方的"绿色政治运动"。经过几十年的发展，各国绿党已从体制外的激进抗争力量演变为体制内有一定影响的偏左政党。近年来，一些国家的绿党以气候变化、环境污染等问题为抓手，利用国际金融危机动摇传统政党社会基础的有利时机，从独特视角提出自己的政策主张，赢得越来越多普通公众的支持，目前上升势头较为明显。但从整体看，绿党在各国仍属于中小型政党，力量相对较弱，政策空间不足，未来发展受到多重制约。

一、绿党的发展现状

（一）绿党在全球范围内广泛兴起，成为有一定政治影响力的世界性政党。与传统政党相比，绿党近年来发展速度快，发展态势良好。世界上第一个全国性绿党是诞生于1972年的新西兰价值党，在此后短短的40年间，各国绿党不断涌现，规模迅速扩大，目前数量已增至100多个，广泛分布于世界五大洲。绿党也不再是人们眼中的"另类"，而是具有一定影响力的世界性政治力量。截至2011年7月，绿党已赢得296个全国层面的议席。其中，17个欧洲国家绿党占据229席，澳大利亚、新西兰、加拿大绿党占20席，其余的议席则被发展中国家绿党分享。

（二）发达国家绿党影响上升，发展趋势向好。西方国家是绿色政治和绿党的发源地，随着绿色经济崛起，绿党的社会基础不断扩大。许多党在国家议会中拥有席位，不少党还加入联合政府。欧洲绿党实力最强，在本届欧洲议会选举中普遍取得好成绩，与其他党团议席数不同程度下降形成鲜明对比，绿党党团议席由43席大幅增至53席。其中，德国绿党的力量和影响最大，曾两度执政，被誉为"最成功的绿党"。该党目前在德国16个州拥有议席，并在6个联邦州执政，已取代自民党成为两大政党不可或缺的执政伙伴，近年来对社会各阶层民众的吸引力上升，党员人数已突破6万人，且年轻党员比例较高。冰岛绿党占据本届政府半壁江山；芬兰绿党是国家主要联合执政党；意大利"生态左翼和自由"党女议员当选众议长；法国绿党影响上升较快，在总统选举中成绩突出，进入社会党政府，话语权进一步扩大。澳大利亚绿党历史悠久，影响日益上升，在2012年大选中成功取得参院制衡权，以组建联合政府的关键少数身份加入工党政府，对政府政策产生重要影响。新西兰和美国绿党稳居政坛第三党地位，新西兰绿党政治支持基础大幅扩大，正加快向主流政党转型；美国绿党党员人数众多，几度推举候选人参与总统选举，对两大主流政党形成一定冲击。

（三）发展中国家和转型国家绿党整体力量弱小，影响有所下滑。与发达国家相比，广大发展中国家及部分转型国家所处的经济和社会发展阶段和水平均较滞后，公众普遍关注的是温饱问题和物质文化生活水平的提高，对绿色经济和环境保护的认识相对薄弱，绿党赖以发展的政治社会条件不够成熟。转型国家绿党在20世纪80—90年代广泛兴起，并经历一波发展高潮，许多党进入国家议会，捷克、拉脱维亚等绿党还参与执政，但大部分国家绿党仅是昙花一现，随着国家转轨进程的结束，很快被挤出议会，陷入沉寂。亚非拉发展中国家绿党数量虽多，但绝大多数规模小，政治实力微弱，处于边缘状态，近年来只有少数绿党活跃在本国政治舞台。蒙古公民意志绿党的表现最为突出，在最近两届大选中都取得较好成绩，目前与民主党、"正义"联盟联合执政。巴西绿党曾是劳工党的执政伙伴，但民意基础不稳固，现处于在野地位。墨西哥、哥伦比亚、秘鲁、马达加斯加、乍得、南非等国绿党积极开展活动，努力拓展政治空间，拥有一定的发展潜力。

（四）绿党注重团结协作和相互支持，国际影响力不断扩大。与传统政党聚集特定国家利益不同，绿党关注的生态、和平、民主、多样化等核心议题，具有全球视野，较易联合行动，共同发声。为推进国际合作的机制化发展，各国绿党先后组建了欧洲、非洲、美洲和亚太绿党联盟。2001年，绿党又在澳大利亚举行的第一次国际代表大会上建立了自己的政党国际——全球绿党，负责协调所有绿党的国际活动。全球绿党的建立为绿党的国际合作提供了组织保障，进一步增强了绿色政治的传播力，提升了绿党整体的国际影响力。2008年、2012年，绿党分别在巴西和塞内加尔召开两次国际代表大会。近年来，各国绿党经常组织地区和全球层面的聚会，针对人类共同关注的生物多样化、气候变化、核能应用、城市的可持续发展等问题积极发声，影响政府政策，引起世界关注。它们曾统一发表声明呼吁哥本哈根气候谈判失败不能重演。日本核事故发生后，西欧国家绿党掀起新一轮反核能浪潮，促使多国政府承诺限制核能发展。

二、绿党成功发展的主要原因

（一）调整自身定位，自觉融入主流政治。绿党成立之初，反对"一切政党"，认为传统的政党组织已被高度物质化和官僚化，权力日益集中在少数人手中，主张实践一种"反等级制、反官僚化、非职业化"的基层参与型的全新政治，坚持走"院外政治"道路，20世纪90年代发展一度受阻。此后，各国绿党均进行深刻反思，党内激进派受到批评，现实派占据主导地位。绿党谋求融入主流政治、进入权力中心的意愿上升，开始逐步调整其某些宗旨、组织原则及领导机制，努力适应现代民主政治制度的需要，希望通过参与政权影响政府决策，更好地贯彻落实绿色发展理念，实现长远奋斗目标。

（二）坚持思想包容和组织开放，不断扩大社会基础。进入新世纪，各国绿党逐渐演变成一个政治上可以预期的、适应政府合作和政策要求的"普通"政党，迎来了新的发展机遇。在政策理念方面：绿党淡化空想与激进成分，使政策主张尽量贴近现实和民众要求。德国绿党部分地吸收了"生态社会主义"和"社会民主主义"思想，政策主张趋于温和务实，打消了民众的疑虑，拓展了生存、发展空间。2012年，法国绿党为换取社会党的支持，虽然反核电，但在竞选过程中不再强调"完全废除"核电主张；澳大利亚绿党在与工党政府谈判碳定价方案时也作出适当妥协，同意对相关行业进行补贴，两党均成为左翼政党建设性的合作伙伴，成功进入政府。在组织建设上：绿党强调党内民主，尊重党员意见；实行集体领导和基层决策机制；明确规定领导机构女性最低比例，保障男女平等。这些做法对社会不同阶层具有较强的感召力，尤其吸引了大批青年和妇女群体的追随者，增添了党的活力。

（三）引领绿色经济发展理念，进一步提升发展空间。绿党是以生态环境问题为契机建立起来的新兴政党，其40年前关于生态环境的某些超前、激进主张，以及对传统政党经济发展理念和模式的尖锐批评，近年来在普通民众中越来越有市场和说服力。随着人口膨胀，经济无节制发展，生态环境等问题日益突出，发展绿色经济逐步成为国际社会的共识，是许多国家主流政党争相抢打的竞选旗帜，也是主要大国提高未来经济竞争力的新领域。绿党作为这种新兴经济理念的政治"代言人"和绿色发展模式的倡导者，顺应了时代发展和民众需求，具有前瞻性和战略眼光，在绿色经济发达的西方国家和越来越多的发展中国家力量上升，实属必然。

（四）拓宽政策领域，积极应对国际金融危机，赢得新的发展机遇。经过多年的探索发展和参政执政实践，多数国家绿党已超越传统的环保、反战、反核政策范围，逐渐将经济、社会、就业等领域纳入视野，并提出相关政策主张，形成一套比较完整的经济社会发展理论体系，对国家的未来发展提出了不同于传统政党的全新思路。尤其是国际金融危机和欧债危机爆发后，许多国家绿党积极弥补其经济社会政策的"短板"，提出了清晰的政策主张。在经济政策领域：绿党提出"生态市场经济"和"绿色"经济等理念，主张推动经济结构向生态转型，大力发展绿色、环保和低碳产业，实现可持续发展。在社会政策领域：主张促进社会公正和机会均等，加大对教育和研发投入，全面实施最低工资，保护草根阶层和少数族裔利益。德国绿党为应对危机，广泛听取企业家、银行家甚至奶农的意见建议，主张实施以绿色投资、转变生活方式为主要内容的"绿色新政"，带动经济增长，影响力一度超越社民党。蒙古公民意志绿党强调"全社会共享发展成果"的理念，并推动联合政府将这一理念纳入施政纲领。在全球经济低迷、社会矛盾上升、民众对现实政治失望不满的背景下，绿党的上述政策主张迎合了不同群体的利益诉求，得到越来越多的支持。

三、绿党面临的问题和未来前景

（一）绿党的纲领理念与现实社会存在矛盾，发展难题尚待进一步破解。尽管各国绿党均进行了自我更新，许多党由"深绿"变为"浅绿"，但仍秉持系统论和生态学作为理论基础和行动指南，否定"人类中心主义"的价值取向。这与物质主义经济政治内容依然占主导地位的现实社会存在矛盾。因为无论是发达国家还是广大发展中国家，绝大多数政治家和民众现阶段仍主要关注经济发展和就业等问题，民众期盼改善生态环境，但不愿降低目前的生活质量。面对价值观和现实社会民众需求的冲突脱节，绿党在政策选择上处于两难境地，如何取舍，考验绿党的智慧，决定着绿党的未来。

（二）绿党的自身特性逐渐弱化或被消解，思想理论创新压力巨大。主观上，绿党为进入各级议会和政府权力中心，必须主动适应现实民主政治规则和制度框架的束缚与限制，在推动政府吸收绿色理念，制定出一些与绿党相似的政策方针的同时，也不得不因内政外交的现实需要向主导性政党作出妥协和让步。德国绿党在"9·11"事件后为保住"红绿联盟"的执政地位，无奈放弃一贯的反战宗旨，同意出兵阿富汗。客观上，绿党的兴起和发展分流了部分传统左、右翼政党的选民，推动它们检讨自己的政策缺失，披上"绿色外衣"，"拿走"一些绿党政策，抢夺绿色选民。由此可见，绿党无论如何都将丧失部分独立性和独特性，如果不加紧进行思想纲领创新，拿出更加独特和令人信服的政策主张，将无法有效吸引民众，取得更大发展。

（三）大多数国家绿党的内斗激烈，执政经验匮乏，上升空间受到挤压。自成立以来，各国绿党内部一直存在理想主义与现实主义、激进派与温和派之间的斗争，一方面影响党内团结和战斗力，另一方面牵累了党的革新及与其他政党的合作，制约了绿党的主流化和上升空间。此外，除德、法、冰岛、蒙古等绿党具有一定执政经历和经验外，大部分国家绿党尚难摆脱单一问题党形象，缺乏执政能力与经验，政治影响力无法与传统政党匹敌。在一些国家选举中，选民基本将其界定为"砝码"党，而非主流执政党，甚至绿党党员也不必然投本党候选人的票。加之，主流政党通常利用其掌控的政治权力，制定不利于新兴小党发展的选举制度来排斥竞争对手，也限制了绿党的成长。

综上所述，因受内外多重因素制约，绿党未来发展仍面临许多困难和考验，很难在短期内实现全球性政治"绿化"和整体崛起，即使西欧国家最具实力和影响的绿党也难以取代传统主流政党的地位。但是也应看到，绿党的产生、发展有一定的经济、政治和社会基础，总体上顺应了时代发展趋势，只要善抓历史机遇，积极探索创新，非但不会被传统政治所淹没，还将具有较强生命力。

南亚政党政治发展的特点与趋势

崔 翔 杜小林

南亚政党政治起步较早,多数国家独立后即建立了多党民主政体,但受内外矛盾影响,发展曲折缓慢。近年来,在全球化深入发展和国际金融危机蔓延的大背景下,南亚政党政治发生深刻变化,出现了多党制得到普遍实行、联盟政治常态化、政党重视调整与革新等一些新的发展趋势。

一、在独特的政治、经济和人文环境中,南亚政党政治发展呈现出四个突出特点

(一)社会利益复杂多元决定了政党构成的多样性和复杂性。南亚多数国家都具有多民族、多语言、多宗教、多种姓的特点,社会结构和意识形态多元,不同社会阶层和利益群体的代表纷纷组织政党,导致各国政党数量多、种类繁。以印度为例,1951年首次议会选举时共有合法注册政党192个,此后政党数量持续攀升,到2009年大选时达到创纪录的1055个。就种类来说,南亚政党根据阶级属性划分,有以印度国大党、斯里兰卡统一国民党为代表的资产阶级政党,有联合尼泊尔共产党(毛主义)、印度共产党(马克思主义)等无产阶级政党;根据意识形态划分,有极左并坚持武装斗争的印度共产党(毛主义)、中间偏左的印度国大党,也有中偏右的巴基斯坦穆斯林联盟(谢里夫派)等;根据影响范围划分,有印度国大党、斯里兰卡自由党等全国性大党,也有印度北方邦的社会党、巴基斯坦信德省的统一民族运动党等地方性政党;根据宗教色彩可分为宗教政党和世俗政党,较有影响的宗教政党有巴基斯坦伊促会、孟加拉国伊斯

兰大会党等；此外还有以种姓、族群和部落为基础的党，如印度大众社会党、斯里兰卡泰米尔人民族联盟和阿富汗的众多政党。

（二）各国政党政治发展不平衡。印度、斯里兰卡独立时接手的政治架构比较完善，各种政治力量发展相对均衡，多党民主制和政党自身比较稳定，政策主张有一定延续性，如印度国大党、斯里兰卡自由党、统一国民党，或长期执政，或长期发挥较大影响。巴基斯坦、孟加拉国政党体制及政党稳定性相对较差。巴基斯坦独立至今，多党议会制数次被军政权所打断，军人执政时间近一半。孟加拉政党政治也因军人干政而发展曲折，过去20多年虽定期举行议会选举，军人较少干政，但两大政党人民联盟和民族主义党为争权而激烈互斗，政局时有动荡。尼泊尔、不丹、马尔代夫等小国较深的封建传统和威权思想迟滞了政党政治发展脚步。尼泊尔20世纪50年代即开始推行多党议会制，但国王揽权，实行了30多年党禁。21世纪后，新上台的国王仍想亲政，结果被彻底推翻。不丹2007年从君主制转向君主立宪制，政党开始登上政治舞台。马尔代夫2005年开放党禁，2008年举行首次多党选举，目前仍处于动荡磨合期。阿富汗受频繁内战和外来干涉影响，政党作用发挥受限制，政党政治发展较为滞后。

（三）政党变动不居，反复分化组合。多数国家政党政治发展历程曲折，政党本身也变化频繁。穆盟系巴基斯坦立国党，但在领袖真纳去世后群龙无首，先后多次分裂，今天除穆盟（谢）、穆盟（领袖派）等大党外，打着穆盟旗号的小党还有十来个。2008年马尔代夫大选人民党下台后即发生分裂，创党人、老总统加尧姆另立新党进步党，2013年大选前，马尔代夫各党又经历了新一轮分化组合，大选很可能产生新的政党格局。即便是政治体制相对稳定的印度、斯里兰卡，其主流政党也经历着种种变化。国大党在尼赫鲁、英·甘地去世后都曾发生分裂，2004年再次执政后才重新走向稳定。20世纪70—80年代为抗衡国大党，一些人组建了人民党并短暂上台执政，但下台后，人民党迅速分裂，而今脱胎于老人民党的政党约有十来个。南亚左翼政党在不同历史时期出现过分裂。印共、斯共、尼共、巴共、孟共等均曾因各种原因分裂，尼共的分分合合尤为频繁。

（四）具有浓厚家族政治色彩。南亚社会封建种姓观念深厚，长期受殖民统治，底层大众习惯于依附和追随上层精英，精英政治成为多数政党形成的基础。党的命运与领袖个人息息相关，民众对领袖威望的认同成为该党盛衰的重要因素。政党领导权高度集中于领袖个人，领导权往往在领袖家族内部世袭传承，由此形成强大的政治家族。政党和特定政治家族形成共生共荣的密切关系，如印度国大党与尼赫鲁—甘地家族，巴基斯坦人民党与布托—扎尔达里家族，穆盟（谢）与谢里夫家族，孟加拉国人盟与谢赫家族，斯里兰卡自由党与班达拉奈克及后来的拉贾帕克萨家族，等等。这种共生共荣的关系在特定家族和政党间已维持了三四代之久，至今仍旧存在并赋予南亚政党政治特色烙印。

二、南亚政党政治近年来呈现出新的发展趋势

南亚政党的演化主要由内部因素如自身发展阶段、经济社会宗教矛盾等决定，但在经济全球化和信息化大背景下，南亚政党政治发展受到了"冷战"结束、"9·11"事件等重大历史节点的冲击，也受到当前国际金融危机、"阿拉伯之春"动荡等的影响，出现了一些新趋势。

（一）民主政治成为大势所趋，政党作用上升。随着全球化趋势深入发展，多党议会民主制在南亚得到更多认可和进一步发展。以非民主手段干政越来越不得民心，巴基斯坦、孟加拉国等国军队对政治的介入不断减少。巴基斯坦2013年大选顺利举行，首次实现民选政府间正常交接。斯里兰卡人民解放阵线、联合尼共（毛）等左翼政党先后放弃武装斗争道路，进入议会民主制主流。斯里兰卡"猛虎"组织被消灭后，广大泰米尔人转而支持主张议会斗争的泰米尔民族联盟等政党组织。尼泊尔政党虽在首届制宪会议中制宪未果，但坚持不考虑再次回到君主立宪制，继续选举新一届制宪会议以完成制宪。阿富汗各政党谋结盟、求自强，期望2014年大选后发挥更大作用。随着多党议会制日渐稳固，政党政治逐渐成为各国政治生活的核心，政党作用不断上升。

（二）政党有意突出独有特性以增强吸引力，但执政党在经济政策方面差异缩小。全球化深入发展带动了世俗和西方价值观在南亚地区的扩

张，也刺激本地区原有文明特性和价值观的反弹，一些政党在扩张与反弹的交锋中壮大成长。印度人民党当初竭力突出自己的印度教色彩，吸引到大批印度教信徒并赢得上台机会。巴基斯坦宗教性政党如伊促会、神学会等利用伊斯兰保守势力反弹之机扩大影响，在最近几次选举中表现不俗。新兴政党正义运动党有意将自己塑造成为青年和平民中产阶层的利益代言人。印度一些小党如社会党、大众社会党等或突出地方特性，或突出种姓色彩，影响不时上升。尼共（毛）在国际共运陷入低潮时，从尼泊尔半封建半殖民地的国情出发，坚持高举马列主义旗帜，为维护底层民众利益不惜诉诸武装斗争，在选择议会斗争道路后从选票中得到回报。

另一方面，受自由化和市场化改革影响，各国执政党在经济政策选择上差异缩小。国大党领袖尼赫鲁曾倡导实行特殊类型的社会主义，中左色彩明显，印人党成立时有鲜明的保守、中右色彩。但自20世纪90年代以来，两党执政期间均提倡经济自由化和市场化，政策区别不大。巴基斯坦人民党和穆盟（谢），孟加拉国人盟和民族主义党，斯里兰卡自由党和统一国民党，虽然互为政治对手，但经济政策上均无原则性差别。

（三）从大党主导向大党发挥主要作用的联盟政治态势发展。尽管南亚政党数目繁多，但在各国政治生活中起主要作用的仅为少数几个大党，如印度国大党与印人党、巴基斯坦穆盟（谢）与人民党、斯里兰卡自由党与统一国民党、孟加拉国人盟与民族主义党等。国大党曾长期一党主政，巴基斯坦、斯里兰卡、孟加拉等国主要由两大党交替执政，尼、不、马等国也主要是大党掌权。但随着各国政治和社会不断向多元化方向发展，已经没有一个大党可以独揽大权，大党通常需联合其他政党才能上台执政、稳固政权，联盟政治逐渐成为多数南亚国家政党政治常态。印、斯、孟、马当前均由大党领导联盟执政。大党不时受到小党的胁迫，一些国家的中小政党和地方性政党谋求组成"第三股势力"，以改变两大党主导格局。

（四）政党重视调整与革新以应对新挑战。新世纪以来，南亚国家中产阶级不断壮大，社会利益诉求更为多元，民众参政意识和求变呼声增强，媒体、非政府组织日趋活跃，对政党监督制衡上升。各国还出现许多新兴政党，冲击传统政党格局，如巴基斯坦正义运动党、尼泊尔马德西政党等。面对日益增大的压力，老党、大党开始重视通过调整与革新来提高执政和应对能力。一是更加重视经济民生。穆盟（谢）2013年再度上台后，将发展经济、解决能源危机作为执政首要任务。国大党2013年力推议会通过《粮食安全法案》，向民众提供粮食补贴。联合尼共（毛）在七大上提出将工作重心转移到经济建设上的新路线。二是更加注重整合利益，化解矛盾。国大党提出要更加重视青年人和城市新兴中产阶级的利益，并制定了迎合上述阶层需求的措施。斯里兰卡自由党一方面谋求修宪削减地方政府权力，防止少数民族聚居区再度出现分离倾向，另一方面加大对北部地区发展投入，缩小当地发展水平同其他地区的差距，以减少民族矛盾。三是更加注重加强自身建设。传统老党加快培养新一代领导人步伐，印度国大党、巴基斯坦人民党、斯里兰卡自由党纷纷将未来接班人拉胡尔·甘地、比拉瓦尔·扎尔达里、纳马尔·拉贾帕克萨等人推向前台，委以重任，加以历练。国大党在2012年年底全国大会上提出，要定期召开地方领导人联席会议来加强基层党组织建设。斯里兰卡自由党决定重建党总部，使其发挥良好的教育、培训党员的职能。

总体上，南亚政党政治还在继续发展演变。印、斯等国体制相对比较稳定，巴、孟、尼、马、不、阿则不同程度地处于政治转型进程当中。其间，政党地位和作用将进一步上升，各党对此已有所认识并有意识地加强党建，努力推动各自国家的经济社会发展，探索更加适合自身的发展道路和模式。

阿富汗政党政治的特点及发展趋势

常久青

阿富汗当前实行多党参与的议会选举制，但受历史发展、自身国情、政治生态等多种因素制约，相较于南亚其他国家，阿富汗政党政治发展缓慢，政党尚未成为政坛主导性力量。

一、阿富汗政党的发展脉络和现状

阿富汗政党政治起步较晚。1964年阿富汗开始实行君主立宪制并开放党禁，人民民主党等各类政党先后建立，开始在政坛上发挥作用。20世纪70年代末，苏联入侵阿富汗后，亲苏的人民民主党得到进一步扶持，其他小党则失去生存空间。90年代，阿富汗历经四年全面内战及塔利班的严酷统治，这一时期，阿富汗政党发展基本停止。

新世纪以来，随着塔利班政权垮台和过渡政府成立，阿富汗回归议会民主体制，一些在抗击苏联入侵以及反塔利班战争中成长起来的武装组织和政治势力转型为政党并步入政坛，政党政治重获新生。2003年，过渡政府颁布《政党法》和《政党登记办法》，登记注册的政党达100多个，但其中大多数政党几无活动，处于有名无实状态。2009年，阿富汗通过新修订的《政党法》，提高政党注册门槛，38个政党重新登记成为合法政党，其中规模较大的政党有民族运动党、伊斯兰民族阵线、伊斯兰统一党、伊斯兰促进会等。

二、阿富汗政党政治发展缓慢的主要原因

一是阿富汗国内有关制度限制了政党作用。阿富汗宪法规定，阿富汗实行总统制，总统候选人既可以由政党推选，也可以以独立候选人身份参选。2004年、2009年总统大选中卡尔扎伊均以独立候选人身份胜选，上台后既没有成立自己的政党，也没有明确支持任何政党，政党与国家权力未形成交集。阿富汗议会选举实行独立候选人制度，议员大都以个人身份而非代表政党从事政治活动，政党在议会的作用较为有限。2009年和2012年，阿富汗政府两次修订并实施新的政党法，对组建政党和政党活动等确立更为严格的标准，政党发展受到更大约束。

二是政党自身局限性束缚了其发展。阿富汗政党多以某一族群或军阀派系为基础建立，缺乏广泛代表性，发展空间有限。目前活跃在阿富汗政坛的政党大多脱胎于在抵抗苏联入侵和反塔利班斗争中成长起来的武装抵抗力量和政治势力，其族群色彩和地域背景鲜明。如伊斯兰民族运动党以乌孜别克族为主，伊斯兰促进会以塔吉克族为主，均来自北方，代表阿北方民族的利益；伊斯兰统一党以哈扎拉族为主，支持基础在中西部；阿富汗民族党和伊斯兰民族阵线均为最大民族普什图族的政党，支持基础在东部和南部。受支持基础的制约，大部分政党局限于一地或一族，政治视野和发展空间较为有限。由于历史原因和现实利益冲突，各民族、各地方之间普遍存在分歧和矛盾，致使政党亦陷入剪不断、理还乱的历史恩怨和利益纠葛之中。即便是同属一个民族的政党，但若来自不同部族，也往往因争夺利益而相互对抗甚至冲突。争权夺利耗损了政党大量精力，也在一定程度上损害了政党自身形象，形成阻碍政党发展的"负能量"。另外，一些政党对自身建设重视不足，存在指导思想不明、组织机构涣散等问题，滞缓了自身发展的步伐。

此外，阿富汗政治发展进程多次因外部入侵或内战而陷入停滞甚至倒退，政党政治虽然在阿富汗已经"落地"，但与阿富汗传统的社会文化环境还处于艰难的磨合之中，一些民众特别是农村和部落居民仍笃信支格尔会议、村庄议事等传统治理方式，对政党政治认同度不高，淡化了政党政治的民意与社会基础。

三、政党在阿富汗政坛和国家长远发展中的影响力将逐渐提升

虽然政党在阿富汗国内政治社会生活中的作用和影响有限,但中长期看,阿富汗政党政治发展仍面临有利条件。

第一,阿富汗实行多党议会政体,为政党生存与发展提供了基本的政治制度框架。相比20世纪60年代的君主立宪、80年代苏联占领下的人民民主党执政以及90年代的塔利班统治时期,在现行政治体制下,阿富汗政党面临相对健康、宽松的发展环境。阿富汗议会选举虽实行独立候选人制度,但几乎每个议员的背后都有政党支持,许多在政坛具有重要影响的领导人幕后都有政党作为倚靠,两者有割舍不断的联系,政党仍然可以通过其支持的领导人和议员对国家政治议程施加影响。

其次,阿富汗民主化进程的不断推进为政党在国家政治生活中发挥更大作用提供了空间。政党政治与民主进程相生相伴。随着阿富汗民主进程的推进,阿富汗国内参政议政的热情也随之上升,特别是受2009年顺利实现总统换届、民主政治进一步发展的鼓舞,一些精英人士纷纷组建政党参政议政,政党活动更趋活跃。民族阵线等一些传统政党不满政党处于国家政治"外围",提出改革政体、实行议会内阁制、扩大政党作用,得到国内其他政党的呼应。自卡尔扎伊明确宣布不再参加2014年总统选举后,阿富汗出现政党协商结盟、共同推选总统候选人、备战选举的局面,政党进行力量整合对阿富汗未来政局发展的影响不可低估。

此外,当前"阿人主导、阿人所有"的政治和解进程需要政党参与其中,尤其是对塔利班势力有影响力的民族和宗教性政党在推动塔利班与政府和谈、推进民族和解进程方面有望发挥更加积极的作用。这些都将进一步推动阿富汗政党政治发展。

中亚地区政党政治及发展趋势

崔丽芝

中亚五国独立后，均宣称实行多党制，并先后出台《政党法》，政党活动逐渐走向规范化。历经20多年政治转型，多党制已覆盖整个中亚五国，目前合法登记政党数量200多个，进入各国议会政党达18个。当前，中亚处于发展变化关键期，政党政治逐渐成为各国政治转型中的重要内容，地区政党形势走向值得关注。

一、中亚国家政党发展的历史变迁

独立20多年来，中亚国家政党发展经历了三个阶段。

（一）无序发展的混乱期。独立初期，受苏共垮台、苏联解体的影响，中亚各国共产党或更名易帜、或出现分化。它们凭借完备的组织体系和干部资源，一度成为部分国家当局的主要借重力量。与此同时，受西方意识形态渗透和政治多元化思潮影响，多党政治和西方民主制一时成为"时髦"，各种思潮和主张泛起，作为其载体的各类型政党也如雨后春笋般涌现，如哈萨克斯坦、吉尔吉斯斯坦等国一时间出现了数百个政党。总体看，这一时期各国政党混杂无序，频繁分化组合。

（二）由乱而治的规范期。20世纪90年代中叶以后，中亚国家总统陆续进入第二任期，地位相对稳固。为进一步稳定政局，维护既有的政治秩序，防止政党无序竞争导致社会动荡，吉尔吉斯斯坦、哈萨克斯坦、乌兹别克斯坦、塔吉克斯坦相继颁布了《政党法》。此法有利于当局从政治和组织上对政党进行控制，如通过政党注册审核将众多小党和一些反对派政党拒之门外，有效抑制了政党无序发展的混乱状态。各国政党数量大幅减少，除吉外，其他四国合法注册的政党都不超过10个。同时，"总统党"和亲总统的政党得到快速发展。

（三）*相对稳定的发展期*。21世纪以来，各国在进一步加强对政党和国内外非政府组织监管的同时，也更加注重发挥政党作为执政依托的重要作用。各国加大对"总统党"的培植力度，积极构筑"可控"的多党运作模式。目前，中亚各国基本形成"总统党"或支持总统政党在议会中占主导地位的格局。各国政党政治还不完全成熟，但已进入相对稳定的发展期。

二、当前中亚各国政党力量格局

经过20多年发展转型，中亚国家政党作用较前有所上升，多党格局逐步成型。由于国情和体制互有差异，各国政党格局又不尽相同。

（一）*哈萨克斯坦*。2011年哈修改《选举法》，规定议会下院须由至少两个政党组成，借此推动议会多党化发展。目前，哈主要政党有9个，其中纳扎尔巴耶夫总统一手缔造的"祖国之光"党在议会下院107个议席中占据83席，与议会内建设性反对派"光明道路"民主党（8席）、共产人民党（7席）共同构成"一大两小"格局。"祖国之光"党在经历1999年和2006年两次大规模整合改组后发展势头强劲，成为当局巩固政权的坚强政治后盾和重要抓手。"光明道路"党、共产人民党则分别在企业发展、民生改善等具体议题领域对当局发挥建设性批评作用。少数反对派政党的活动受到限制。

（二）*土库曼斯坦*。土长期实行事实上的一党制，由原共产党改组而成的民主党曾是唯一合法政党。别尔德穆哈梅多夫总统上台后，逐步实行多党制。2012年1月，土国民会议通过《政党法》。同年8月，酝酿已久的工业家企业家党正式宣布成立。目前土农业党等其他新党也在积极筹备中。2013年8月，别在民主党七大上宣布不再担任该党主席并在总统任期内暂时中止该党党籍，为其他政党发展创造平等条件。2013年底土举行第五届国民议会选举，除民主党外，进入议会的还有工业家企业家党和工会、妇联等组织代表，土国民议会首次形成多元力量共存格局。但民主党仍是土国内最主要的政治力量。

（三）乌兹别克斯坦。乌积极探索多党平衡的发展道路，对激进反对派政党实行严格控制。目前乌议会四党人民民主党、"公正"社会民主党、"民族复兴"民主党、自由民主党均支持总统的方针政策。近几年，乌通过《关于加强政党在国家改革、民主化和现代化进程中作用的宪法性法律》和修改宪法等举措以提高政党作用。

（四）吉尔吉斯斯坦。吉是中亚五国中政党数量最多的国家。目前司法部合法登记注册政党就高达184个。2010年6月吉通过新宪法宣布改行议会总统制，在同年10月议会选举中，"故乡"党、社民党、"共和国"党、"尊严"党和祖国社会党进入议会。由于议会五党所得议席相差无几，围绕组阁和权力的运行不断上演分化组合。在不到两年时间里，执政联盟已四次重组。在新政体下，政党在吉国家政治和社会生活中地位和影响显著上升，与国家权力运作更加紧密。

（五）塔吉克斯坦。塔总统拉赫蒙在内战结束后掌权控局，其领导的人民民主党在国内优势地位逐渐凸显，该党党员基本掌握了中央和地方政府权力。目前，塔国内合法登记的政党有9个，在塔议会下院63个议席中人民民主党占据43席，伊斯兰复兴党、共产党、农业党、经济改革党各占据2席。塔共由当初的政权党成为目前的建设性反对派，而作为中亚唯一合法的宗教性政党——伊斯兰复兴党已成为塔最大的反对派力量。

三、当前中亚地区政党政治的突出特点

（一）多党制已成为各国政治运行的"标配"。当前，哈、吉、塔、乌四国议会均由三个及以上政党组成，土议会也首次出现两党并存局面。在法律上，中亚国家已经逐渐明确以议会多数派政党为主导组建政府的政治改革进程，例如乌2011年通过宪法修正案进一步使政党、议会和政府紧密衔接在一起；吉在2010年转行议会总统制后，政党已成国家政治生活的核心。

（二）"总统党"抑或亲总统政党占据政治主导。哈、塔总统分别兼任本国头号政党的主席，相关政党在国家政治生活中作用最大，在各国议

会中占据绝对优势。土、乌政党在议会内发挥着立法职能并全力支持总统的大政方针。即使政党力量最为分散的吉，阿塔姆巴耶夫总统创立的社民党在政府和议会中也占据众多关键职务，在吉政治生活中发挥着重要作用。

（三）政党作用在总统制下受到多方限制。中亚国家普遍实行总统制，大政方针主要由总统定夺，政党政治的命运很大程度上也掌控在各国总统手中。在"总统党"或亲总统政党独大情况下，其他政党难以在立法和监督方面发挥关键作用。

四、中亚政党政治发展趋势

（一）政党政治成为中亚政治转型中不可或缺的因素。当前，中亚国家都意识到政党政治是"改良"权力运转模式、纾缓内外执政压力的重要工具，因而均逐渐重视提升政党作用，扩大议会权力，推进政党参与政权组建。总体看，中亚国家的政治发展进程取向不一，但都努力向一种有制度性保障的权力相对集中的体制切换，通过吸收更多的政党力量参与国家权力运作，满足经济和利益多元化带来的政治诉求多样化需要，从而巩固执政根基。

（二）各国政党政治发展差异化态势日显。随着各国经济社会发展差异化加剧，政党政治将更加呈现多样化态势。吉改行议会制后，政党在议会和国家政权组织运行过程中均发挥核心作用，在野政党力量为夺取政权也在努力增强影响力，政党活跃度在中亚居首位，与中亚其他国家相比已经呈现明显差异化。

（三）中亚政党政治走向成熟仍长路漫漫。经过20多年政治转轨，多党制已在中亚国家"落户"，但中亚各国政党政治文化根基尚浅，发展之路仍很漫长。各国政党自身建设亦急需加强。

总体看，中亚地区正处于发展变化的重要时期，新一轮政治转型必将伴随着政党政治再趋活跃，政党力量的分化组合将继续上演，政党的地位和作用将不断上升，对国家政治生活的影响力亦会随之扩大。

日本政党政治的新变化新特点

连 智

进入 21 世纪后,随着民主党日益崛起并上台执政,日本政党政治一度呈现向"两大政党制"过渡的趋势。但自民党在 2012 年 12 月再度夺回政权,民主党被"打回原形",在野党山头林立、军心涣散,日本政党政治再次呈现混沌局面,在较长一段时期内仍将继续进行调整或重组。

一、当前日本政党政治的几个新变化新特点

(一)"两大政党制"趋势受挫,政坛呈现"一强多弱"格局

20 世纪 90 年代以后,日本国民对自民党政治的厌倦反感与日俱增。1996 年民主党建党后迅速崛起,充当了承接"非自民保守选民"的蓄水池。日本社会舆论及政治实践都指向"两大政党制"。2009 年民主党战胜自民党上台执政,"两大政党制"雏形初现。但民主党执政三年即仓促下台,一蹶不振,而自民党强势回归,再次奠定"一党独大"格局,民主党势力缩小至建党之初的状态,"两大政党制"趋势严重受挫。同时,现行的小选举区比例代表并立制也给众多小党提供了一定生存空间,仅参加 2012 年大选并在众参两院占有议席的政党就有 12 个之多。它们打着各种旗号粉墨登场,力图合纵连横,却又群龙无首,难成合力。一段时间内,日本政党政治恐将维持以自民党为主的"一强多弱"格局。

(二)选民对朝野政党均感失望,"脱政治化"倾向明显

近年来,面对缺乏建设性的党派斗争和走马灯式的首相更迭,国民对政治的厌倦和"疏离"心态与日俱增,半数选民成为无党派选民。他们投票行为随机性强,往往左右大选结果,给日本政党政治带来新的不确定

性。如在民主党2009年上台执政以及2012年仓促下野过程中,大量"始乱终弃"的无党派选民起了很大作用。

从近两次国家选举看,2012年12月的众院大选投票率为59.32%,创下战后新低。2013年7月的参院选举投票率仅为52.1%,且30岁以下者的投票率不及65岁以上者投票率的一半,在发达国家中差距最大。可见自民党两院选举连续获胜的背后是投票率的日益走低,其并未获得多数选民的认同。这种民意趋势极大妨碍了日本政党政治架构的稳定。

(三)日本政坛新老交替加快,年轻政治家逐步走向前台

在近几次国政选举中,日本政坛新老交替明显加快。目前,在国会众参两院722名议员中,49岁以下的有277人,占总人数的38%,480名众议员中初次当选的就有184人,超过1/3,这两个数据均为近年最高水平。这些年轻政治家大多成长于经济高速增长期,并在日本国势转衰之际登上政治舞台。他们没有战争经历和历史包袱,不少人缺乏正确的历史观;对我国普遍缺乏客观了解,甚至存在偏见误解;擅长利用网络、电视媒体,并通过著书投稿、出镜曝光博取人气,同时也忌惮媒体压力,容易迎合舆论,随波逐流,缺乏长远眼光和战略思维。这些年轻政治家也有其明显优势,如竞争与自立意识强,综合素质高,拥有较高学历或海外留学工作经历,政策提案积极,改革意识强烈。目前,这些年轻议员几乎遍布所有政党,不少已担任过党内或政府要职。

(四)政坛总体保守化和政治右倾化进一步加速

在日本经济难脱困局、综合国力不断衰弱、社会差距持续扩大的背景下,奉行保守主义的自民党再次执政,令日本政坛保守化再次提速,政治右倾化不断加剧。以安倍为代表的保守势力否认军国主义侵略历史,要求扩充军力、行使集体自卫权并修改和平宪法,企图依靠日美同盟"借船出海",推动日本走向"正常国家"。在政治右倾化加剧的大环境下,安倍等为其保守言行披上"积极和平主义"的华丽外衣,民主党一部和日本维新会、大家党等保守政党纷纷附和,日本社会对政治右倾化的现实和危害认识不足,中左势力对修宪扩军的警惕性和约束力不断下降。

二、当前日本政党政治若干变化的主要动因

（一）现行选举制度导致政党政治格局不稳，难以反映真实民意

日本1994年导入小选举区和比例代表区并立制，给日本的政党政治带来几个影响。一是导致选举结果容易出现一边倒，不能准确反映民意。该制度以小选区为主，对大党有利，对小党不利，结果容易非此即彼，导致剧烈的朝野更迭。如在2012年12月的众院大选中，自民党在小选区以43%的得票赢得了79%的议席，得以一举击败民主党。二是比例选区的存在必然给小党留有一定生存空间。这导致新世纪以来特别是民主党执政后新党小党林立，它们每值选举节点，纷纷"因利而聚"、大搞"野合"，往往对执政党形成掣肘，导致政权运营不畅，政党政治难以稳定。此外，日本国会采取参众两院制，众院虽在审议预算、选举首相等方面有一定优先权，但参院同样享有审议法律、弹劾首相的莫大权力，因而屡屡成为阻碍执政党施政的最大绊脚石。

（二）各政治势力在内政外交诸多课题上难以形成共识

日本正经历着内外交困的"失去的20年"，政治转型引发振荡，国民信心动摇，执政基础受损；经济上内需不足，增长乏力，人口老龄化加剧，社保面临巨大缺口，政府债台高筑，经济复苏难以摆脱诸多结构性矛盾；外交安保上遭遇瓶颈，仍难处理好"倚美"与"入亚"的关系。尤其是目前在财政、税收、核电、TPP等决定国家发展走向的问题上，朝野政党均无法给出具有战略性的有效解决方案。选举之际，朝野政党之间偏重于争权夺利，无暇进行认真的政策争论，表面打得不可开交，实际却政策界限不明，对关键问题含糊其辞。"第三极"势力曾领一时风骚，但政策主张缺乏可操作性，且近期内乱频仍，"人气"明显下降。这些都是导致选民政治"疏离"和选举"跟风"的重要原因。

（三）西方式民主制度难以适应日本政治风土

日本的议会内阁制是在战前的大正民主、战中的军阀独裁和战后的民主改革基础上形成的，它与日本传统的集团主义相结合，构成了党派林立、派阀倾轧的日本多党制民主主义。在这种独特的政治形态下，要么就形成以利益共生和勾结为基础的自民党"政官财铁三角"独裁政治，要么

就出现政党林立、相互攻讦的低效率民主迷局。当前，日本新兴政党虽多，但主要目的是谋利益、求生存，提升媒体曝光率，瓜分政党补助金，目前不少保守政客即属此类；年轻议员不少，但很难从日本长远利益出发谋事，多忙于迎合民意、确保当选。政党和政治家作为政治活动的主体，正在离民主制度本身越来越远，这是西方式民主制度在日本"水土不服"的最好注脚。

（四）国际大环境和美国因素不容小觑

国际环境的变化，尤其是美国因素在日本政党政治演变过程中发挥着重要作用。战后初期，美国占领当局对日本进行民主改革，确定了战后日本政党制度的基本格局。"冷战"期间，美苏两大阵营尖锐对立，在美庇护下，自民党长期执政，保证了政局的稳定和政策的延续性，为日本经济腾飞创造了条件。"冷战"结束后，国际共运遭受严重挫折，日本国内革新政党的支持者迅速萎缩，社会党坍塌，日本保守右倾化成为主流。21世纪以来，在美国全球控制力逐渐下降的背景下，以鸠山由纪夫、小泽一郎等为代表的日本部分政治精英着手调整对美关系，适度回归亚洲，引起美极度不满。鸠山内阁倒台的直接导火索是美军普天间基地搬迁问题，根源是部分日本政治精英对新时期中日美关系定位的调整没有得到美国首肯。日本"两大政党制"中途夭折，美国因素的影响不可低估。综上所述，可以预见，未来相当长时期内，日本各政党围绕国家发展的重大问题难以统一认识，民众对现有政党信心不足，日本政坛难以形成稳定的政党政治架构。在此情况下，日本政府对华政策或将在较长时期内处于过渡调整和不稳定状态，中日关系仍将不可避免地受到这样那样的影响。

蒙古政党政治的变化与特点

梓 萌

20世纪90年代初,在苏东剧变、两极格局瓦解的大背景下,蒙古放弃了社会主义制度,从照搬照抄苏联政治经济模式转为效仿西方宪政民主制度和多党制,经济上实行私有化。转型20多年来,蒙古已初步形成多党并存、两强斗争的政党格局,"自由"、"民主"等观念深入人心。但"休克式"改革和照搬西方模式造成的水土不服也一直延续。20多年来,蒙古政党政治主要呈现以下特点。

一、两大政党轮流执政

蒙古1990年实行多党制后,执政70年的蒙古人民党(时称蒙古人民革命党)放弃了马列主义指导思想,通过自身改革蜕变为以社会民主主义为指导的中左翼政党。作为其反对阵营涌现的众多政党经过多次分化整合,形成了以民主党为代表的中右翼力量。目前,蒙古20多个注册政党中,人民党和民主党两强并立格局已初步形成。1990年至今,蒙古六次总统大选和六次议会选举竞争基本上在人民党和民主党之间展开。公民意志绿党、民族民主党等"第三力量"主要依附某一大党发挥作用。人民党执政经验丰富,干部储备充足,在蒙古转型后大部分时间里主政。民主党由五党合并而成,强调民主、自由、人权,近年来上升势头明显。2009—2013年多次政治选举中,民主党连续获胜,将总统、议长、总理和首都市长大权尽揽一身。

二、政商利益集团把持党政领导权

蒙古"休克式"私有化改革导致了严重贫富分化，利用职权实现暴富的政治家和致富后从政的商人构成占人口极少数的精英阶层，围绕他们形成的利益集团牢牢把持国家经济产业和政治资源。蒙古部分议员、政府阁员和主要政党领导人大多为政商一体型大佬。这些大佬和利益集团间分化整合是常态，背后皆由政治经济利益驱动。他们不仅在党内合作斗争，还经常进行跨党协调交易，是蒙政局变迁、政策调整的主要推手。

三、各党理论建设和组织建设滞后

蒙古政制转型以来，政党已相当程度上由理想信念结合体转变为少数人谋取权利的工具。党的领导层专注于如何达成交易和获取利益，忽视了对理论和价值观的研究与宣传，政党的理想信念沦为空口号。与此同时，各党的组织建设也停滞不前，高层与中基层严重脱离。党的基层组织在社会生活中基本不发挥作用，只在大选前接受上级组织的任务和候选人的资助，组织一些宣传活动，拉拢选民。蒙政党中，积极参加组织活动、按时缴纳党费的党员人数远少于对外宣称数量。

四、各党政策趋同，决策大受制约

蒙古民族、宗教较为单一，社会多元化不明显，各政党服务的社会阶层与面临的情况问题基本相似。故名义上各党虽仍有理念之别，但实际政策差异不大。为夺取政权，各党都凸显全民党形象，尤其注重吸引占人口大多数的中低层选民的选票，刻意迎合其某些短视需求，作出急功近利的承诺和决策。如在缺乏严密科学论证的情况下，盲目兑现大选前作出的发放现金福利承诺，对国家资本积累和扩大再生产造成了严重影响。另外，由于朝野对立尖锐，政党相互拆台，某些正确决策在生成过程中往往经历难产，即使上升为国家政策，也往往因多方掣肘而难以落实。

五、民众政治热情下降

蒙古转型20多年来,政党严重脱离民众,政商同流,社会不公,贫富分化日益加剧,经济社会发展严重受阻,民众对政党和政治家渐失信任。蒙古历次议会选举中,选民投票率呈直线下滑趋势,已由1992年的95.6%降至2012年的65.24%。2004年议会选举时曾有60%的选民表示坚定支持某一政党,到2010年,这一数字已下滑到不足30%。反思问题失误,重建选民信任成为各党面临的重要问题

六、美西方渗透介入明显。

蒙古实现"民主化"转型后,将美西方"第三邻国"视为保障自身安全和加速经济发展的重要"支点"。美西方也一直重视发展对蒙关系,在政治、军事、安全等领域不断加大对蒙交往和投入力度。蒙一些民主化政党长期受美西方扶持影响,不少政、商界精英曾在美西方接受教育培训或从事经贸往来,在蒙政坛形成了亲美西方集团。其中一些有代表性的精英近年来相继担任议会和政府重要职务,与美西方互动热络。

印尼政治改革进程中的得与失

杨 晨

20世纪90年代末，印尼遭受亚洲金融危机重创，经济危机最后演变为政治社会危机，结束了延续30多年的苏哈托体制。印尼在经历民主化进程初期的混乱动荡后，逐步厘清改革思路，初步探索出一套适合自己国情的政治发展模式，进入了政治改革稳步推进、经济社会有序发展的新阶段。

一、急进式民主化改革在初期发生诸多问题，加剧了印尼社会的不稳定

苏哈托政权倒台后，长期遭受压制的政治异见者和新生代"精英"一夜间走到政治前台，成为印尼全新政治体制的创建者。由于对印尼实际国情把握有限，在未对前政权体制进行合理扬弃的情况下即匆忙否定过去，照搬西方民主模式，把印尼强行带入了"大跃进式"的民主化进程。

（一）完全开放的多党议会制加剧政局动荡。以打破苏哈托集权体制模式为目的的民主化进程首先从解除党禁、重建多党议会制的政治体制改革开始。由于前政权多年严密控制社团集会，印尼缺乏组织严密且有政治实践经验的政治性团体，新版政党法不得不将组党门槛降到最低，分别由伊斯兰宗教团体、青年运动组织和新生代知识分子精英所支持的各类组织迅速组建注册为合法政党。数以百计的政党多数毫无从政经验，使得初生的多党议会民主充斥着党派乱斗、口水仗和街头暴力。1999年印尼举行民主化改革后的首次大选，多达48个政党参加国会选举，多数政党既无明确的纲领宗旨，也没有健全的组织机构，组织发动的竞选集会时常失控引发骚乱。选后，21个党进入国会争夺462个议席，议席分散，各派议员互相扯皮，经常无法在一些重大政策议题上达成共识，导致政府行政效率低下。

（二）责权不明的三权分立导致行政、立法、司法机构间关系混乱。为从体制上彻底打破苏哈托时期的"一言堂"集权统治，印尼根据西方三权分立思想赋予了立法和司法机构更多权力，用以牵制多年来过于强大的行政权力。但在改革初期，制度设计漏洞较多，出现诸多宪法中没有定义的权力真空，致使三权激烈争夺，同时又逃避未明确定义的职责。苏哈托时期毫无实权的议会，在民主化改革中获得权杖后，滥用权力的事件频发。

（三）对民主、人权和自由的过度夸大引发国家分裂危机。民主、人权和自由理念被夸张解读，甚至被鼓吹成超越主权的"最高真理"，"每个人都有权决定自己所在地的主权归属"、"每个人都有权决定自己听命于哪个政府"、"所有资源应该全部归属当地人所有"，类似言论被分离主义势力以及外国势力渗透利用，煽动分离主义情绪，亚齐、马鲁古、巴布亚等长期存在分离主义倾向地区的民众纷纷走上街头，要求独立。

（四）不受限制的个人自由造成社会持续动荡。民主化改革初期，长期被严密控制的新闻、结社、言论自由完全放开，犹如火山爆发，政坛一有风吹草动，新闻界夸张炒作、政治团体煽风点火、民众情绪高涨，年轻人将民主等同于无政府主义的打砸抢烧等示威集会，将实施暴行视为自己在民主化改革浪潮中的合法权利和政治时尚。

二、以西方民主为模板的民主化进程水土不服，印尼民主化改革在反思中前行，在实践中不断成熟完善

（一）凝聚各方共识，坚定走印尼特色民主化道路。印尼改革初期的混乱局面致使各界对民主改革前景的悲观情绪弥漫，普通民众甚至政界学界开始出现对苏哈托体制的"怀旧"。对此，在经历了改革初期的混乱

动荡后，印尼的政府、议会和政党通过政治协商、议会辩论等各种方式，对印尼的改革之路进行深刻反思，逐渐统一思想，并最终确立了既不照搬西方民主也绝不走回头路、既不追求高度中央集权也不实行放任过度的泛自由主义，一切改革必须根据印尼实际情况不断调整的政治共识。特别是具有军界背景的苏希洛总统执政后，反复强调印尼要走自主的改革之路，要团结一致推动改革，对统一军政两界思想起到了重要作用。上层达成的政治共识对扭转社会上的混乱思潮、凝聚全民意志，进而稳住改革方向和进程起到了决定性作用。

（二）逐步完善各项法律制度，确保改革有法可依、有章可循。哈比比过渡政府（1998—1999年）摒弃了1945年宪法中导致专权垄断的有关条款，启动了民主化改革进程。在瓦希德政府（1999—2001年）确定保障人权、消除歧视、公平自由的基本原则和方向后，先后4次密集修宪，增加了地区自治和尊重人权、军队和警察职业化、总统直选等条款，以国家根本大法形式确立了民主化改革的基本框架；梅加瓦蒂政府（2001—2004年）修订并补充了《宪法》、《政党法》、《选举法》、《地方自治法》等法规，着手梳理体制漏洞并加以补充，以制定和完善相应的法律法规来规范政党组织形式、日常活动和竞选行为，明确地方政府的权力和利益分配等；苏希洛政府（2004年至今）根据印尼民主化暴露出来的问题，对各项法律制度进行了进一步的调整和完善，推动《新国籍法》、《反歧视法》出台，以法律形式落实对实现公平自由、保障人权的承诺，使得民主化改革走上成熟稳定的发展之路。

（三）理顺几对关系，稳定政治局势。一是理顺国家权力机构间关系。授权宪法法院，严格按照宪法规定，明确国家权力机关责权，监督立法机构的立法程序和所定法律的合宪性，仲裁国家机构间的纠纷等，着力构建各司其职、高效务实的国家机器。二是理顺中央与地方关系。出台《地方自治法》、设立地方理事会（与人协、国会平级），下放地方部分权力，增加地方在资源、税收分配中的比例，提高地方在中央的代表性。三是理顺军队与政治的关系。2002年第四次修宪明确规定军队和警察职业化，要求军警人员远离政治舞台，不参加国会和人协，军警人员如有意参政，必须脱离军警职务。

三、在经过十多年不断的摸索、调整和适应后，印尼民主改革逐渐找到了适合自己国情的模式，并继续向着更加成熟完善的方向稳步推进，呈现出以下特点：

（一）政治民主化改革朝纵深发展。当前，印尼政治民主化改革在议会民主、行政民主、政党内部民主三个层面不断深化。一是议会民主在不断寻找权力分散和集中的平衡点。改革初期过多的议会党派导致权力过度分散，成为立法和行政效率低下的根源。近年来，国会主要政党推动提高选举门槛，以减少进入国会的党团数量，促使议会权力逐步集中。二是行政首长选举从中央到基层全面实行。继2004年总统由全民直选后，印尼陆续在各县、市、省实行行政首长全民直选，扩大地方民主。到目前为止，印尼各级行政首长均已由全民直选产生，普通民众参政议政权得到更有力的保障。三是政党内部民主不断发展。印尼各主要政党重视推进党内民主化，对选举机制的完善、干部人才的培养投入大量的精力。民主党、专业集团党、民主斗争党等主要政党基本建立了党内各级领导的民主选举制度，逐渐成长为持续壮大发展的稳定政党。

（二）政党政治逐渐成熟理性，政党建设走上正轨。一方面，在不断完善的各项体制规则约束下，政党议会斗争趋于理性。尽管仍然存在反对党为了反对而反对、执政联盟也会在利益驱使下发生内斗的情况，但大多是按照游戏规则进行较量。近年来印尼政党斗争相对平缓，未对政局产生激烈冲击。另一方面，各主要政党致力于实现由选举机器向成熟政治集团的转型。印尼的大小政党成立之初多为创党人的竞选工具，是典型的"选举党"。随着政党参政日久，各党对政党政治的理解日益深入，意识到仅作为"选举党"在执政参政上力不从心，开始重视党建和重新梳理自己的政治理念。专业集团党和民主斗争党不满足于党员数量的扩张，开始筹备组建自己的党校，以便系统地向党员干部传授政治、经济和社会管理等方面的理论，全面提高党员素质，培养后备领导干部人才。各主要政党近年来普遍重视政治理论与政策的创新，以提出更加符合民众期待的纲领主张来提高各自政治优势。

（三）民众政治素质不断提高，对民主的认识不断深化。在经历多年政局动荡、社会混乱后，印尼民众对多党议会民主的认识不断深化，保持政局稳定、促进经济发展成为共同愿望。虽然在选举中仍不可避免地存在买票舞弊等现象，但多数民众开始更多地关注候选人是否具有威望和执政经验、政党是否具有实力、竞选纲领是否贴合实际等理性因素。民众在政治选择上理性回归，也是倒逼主要政党更加重视自身纲领政策和执政参政方式转变、推动政治体制改革迈向更高水平的重要因素之一。

（四）加强国际宣传和交流，广泛学习借鉴各国经验，推广自身民主实践。苏希洛执政后，重视宣传不同于西方民主的印尼民主实践。2008年起，印尼开始在巴厘岛举办一年一次的巴厘民主论坛，邀请世界各国交流各自在推行民主与人权方面的实践与经验，提高地区和全球特别是发展中国家的民主质量。此外，印尼在进行改革时，更加重视学习发展中国家的成功经验，不迷信西方推销的体制道路。各主要政党日益重视国际交往，学习借鉴外国政党治党理政经验。政府主导、议会和政党积极参与的全方位对外交流，不仅使印尼广泛借鉴吸取了各国体制优势，对推进自身探索和发展符合印尼国情的多党民主政治体制起到了积极作用，同时在一定程度上向国际社会宣传了印尼十多年来民主化改革的成就，树立起"东南亚民主样板"形象。

尽管印尼的民主化道路仍面临诸多难题，但经过近15年的改革实践，印尼在总结经验教训中逐渐摸索出一套适合本国国情的民主模式，政局从剧烈动荡进入了平稳有序发展的新阶段。在政治稳定的基础上，印尼国家建设得以恢复并再次进入快速发展期，整体国力快速上升，在地区和国际舞台上扮演日益重要的角色，民族自信心不断增强，开始寻求成为地区和世界大国之路。

西亚北非地区政党政治的基本特点、新变化及发展趋势

朱 悦

长期以来，西亚北非地区政党政治深受宗教、民族、部族、地域等因素影响，发展远未成熟。2010年年底，西亚北非发生严重动荡，深刻影响地区国家政党政治，地区传统的一党独大型体制受到重挫，政党政治多元化、民主化进程加速，伊斯兰政治力量强势崛起又迅速受挫，教俗斗争激烈，地区国家政党政治进入艰难的转型期。

一、西亚北非地区政治、经济和人文环境独特复杂，动荡前的地区政党政治呈现出几个鲜明特点：

（一）地区政党体制类型多样，以一党独大为主，政党政治地区特征明显。西亚北非地区共有23个国家，除沙特等海湾君主制国家以及动荡前的利比亚禁止政党存在外，君主制国家约旦、摩洛哥以及除利比亚外的所有共和制国家均有政党活动。动荡前，西亚北非国家主要实行以下几种政党体制：一是一党独大型体制，主要在埃及、突尼斯、也门、叙利亚、苏丹、毛里塔尼亚等国实行，特点是名为多党制，实际上权力集中在单一执政党手中；二是威权领袖型体制，在约旦、摩洛哥、伊朗等国实行，虽有政党存在，但最高权力实际掌握在国王或精神领袖手中；三是多党轮替型体制，是西方多党议会民主制在地区的翻版，主要在土耳其、以色列、伊拉克、黎巴嫩等国实行。长期以来，地区政党体制以第一种类型为主，政党活动单一，更多的是强权人物把政党作为施政工具，政党政治

的地区特征明显。

（二）宗教对地区政党政治影响深远。西亚北非地区历史上长期实行政教合一体制，宗教（特别是伊斯兰教）对政治的影响根深蒂固。近现代以来，大多数地区国家虽已实现政教分离，但宗教对政治、包括政党体制的影响依然存在。一方面，地区世俗政党并未彻底放弃或背离宗教原则，另一方面，与西方国家恪守政教分离原则不同，西亚北非一些国家在法律上或事实上允许以宗教或教派为基础建立政党并代表其利益。地区主要宗教和教派，如伊斯兰教逊尼派和什叶派、基督教和犹太教等均拥有代表自己利益的政党。伊拉克、黎巴嫩等国大多数政党建立在教派基础上。以色列的宗教政党数量约占总数的三分之一。甚至在实行政教分离最彻底的土耳其，具有宗教色彩的正义与发展党（简称正发党）仍能获得选举胜利并单独执政。

（三）地区政党政治深受民族、部族、地域等因素浸染。西亚北非地区民族众多，既有阿拉伯、土耳其、波斯等主流民族，也有库尔德、犹太、柏柏尔等少数民族。这些民族大多建立了代表自己利益的政党，全国性、超越民族利益的政党数量较少，且大多影响有限。如库尔德族分布在不同国家，虽建立了自己的政党，但大多仅具有局部影响力。也门、伊拉克等国家政党政治则被打上了部族、地域的深刻烙印。如也门的主要政党中，全国人民大会（简称全人大）在北方根基深厚，也门社会党则主要代表南方利益。

二、西亚北非动荡以来，地区政党政治出现几个新变化

（一）地区一党独大型体制受到重挫，转型国家普遍进入政治多元化时代，政党政治趋于活跃，各党力量此消彼长且政党分化组合频繁，党争激烈。动荡发生后，突尼斯、埃及大规模民众抗议浪潮先后迫使本·阿里和穆巴拉克总统下台，突尼斯宪政民主联盟和埃及民族民主党被解散。也门萨利赫总统在内外压力下最终交出权力，全人大失去单一执政党地位。利比亚反对派借助北约军事干预推翻卡扎菲政权，长期党禁被废除。剧变后，突尼斯、埃及、利比亚等国先后实行多党制，民众被长期压

抑的政治热情出现"井喷",新政党如雨后春笋般涌现,少则数十,多则上百。三国均举行了本国历史上最公开透明的大选,传统和新兴政党均广泛参与,激烈竞争。

目前突尼斯、埃及、利比亚等地区转型国家政党政治空前活跃,各党力量此消彼长且政党分化组合频繁,党争激烈,但真正有实力和具有全国性影响的政党数量并不多,且远未形成稳定的政治格局。也门原执政党全人大同伊斯兰改革集团(简称改革集团)和也门社会党等反对党联盟共同组成联合过渡政府,但内部争斗不断。

(二)长期受压制的伊斯兰政治力量一度强势崛起,但遭到军方及传统世俗政治力量的强烈反对,导致执政受挫。以埃及穆斯林兄弟会(简称穆兄会)为代表、长期受到打压的温和伊斯兰政治力量利用地区局势剧变之机纷纷实现合法化,并通过选举上台执政。突尼斯复兴运动(简称复运)、摩洛哥公正与发展党(简称公发党)和埃及穆兄会背景的自由与正义党(简称自正党)分别在大选中获胜,并领衔组阁,成为各自国家政坛第一大力量。也门朝野两派签署海合会调解协议后,改革集团成为执政党之一。利比亚公正与建设党(简称公建党)也在利大选中成为最大政党。

但埃及等国伊斯兰政治力量缺乏执政经验,在意识形态、执政理念、利益分配等问题上与世俗政治力量矛盾不断激化。伊斯兰政治力量对前政权留下的"烂摊子"也治理乏术。在各种因素综合作用下,伊斯兰政治力量遭到世俗政治力量的强力反击,处境趋于艰难。埃军方利用民众对现状的不满一举推翻穆兄会政权,突复运主导的三党联合政府在强烈反对下让位于技术性过渡政府,摩公发党主导的联合政府也面临严峻挑战。

(三)世俗政治力量在西亚北非动荡后得到新的发展,成为地区转型国家政坛重要一极。突尼斯、埃及等国一党独大体制瓦解后,长期受压制的世俗政治力量也得到长足发展。在突尼斯,保卫共和大会、争取工作与自由民主论坛加入了执政联盟,世俗反对派加强整合,组建了突尼斯呼声运动,成为突尼斯最大反对党。在埃及,新华夫脱党、宪政党、社会民主党、自由埃及人党等世俗政党组成"全国拯救阵线",在推翻穆兄会政权的斗争中发挥了重要作用。在利比亚，由46个世俗政党及民间组织、独立人士等组成的全国力量联盟成为议会第一大政治力量，该联盟支持的候选人当选过渡政府总理。从目前情况看，世俗政党派系众多，虽有整合，但内部差异和分歧很大，其实力和影响与伊斯兰政党相比存在差距，但仍不失为地区转型国家政坛重要一极。

三、西亚北非地区政党政治的几个发展趋势：

西亚北非国家政党体制发展不平衡，地区特征明显，反映了地区国家社会经济发展的不均等化。预计未来一段时间，一党独大型体制和多党轮替型体制将在地区国家并行发展，教俗之争将成为转型国家政党政治发展的主线。与此同时，地区政党的经济社会政策普遍趋同，改善民生将成为各党首要任务。

（一）地区传统的一党独大型政党体制虽受到重挫，但不会完全退出历史舞台。地区一党独大型政党体制的存在有其必然性，与地区经济发展水平和民主发展程度相关。一些转型国家，由于其基本社会经济条件未发生根本性变化，动荡前一党独大型政治体制的生存土壤依旧存在，权力再度集中的可能性不能完全排除。目前仍实行一党独大型政党体制的国家，在全力巩固政权的前提下，也会逐步开放党禁，扩大民主，给反对党更多机会。这将成为一种趋势。

（二）土耳其、以色列等国将继续实行多党轮替型体制，突尼斯等转型国家实行多党制尚有很长的路要走。土、以两国实行多党轮替型体制已长达数十年，期间虽有波折，但总体发展顺利，民主理念已深入人心，民主政治运作日益成熟。同时，突尼斯、也门、利比亚等转型国家要真正建立民主体制，尚有很长的路要走。一方面，上述国家长期实行一党独大型体制，政治腐败、经济困顿、社会不公等问题严重，直接导致民众反抗，引发动荡。另一方面，各国新生政治力量充分认识到了票箱政治的重要性，将更加重视议会选举，多党民主将成为转型国家政党体制发展的总体趋势。但同时，一场动荡并不能解决这些国家面临的问题，产生一党独大政党体制的土壤并没有彻底根除。

（三）伊斯兰政治力量仍将继续发挥重要作用，其与世俗政治力量之争将成为转型国家政党政治发展的主线。埃及穆兄会政权被推翻，重挫了地区伊斯兰政治力量上升势头。但也应看到，伊斯兰教对西亚北非社会影响深远，伊斯兰政治力量长期扎根基层，扶弱帮困，积累了深厚民望资本，特别是在底层穆斯林信众中拥有大量"铁杆"支持者，保持着较强行动力和号召力，仍是影响地区政治生态变化的重要力量。伊斯兰政治力量与世俗政党在意识形态、执政理念等方面严重对立，缺乏互信，较量与斗争难以避免，并将成为转型国家政党政治发展的主线。

（四）地区政党的经济社会政策普遍趋同，改善民生将成为各党首要任务。受政局动荡与国际金融危机扩散的双重影响，地区经济增速整体下滑，特别是埃及、突尼斯、利比亚、也门等转型国家经济运行和生产秩序遭到严重破坏，经济陷入困境，民众不满明显上升。在此情况下，地区政党尽管政治理念迥异，但其经济、社会政策日渐趋同，普遍将振兴经济、改善民生作为首要议题，以争取选民支持，巩固或提升自身地位。但应看到，多数地区国家经济基础薄弱，结构单一，市场封闭，高度依赖外援和外资，内生动力不足，自身"造血"功能低下，在全球经济复苏乏力、美欧自顾不暇的情况下，快速提振经济绝非易事，经济和民生难题将继续困扰地区国家，影响各国社会稳定和发展。

苏丹政党政治的特点、新变化及发展趋势

储雪芬

苏丹政党政治发轫于"二战"后，1956年苏丹独立后得到较快发展，1989年巴希尔上台执政后逐步建立起一党执政、多党参政的政党政治格局。2011年7月南苏丹独立以来，苏丹执政党全国大会党（简称全国大）面临挑战和考验上升。

一、苏丹政党政治的主要特点

（一）政党数量众多，种类齐全，分化组合频繁。苏丹现行《政党法》于2007年颁布施行，目前在苏登记注册的合法政党有81个，党员人数从几十人到数百万人不等。全国大是以伊斯兰思想为基础的政党，前身为全国伊斯兰阵线（简称伊阵），在苏丹穆斯林兄弟会（简称穆兄会）基础上成立。两大老牌反对党民主联盟党（简称民联党）和乌玛党分别在伊斯兰教哈塔米亚教派和安萨尔教派基础上成立，其中安萨尔教派由19世纪苏丹抗英民族英雄穆罕默德·马赫迪的支持者发展而来。苏丹伊斯兰运动精神领袖哈桑·图拉比脱离全国大后自行组建了伊斯兰反对党——人民大会党。具有民族主义色彩的政党主要有纳赛尔主义党和阿拉伯复兴社会党。苏丹共产党作为反对党在苏政坛也较为活跃。此外，还有一些以区域或部落为基础组建的政治力量，如分别代表东部地区和东部贝贾部落利益的"东部阵线"、"贝贾会议"，以达尔富尔地区反政府武装为基础建立的"解放与正义运动"等，上述力量被苏政府招安后开始逐步政党化。随着苏政局演变，政党分化组合较为频繁。如历史上曾对苏政局产生过重大影响的乌玛党和民联党均多次分裂，目前两党各有4个和2个派别参政。

（二）建立在宗教思想基础上的政党占上风，世俗政党式微。伊斯兰教在苏丹传播历史源远流长。19世纪末马赫迪曾以伊斯兰教为旗帜，领导和号召苏民众反抗英殖民统治，并建立了带有浓厚伊斯兰色彩的"马赫迪国"。作为穆兄会发源地埃及的邻国，苏丹也成为埃穆兄会建立分支机构的首选地。伊斯兰教的思想、文化、生活习惯和行为规范已渗透至苏社会生活各个方面，对苏政治生活也产生了重大影响，这主要表现在以全国大为首、以伊斯兰思想为基础的政党坐大。全国大自1999年正式成立以来在苏连续执政，地位较为稳固；以伊斯兰教派为基础的乌玛党和民联党虽实力大不如前，但仍拥有大批教派信徒作为其铁杆支持者。相比之下，世俗政党在苏影响则日益微弱。20世纪60年代受纳赛尔主义影响的民族主义者尼迈里政变上台后，纳赛尔主义在苏发展到顶峰，但随着尼迈里政权被推翻，纳赛尔主义政党在苏影响力不断走下坡路。苏丹阿拉伯复兴社会党随着伊拉克萨达姆政权倒台和叙利亚形势发展，追随者不断减少。苏丹共产党曾在20世纪60年代中期成为苏议会第二大党，在地区与伊拉克共产党齐名，成为阿拉伯世界最有影响力的两大共产党。20世纪70年代初该党支持有共产主义倾向的军人发动政变，试图推翻尼迈里政权未遂，包括总书记在内众多领导人被处死，党组织遭受重创。苏东剧变后，该党在是否坚持马列主义和共产党称谓问题上发生分歧，党内斗争制约了党的发展。苏丹世俗政党主张在苏建立世俗政权，但影响力有限，难以改变伊斯兰政党占优势的政治生态。

（三）一党执政、多党参政的政党政治格局基本稳定。1989年6月，以巴希尔为首的军人集团联合哈桑·图拉比领导的伊阵发动"救国革命"上台执政。巴希尔以伊阵为组织基础，于1999年成立全国大并任党主席。与此同时，巴希尔与图拉比分道扬镳，放弃激进伊斯兰意识形态，领导全国大调整内外政策，政治上实行多党制，允许反对党活动，与南部、东部、西部达尔富尔等地区的反政府武装签署和平协议并将其吸纳入政府，不断扩大执政基础，同时着力分化、削弱乌玛党、民联党等老牌政党；经济上实施以发展石油工业为核心的经济政策，苏丹由此成为非洲经济发展最快的国家之一，民生获较大改善，为全国大和巴希尔打下较为扎实的民意基础；外交上加强同非洲、阿拉伯国家及中国等亚洲国家的友好合作，抵御美西方制裁和压力。由于政策得当，尽管全国大面临达尔富尔问题、南方问题等重大挑战和外部压力，但保持了一党独大的地位。

二、苏丹政党政治的新变化

（一）全国大妥善应对南苏丹独立和地区动荡带来的严峻挑战，基本保持政局稳定。2011年以来，南苏丹独立与西亚北非地区动荡对苏丹影响叠加效应凸显，苏丹政治、经济、社会等领域经历深刻转变调整，稳政权、求生存成为全国大政权内外政策的主调。南苏丹独立带走苏75%的石油资源，苏经济发展陷入困境，民众生活日益艰难，治安状况恶化。地区变革对全国大长期一党执政造成一定冲击，苏丹民众民主诉求有所上升，反对派伺机而动，南科尔多凡州和青尼罗河州叛乱活动不断。面对内外困境，全国大对内分化打压反对势力，通过改组政府拉拢民联党入阁，并提出全国对话倡议，对于顽固坚持推翻现政权的敌对势力则继续持强硬态度；经济上实行紧缩政策，大力发展矿业、农业等替代产业，力图遏制经济下滑势头；对外在与南苏丹谈判问题上保持积极姿态，但在涉及核心利益问题上坚守底线；牵头主办非洲政党理事会成立大会，提升地区影响力，改善周边环境。通过上述举措，全国大基本维护了国内政局稳定。

（二）反对党与反政府武装加紧联合，对全国大政权形成一定掣肘。南苏丹独立后，苏丹反对派大肆抨击全国大是"历史罪人"，应对南方分离负责，并以过渡期宪法失效为由质疑全国大执政的合法性，同时利用民众对生活境况的不满向全国大发难，鼓动民众和大学生举行反政府示威游行。苏丹人民解放运动（简称苏人解）北方局在南科尔多凡州和青尼罗河州发动叛乱，并与正义与平等运动、苏丹解放运动米纳维派和努尔派等达尔富尔地区主要反政府武装合流，组建反政府联盟"革命力量阵线"，不时对两州境内重镇发动袭击。2013年初乌玛党、苏丹共产党、人民大会党等苏丹主要反对党与"革命力量阵线"在乌干达签署《新黎明宪章》，呼吁推翻全国大政权，建立民主、自由、平等的联邦制国家。此后，双方从政治和军事上时有策应配合，对全国大施政构成一定掣肘。

三、下阶段，全国大在政治、经济、外交等方面仍面临诸多挑战，特别是面临备战2015年总统选举考验

总的看，全国大执政以来内忧外患不断，但基本保持苏丹政局稳定，从中积累了丰富的执政经验，特别是应对及处理危机和复杂局面的经验，其组织动员能力、民意基础等也难以为反对派所企及。苏丹一党执政、多党参政的政党政治格局在一段时间内仍将持续。

伊拉克政党政治主要特点及发展趋势

杨 迪

一、2003年萨达姆政权被推翻后，伊政治氛围骤然宽松，曾经一统天下的伊拉克复兴社会党（简称复兴党）被解散，众多流亡和被打压政党纷纷回国，大量新兴政党涌现并积极参与战后重建进程，伊政党政治进入快速发展期，主要呈现出几个特点

（一）复兴党一党独大局面被打破，政党数量激增，但内部建设不够完善。1968年复兴党上台后，伊拉克政党政治长期被压制，各种政治力量被迫开展地下活动或流亡国外。2003年，伊拉克临时当局颁布《政党与政治组织法》，规定任何政治组织只要获得500个签名支持即可宣布建党，伊拉克政党数量呈井喷式增长，2010年国民议会选举前登记政党已近300个。伊拉克政党数量繁多，大小不一，实力各异，良莠不齐，除部分主流政党拥有一定历史积淀、较完整组织架构、长期政治斗争经验和较广泛群众基础外，大多数政党特别是2003年后成立的政党普遍存在政治纲领模糊、理论基础薄弱、组织结构松散、参政经验不足、民意基础不牢等不足。

（二）政党教派、民族、地域特色突出，世俗政党日渐式微。伊拉克人口构成复杂，社会结构多元，且囿于历史因素，民众教派、民族、地域属性突出，普遍缺乏国家认同和归属感。基于这一背景，在参与政治生活和角逐过程中，各党为吸引更多民众支持，多依靠自身所在族群或宗教派别的力量，确保实现政治利益最大化，这导致伊斯兰达瓦党、伊斯兰

党、库尔德斯坦民主党（简称库民党）等以宗教、民族为特色的政党在伊政坛影响力上升，而以伊拉克共产党、全国和解运动等为代表的左翼和自由主义等世俗政党则渐趋衰落，民意支持率不断下滑。

（三）政党间竞争激烈，分化组合频繁。围绕国家权力分享和政治利益分配，各党在选举、修宪、组阁等一系列问题上展开激烈较量，相互争斗从未间断。同时，伊拉克政党间的结盟很少基于共同的意识形态、思想基础和纲领目标，更多是着眼于选票和席位等眼前利益，每逢重要选举势必上演新一轮分化组合。一旦利益分配不均或理念不合，即可能分道扬镳甚至反目成仇。

（四）政党政治尚不成熟，缺少有效法律约束和监督。伊拉克虽已开启多党制民主进程，但政治实践时间较短，且政党制度尚不健全，一定程度上限制了政党在国家政治生活中的作用，被呼唤已久的新政党法至今仍未出炉，原有法律与现有政党政治现实状况脱节，缺乏应有约束力，致使伊拉克政党政治呈粗放式发展，政党竞争无序，活动缺少有效法律监督。此外，伊拉克政坛推崇精英主义，很多政党的前途和命运系于其核心领导人的个人魅力和影响力，加强自身管理与未来规划成为各党亟须解决的问题。

二、目前，伊拉克基本形成什叶派、逊尼派、库尔德族政党"三足鼎立"的政党政治格局，并随各派实力消长出现一些新变化：什叶派政党"翻身做主"，实力地位不断巩固；逊尼派政党囿于人口劣势，难以摆脱影响力下滑趋势；库尔德族政党在确保既得利益的基础上续有斩获，地位和作用进一步上升。下阶段，预计伊政党政治将呈几个特点

（一）什叶派、逊尼派、库尔德族"三分天下"的政党格局有望长期延续。伊拉克虽政党数量众多，但人口、教派和地域特点是决定政党实力和地位的关键因素，真正能够在伊政坛站稳脚跟且发展前景看好的政党，归根结底是能代表什叶派、逊尼派和库尔德族利益的主要政治力量。三派虽然内部存在分歧，并非铁板一块，但在涉及本派整体利益和切身利

益的关键事宜上仍能摒弃成见、一致对外。只要伊拉克当前政体能够维系，政局不发生大的突变，三派分立的力量格局似不会改变。

（二）"什叶派强势、逊尼派走弱、库尔德族稳中求进"的态势将得以维持。根据伊拉克现行制度和人口比例，什叶派各政党政治影响力和优势地位有望进一步巩固，逊尼派政党则受限于人口总量和地理分布等客观因素，很难与什叶派政党分庭抗礼，只能勉力维持在逊尼派聚居省份的传统影响力，且有进一步下滑之虞。而偏安一隅、高度自治的库尔德族则利用逊尼、什叶两派矛盾赢得了丰厚政治资本，已成为影响伊拉克政治天平保持某种均衡的关键砝码和各方竞相拉拢的对象，影响力有望继续上升。

（三）伊拉克政党间的分化组合或将进一步加剧，政党政治步入有序轨道仍需时日。伊政党政治发展仍处于起步阶段，远未步入正轨，政党之间关系相互缠绕、错综复杂，其分化组合和力量消长仍将经历一个漫长过程。同时，各派政治力量合作意识欠佳，尚未就国家未来发展达成真正共识。在可预见的一段时期内，伊拉克不同教派内部的政党将经历一个大浪淘沙的过程，各党围绕权力争夺的短期行为仍将屡见不鲜，并将影响伊拉克政局演变。

三、处于发展初期的伊拉克政党政治虽存在一些不完善之处，但已具备雏形并经历了初步实践，呈现出教派特色鲜明、主要政党影响力不断上升等特点。随着伊拉克政治进程不断演进和未来新政党法的出台，伊拉克政党政治将渐趋成熟，各主要政党将在伊拉克未来政治生活中发挥更重要作用。

当前黑非洲政党政治的几个特点

丁 逾

非洲国家独立后，曾分别实行过不同形式的政治制度，包括一党制、多党制、君主制和军政权等。从20世纪90年代初开始，在苏东剧变的冲击下，"多党民主浪潮"席卷非洲，多数国家解除党禁，举行定期选举，一些国家出现轮流执政。今天，在46个黑非洲国家中，除斯威士兰（君主制）、厄立特里亚（一党制）外，其他44个国家都实行了多党制。但是，西方式的多党竞争体制在与非洲土壤相结合之后，呈现出不同的形态和特点，值得研究和关注。

一、黑非洲国家政党格局存在一定差异，相对而言"一党主政、多党参政"形态较为普遍

黑非洲国家政党格局情况复杂，形态各异，大体可以分为以下三类：

（一）"一党独大"类型。黑非洲有近一半国家政党格局属于这种类型。在这些国家，大党老党长期执政，在国家政治生活中发挥核心领导作用。这些党既包括前民族解放运动组织，也包括一些独立后走资本主义道路的政党，还有一些由长期在位的领导人一手创建并充当其施政工具的政党。当前，这类政党都遇到长期执政的种种问题，也面临形势变化带来的诸多挑战，内外压力明显增加。从内部来看，这些政党都需要解决诸如创新思想理论、加强队伍建设、维护内部团结、完成新老交替、防止脱离群众、消除贪污腐败等一系列问题。从外部来看，这些政党需要适应多党选举的冲击，应对反对党的挑战，不断扩大政治基础，积极争取民众支持，

同时也需要妥善解决发展经济、改善民生等问题。

（二）"朝野更替"类型。这种类型主要有两种情况：一种情况是朝野双方势均力敌，不同政党轮替执政比较稳定的国家，如毛里求斯和加纳；另一种情况是曾经一党长期执政，但在实行多党选举后，原执政党丧失政权或被迫联合执政。近年来，这类国家有不断增加的趋势。新上台执政的政党多产生于非洲"多党民主风潮"之后，如赞比亚的多党民主运动和爱国阵线，马拉维的联合民主阵线、民主进步党和人民党，津巴布韦的争取民主变革运动等，它们在多党制环境下不断发展壮大，逐步走向政治前台，改变了国家的政治生态。但由于在党建和治国方面存在不足，其中一些政党在得到政权后又失去政权，让位给更为新兴的政治力量。

（三）"一盘散沙"类型。这种类型更多存在于法语非洲国家。这些国家政党数量众多，分化组合频繁。每个在位领导人都会组成一个执政多数派联盟，占据议会多数席位，但这种联盟非常松散且变动不断。虽然从政党格局来看，这种类型中许多国家似乎也呈现一党主政、多党参政的形态，但实际上这些国家的政党政治还处于不太稳定的状态。

二、黑非洲政党在意识形态方面复杂多样，不少政党宣称奉行民主社会主义

黑非洲国家政党意识形态的发展演变大致可以20世纪80年代末90年代初为分界点分为两个阶段。在这一时间点之前，曾有约三分之二的国家宣布实行形形色色的社会主义，从而在非洲大陆掀起过一股社会主义实践的热潮，社会主义也与泛非主义、民族主义一道，成为影响非洲发展的三大政治思潮。但从20世纪70年代中后期开始，由于国际原材料价格下跌，非洲国家普遍遭遇经济困难。从80年代开始，多数国家不得不接受国际货币基金组织和世界银行等国际机构以私有化、市场化为核心的"结构调整方案"以及后来经过改头换面的"减贫战略文件"，开始采纳与社会主义原则背道而驰的"新自由主义"经济政策。

20世纪80年代末90年代初之后，伴随着"多党民主风潮"席卷非洲大陆，黑非洲地区主要社会主义流派中的村社社会主义和科学社会主

义受到很大冲击,逐渐销声匿迹,只有民主社会主义一派受到的冲击最小,很快站稳脚跟,并成为目前在非洲影响最大的社会主义流派,其他流派的社会主义政党不少陆续转变为民主社会主义政党。目前在黑非洲各国的主要政党中,社会党国际的正式成员有16个,咨询成员有5个,观察员有7个。还有一些政党宣布奉行民主社会主义,但目前还不是社会党国际的成员。

从目前非洲各国的执政实践来看,意识形态更多还是停留在口头上,民主社会主义这种"拿来主义"与非洲有关国家执政党施政情况并不相符,多国推行的仍是西方式的"新自由主义"政策。鉴于这种政策并没有带来想象中的政治安定和经济发展,近年来,非洲国家执政党内还出现了一股反思思潮,一些人提出"向东看"主张。国际金融危机爆发后,资本主义自身的制度缺陷显现,使得这种反思思潮不断加强。这些执政党"向东看"的直接目的是希望搭上新兴经济体快速发展的"顺风车",通过开展合作获取直接的经济利益;其更深层次的目的则是希望学习借鉴它们的成功经验,从而实现非洲国家自身的快速发展。

三、黑非洲政党政治带有明显的非洲特色,部族因素依旧发挥着十分重要的影响

部族问题是非洲政治生态中一个最复杂同时也是最基本的问题。它影响着非洲国家政治、经济、社会、文化等方方面面。殖民统治前,非洲正处于由部落或部落集团向统一民族过渡的阶段。西方殖民统治并未推进非洲的民族融合过程,各宗主国人为划定疆界以及实施殖民地管理制度和"分而治之"政策,不但造成许多部族被强行肢解,使非洲成为世界上跨国族体最多的大陆,还进一步强化了部族之间的隔阂与分歧,阻碍了部族自然同化并向更高阶段演变的进程。

"二战"后,西方殖民统治土崩瓦解,非洲国家纷纷取得独立。但与世界其他地区不同,在民族融合进程尚未完成的情况下,非洲出现了"国家先于民族而存在"的特殊现象。年轻的非洲国家政权自诞生之日起就面临着建设现代民族国家和发展经济的双重重任。从某种意义上讲,在非

洲，国家不是民族一体化的结果，而是统治者实现民族一体化的工具。因此，独立后的非洲国家在短暂实行多党制后，纷纷采取一党制或是军政权，实行总统集权，只有少数国家允许反对党存在，部族主义在某种程度上得以遏制。在实行一党制的执政党中，多数政党起初并不是全国性政党，而是以部族为基础的政党，这个部族往往是该国占主体地位的部族。在几十年的发展过程中，一些执政党不断发展壮大，一些代表其他部族的集团或势力加入执政党，从而使执政党在组织形式上变成了全国性政党，部族之争在某种程度上转变成党内派别之争。

"多党民主风潮"席卷非洲后，部族主义的痼疾犹如潘多拉的盒子一样被打开，非洲国家的政党政治发生了重大变化。一是一党独大的执政党内部派别斗争加剧，甚至引发分裂；二是多国一夜之间涌现出众多新党，这些政党不少由国内主要部族组建，目的是在国家政治和经济生活中争取权利和利益；三是以前被取缔的党派乘机恢复活动，与执政党展开竞争，实质上仍是不同部族在争夺国家权力。在这种背景下，各种选举就带上了强烈的部族对抗色彩。

劣质的选举、无序的党争造成一些国家政局不稳，甚至引发了持续的族群、宗教和地区冲突。典型的例子有尼日利亚：尼日利亚独立后的历史就是一部部族冲突不断的历史，尼北部豪萨－富拉尼族、东部伊博族与南部约鲁巴族的冲突曾演变成血腥内战，造成两百多万人死亡。实行多党制后，北方与南方的冲突加剧，每次大选前后都是骚乱的频发期，尼日利亚恐怖组织博科圣地的壮大就与尼2011年大选直接相关。还有一个例子是肯尼亚：肯尼亚是个多部族国家，近4000万人口分属42个部族，最大的部族人口占总人口的21%。肯尼亚各主要政党领导人均来自人口排名前五位的部族。由于这五大部族人口数量比较接近，各政党间围绕大选展开的政治竞争实质上就成了部族实力的较量。每逢大选，肯尼亚不同部族势力密集展开合纵连横，各政党分化组合频繁，令人眼花缭乱，甚至导致不同程度的社会动荡。2007年年底的大选争议引发政治暴力事件，造成数千人死亡，数十万人流离失所。目前看，肯尼亚、尼日利亚以及非洲其他国家的类似问题解决起来孰非易事，黑非洲国家政党政治中的部族问题将长期存在。

国际金融危机以来西欧政党政治的发展变化与走向

郝 明

一、西欧政党政治的新变化、新特点

（一）传统主流政党在政坛上的垄断地位急剧下降，掌控政局力不从心，一些国家传统政党格局出现改变的趋势。国际金融危机特别是欧债危机对西欧传统政党政治造成冲击，自"冷战"结束以来长期在西欧国家轮流执政的保守党和社会党两类主流政党首当其冲，普遍成为选民表达不满的替罪羊。欧洲议会选举实行纯比例制选举法，最能代表欧洲国家民意倾向和选民的价值取向。在2009年的欧洲议会选举中，欧洲传统主流政党虽然保持了大党的基本地位，但大多数党的得票率或席位下降。最为惨重的是英国工党，其得票率竟然低于右翼民粹主义的独立党。这是英国工党在战后重大选举中第一次被排挤出前两位。随着金融危机尤其是主权债务危机的蔓延和持续，这些传统主流政党的地位进一步下降，一些政党甚至有失去大党地位的趋势。如长期执政的爱尔兰共和党在该国2011年大选中沦为第三。曾经是荷兰第一大党的基督教民主联盟在2010年大选中沦为第四，2012年大选进一步滑落到第五。连续执政7年的西班牙工社党在2011年大选中得票率锐减15个百分点。希腊的传统主流政党泛希社运则在2012年的两次选举中都输给了激进左翼联盟而沦为第三党。意大利近20年来在所有重要选举中均占据前两位的民主党和自由人民党，在2013年2月的全国大选中都输给了2009年才成立的"五星运动"，拱手让出两党长期垄断的众议院第一大党地位。在2013年9月奥地利国民议会选举中，传统主流政党社民党和人民党两党得票相加勉强过半,但两党各自选票都比2008年选举下降2个百分点以上。

国际金融和欧债危机以来,无论是保守党还是社会党执政或牵头执政的国家,执政党几乎逢选必败,而获胜一方也难以顺利组阁,西欧多个国家不得不组建技术政府或由主流政党共同主导的大联合政府。甚至在英国这样多年保持稳定的两党制国家,也因选民反对两大主流政党的政策而导致2010年出现了"二战"后的首个联合政府,从而打破了保守党与工党轮流执政的格局。默克尔领导的德国联盟党是欧债危机期间西欧国家中唯一获得选举连胜的执政党,但组阁困难重重,经过与社民党长达两个月的讨价还价谈判,最终不得不再次组建大联合政府。

(二)极端主义、民粹主义、民族主义势力群体性迅速崛起,冲击政局。在传统主流政党的政坛垄断地位进一步遭到侵蚀的同时,极端政党、民粹主义势力在西欧许多国家迅速崛起,而且有蔓延之势,给这些国家的政局带来较大冲击。例如,法国的国民阵线在经历了一段时期的衰退之后,金融危机爆发以来重又赢得选民支持。该党主席马琳·勒庞在2012年4月的法国总统选举首轮投票中,获得了将近18%的选票,得票率位居第三。尽管她未能进入第二轮选举,但法国这种两轮投票制的特点决定了选民在第一轮投票中更倾向于表达自己的真实意愿。在国民议会选举中,国民阵线获得了2个议席,这是该党1986年以来再次进入议会。奥地利极右翼政党自由党重视形象包装,竞选口号趋向温和,巩固和扩大了阵营,在2013年9月全国大选中得票21.4%,比上届增加3.9%,逼近两大主流政党,使奥地利政坛形成三足鼎立之势。在北欧,或是由于主流政党解决债务危机不力,或是由于民众对救助其他国家及外来移民大量涌入不满,极右翼政党力量显著上升:丹麦人民党成为议会第三大党,拥有179个议席中的22个;瑞典民主党在2010年的议会选举中获得20个议席,第一次进入议会;正统芬兰人党在2011年的议会选举中跃升为第三大党;在荷兰,新自由党自2010年议会选举至今,一直保持着第三大党的地位,并且正是由于该党反对联合政府提出的削减赤字计划,才导致内阁2012年4月集体辞职。在南欧重灾国家,极端政党、民粹主义势力也在崛起。在希腊2012年的两次议会选举中，金色黎明党均获得将近7%的选票，在议会两院分别获得21个和18个议席，是1974年军人独裁政府被推翻以来极右翼政党首次进入议会。在意大利，以"反体制、反传统政党"为旗帜、带有浓厚民粹主义色彩的"五星运动"迅速崛起，在2013年2月的议会选举中独占鳌头，并坚持一反到底的立场，作为众议院第一大党，拒绝与任何政党妥协结盟，扮演着"体制内"反对派的搅局角色。与此同时，由于提出了反对紧缩、维护弱势群体利益等主张，欧洲的左翼极端政党也有所发展，无论是在2009年的欧洲议会选举还是在多个欧洲国家的议会选举中，这类政党都有所斩获，其力量有所上升。例如，在2012年法国总统选举第一轮投票中，"左翼阵线"候选人梅朗雄获得了11.7%的选票；在荷兰，极左翼社会党在2012年9月的选举中成为第四大党；在希腊2012年的两次议会选举中，强烈反对欧盟救助条款的左翼联盟分别获得52个和71个议席，从第五大党跃升为第二大党。

(三)传统中小政党此消彼长，一些小党、新党兴起，政党格局向"碎片化"发展。在极端主义、民粹主义政党群体性迅速崛起，搅乱西欧政党格局的同时，传统中小政党也出现变化：有些小党力量上升，一些新面孔小党步入政坛，使政治力量更加分散，政党格局"碎片化"。希腊是最典型的例子，在2012年两次选举中，共有七个政党得票率超过3%，有资格进入议会，形成大党不大、小党不小的局面。(1)绿党凭借其鲜明的政治特色近年来在西欧国家一直保持上升势头。在2009年欧洲议会选举中，德国绿党、法国的欧洲环保党、瑞典绿党等都取得了较好成绩。德国绿党在2013年9月全国大选中获得8.4%的选票，力量保持稳定。奥地利绿党在2013年9月国民议会选举中获得11.5%的选票，取得最好历史成绩。葡萄牙共产党与绿党组成民主团结联盟，在2013年地方选举中获得近12%的支持率。(2)共产党力量难振兴，总体上仍处于颓势。高举反资本、坚定维护劳动者利益大旗的西欧共产党力量，并没有在金融和债务危机期间实现振兴，继续在西欧政治的边缘化地带谋求发展。这些党对中右、中左政府应对危机的措施大加批评，但提不出可具操作性的政策主张，很难赢得更多民众的支持。目前，西欧共产党力量大体分为两个阵营：第一个阵营是以德国左翼党、法共、意大利重建共、西班牙共为代表的比较温和的左翼力量。这些党主张融入欧盟体系，在欧洲一体化过程中发挥建设性作用，矫正一体化发展方向。德国左翼党在2013年联邦议会选举中获得8.5%的选票，力量较稳定，在欧洲左翼党中发挥着"领头羊"作用。其他党力量和影响不断下降，难以在国家和欧洲层面发挥有效的政治作用。西班牙共在2011年大选中跌入低谷，一蹶不振，意大利重建共在2013年2月全国大选中与共产党人党等多个小党结盟，得票率也未达到4%，被排除在议会之外。第二个阵营是以希腊共、葡萄牙共为代表的比较正统的左翼力量。这些党反欧盟，反一体化，拒绝与欧洲左翼党为伍，自身力量也在下降。希腊共在最近一次选举中得票率从原来的8.48%降至4.5%，议席从26个减至12个，元气大伤。葡共在国家政治生活中能够发挥一定的作用，但支持率在下降。(3)一些新面孔小党步入西欧国家政坛。近年来从意大利重建共产党分裂出来的部分力量与绿党联合，组成生态自由左翼党，2013年2月首次参加全国大选就成功进入议会，并参加大联合政府。反对救助重灾国家的德国"抉择党"2013年首次参加联邦议会选举获得4.7%的选票；德国海盗党在2012年州选中一举获得7.4%的支持率，在德国掀起一场"橙色风暴"。在2013年9月奥地利大选中，反欧元的施特纳赫党和自由主义政党新奥地利党建党时间仅一年，首次参选即进入议会，分别获得5.8%和4.8%的选票。(4)分离主义势力在上升。在2012年10月比利时举行的市政选举中，分离主义政党新佛兰芒联盟在荷语佛兰芒地区获胜。在西班牙2011年11月大选中，加泰罗尼亚统一与联合党在众议院获得16个议席，比上届增加6个；主张独立的巴斯科民族主义党首次进入议会，在众议院获得7个议席，并在2012年10月的巴斯科地区选举中获胜。意大利北方联盟近20年来在北方发达地区一直保持大党地位，2013年大选再次进入议会。在英国，主张独立的苏格兰民族党2011年成为苏格兰议会的第一大党，并随即提出准备举行独立公投。在该党的压力下，英国首相卡梅伦2012年10月与苏格兰政府签署了关于苏格兰进行独立公投的最终协议。

二、西欧政党政治新变化的深层次原因分析

(一)传统主流政党地位削弱、支持率下降，是长期以来形成的多方面原因造成的。一是传统意识形态对选票流向的影响力日渐式微。"冷战"后意识形态在传统政党政治中逐渐淡化，西欧国家政党体制向多元化发展，使政党之间竞争更加激烈。为争取日益壮大的中间阶层队伍，左右两翼主流政党政策趋中调整。20世纪90年代中后期，在西欧政坛占主导地位的德法英意等国家的社会党都向中间靠拢，提出"第三条道路"，抛弃传统意识形态束缚，用实用主义态度解决社会经济问题。一向定位于右翼的欧洲人民党2000年就明确提出"欧洲的未来在中间"的口号，欧洲人民党成员党也都转向"中间主义"的政治路线。德国基民盟2000年党代会，一改往日"社会冷酷者"的右翼形象，提出了基民盟是"中间大众党"的口号。这些党都大力推出迎合中产阶级口味的务实纲领，自身特色形象和政治主张更加模糊，导致其传统选民严重分化流失。二是主流政党引领发展的能力不足。全球化、欧洲一体化的发展引发了许多传统政治未曾遇到的问题，如经济安全、生态环境、移民、社会分裂、主权让渡等。这些问题是传统左右翼主流政党政治理论模式所无力应对的。欧债危机以来，有限的政策选择使主流政党承受了更大的压力，无论是左翼还是右翼主流政党都无法拿出有效的应对方案，只能走一步看一步，摸着石头过河。三是主流政党未能有效代表公众利益。在推行市场经济过程中，多年来政治精英，无论是属于保守党还是社会党，均与强势利益集团发展了更密切的关系，并在制定政策和施政中向强势利益集团倾斜。一部分主流党派政治家更加疏远中下层阶层，忽略他们的利益要求。甚至连中左翼党派政治家也不屑承担传统的矫正社会不平等的责任。他们在推进全民党的竞选战略中，在相当程度上放弃了作为这一部分公众的利益代言人角色。他们口头上承认公平为首要价值目标，在现实中则照样推进以效率为第一价值的经济与社会模式。公众在经过长期等待后丧失了耐心，他们的求变心理和因失望而产生的愤怒导致他们选择支持新政党。四是执政消耗。保守党和社会党长期轮流执政，因循守旧，政策主张如出一辙，政党理论创新进入死胡同，无法用最新的执政理论说服人、团结人、凝聚人。加之党内腐败丑

闻不断，逐渐失去民众信任，遭到选民惩罚。

（二）公众政治运动升温并被极端主义、民粹主义政党所利用形成合流互动。国际金融危机特别是欧债危机以来，欧盟各国政府推行的财政紧缩、消减社会福利等政策，致使人民生活水平下降，西欧国家失业者、外来移民、青年等社会下层及弱势群体的生存条件恶化，各种社会矛盾激化，民众的不满情绪迅速上升，公众中的激进政治因素再次被激活，推动公众政治运动不断升温。公众政治运动主要采取两种方式：第一种方式是通过选举等正规渠道达到自身的政治目的。公众通过选举将一些反一体化、反欧元、反紧缩、反外来移民的极端势力和民粹主义政党送上政坛，以此方式与主流党派相抗衡。第二种方式是非正规渠道，也就是采用游行示威宣泄、罢工抗议施压、网络串联声讨等公众对抗的运动形式，来保护或得到应有的权益。近年来西欧国家抗议罢工活动频发，社会暴力事件明显增多，社会出现分裂，执政党遭遇民意寒流，为极端主义、民粹主义的滋生和蔓延提供了土壤，使其能以较大的社会影响力和号召力迅速崛起。

（三）小党兴起反映了西欧国家选民流动性加大，也是民众对传统政治思维和政治模式不满以及新的社会政治冲突的一种表现。小党、新党是在西欧国家政治力量的深刻调整中兴起和发展的，一方面，反映出当前西欧各国民众对传统政党政治的失望，对新兴政治力量的寄望求助和政治改革方向的彷徨迷茫，另一方面，也折射出欧洲各国国内政治力量多重博弈、力量此消彼长、格局不断演变的复杂态势。小党、新党以新价值或单一价值为取向，或多或少地试图解答全球化、欧洲一体化带来的新问题的挑战，而这正是主流政党无力应对的难题，更容易吸引那些流动选民的支持。由于保守党和社会党政策趋中调整，向中间靠拢，使左右两翼边缘地带出现空当，小党、新党能够避开主流政党的联合挤压，填补空间，迅速发展。这类政党非左即右，或多或少地带有激进色彩和片面性。政治分离主义政党得势的原因是，持久的经济危机激发了西欧一些经济繁荣地区的分离主义活动，这些较富裕地区不愿意与本国或欧洲其他国家分享财富，因而提出脱离中央政府，发出了谋求独立的呼声。

此外，随着欧洲一体化进程的发展，西欧国家政治同频共振程度增加，政治互动日益加深，一个或几个国家的政治形势往往会很快影响到其他国家。在国际金融危机和欧债危机过程中，西欧国家反紧缩、反一体化力量既相互影响，又相互声援，力量迅速扩大。

三、西欧政党政治未来走向

（一）保守党和社会党两大主流政党虽然地位下降，但并未伤及元气，也没有出现有能力的替代力量，主流政党仍将在西欧国家政坛发挥主导作用。一是主流政党代表着西欧国家最广泛的中间阶层。在橄榄型结构的西欧社会当中，中间阶层最希望政治、社会稳定，不会接受和支持任何颠覆性的激进变革方式。二是主流政党具有长期执政的经验教训，培养了较强的政策调整和执政矫正能力。三是西欧国家绝大部分政治、经济、社会精英在主流政党队伍之内或者是坚定支持者，这是非常丰富的人力智力资源，其他任何政党都不具备。两大主流政党在经过多年的政策趋中调整后，在应对全球化、推动欧洲一体化、国家发展战略等重大问题上不存在根本分歧，只是在选择政策和运用策略上侧重点不同。因此，它们在面临共同困难时能够联手合作，共克时艰。国际金融和欧债危机期间，两大主流政党在西欧国家联合执政的情况并不少见。这种现象有可能在今后西欧政党政治发展变化过程中常态化。目前，西欧政党正在积极备战2014年5月的欧洲议会选举，许多民调显示，保守党和社会党两大主流政党仍将在选举中扮演主角，极端势力及其他小党和新党，都不具备挑战主流政党主导地位的能力，只能充当配角。

（二）极端主义、民粹主义政党可以盛行一时，但不致搅乱全局，发展前景并不看好。这类政党是在西欧国家普遍遭遇严重经济衰退、债务危机冲击、民众生活水平急剧下降的特殊情况下，借助社会"愤怒情绪"迅速崛起，逞一时之能，但却难以打破和超越欧洲民主制度的框架与弹性。随着债务危机缓解，经济形势好转，民众情绪回归理智，这类政党就会失去生存的土壤和逞能的市场。这类政党都具有"破"的能力，但没有"立"的能力，当选票把它们推到前台后，这些政党绝大多数既无执政经验也无能力或意愿与其他政党进行有效合作，兴风作浪一时后偃旗息鼓或走向衰落是必然的。例如，意大利"五星运动"在今年大选中一鸣惊人问鼎后，已经开始走下坡路，党内高层发生分裂，部分议员退党，倒戈支持大联合政府。另外，这类政党具有明显的"反体制"、"反传统政党"倾向，因此遭到主流政党和其他传统小党的共同打压，四面受敌。例如，希腊大联合政府正在利用"金色黎明"涉嫌暴力违法行为对其进行整肃围剿。

(三)西欧政党格局有向"碎片化"发展的趋势，小党具有一定的政治生存空间。在当今经济全球化、政治民主化、思想文化多元化、社会信息化、社会结构"碎片化"、选民个性化等各种思潮交织发展的时代，西欧主流政党的影响力不可能全方位覆盖，代表不同思潮和社会群体的各种政治力量还会不断涌现，政党的分化组合也不会停止。在西欧国家的政治民主框架中，主流政党就好比是一棵大树的躯干，各类小党就是这棵大树的枝叶。只有枝叶茂盛了，这棵大树才能更好地遮风挡雨。小党的存在有利于政治平衡，既可以监督主流政党的行为，也能够促进主流政党矫正政策和完善纲领。近年来，西欧国家的一些主流政党抢夺绿党的环保大旗，在其纲领中引入绿党的政策主张并不鲜见。北欧国家的一些执政党甚至在移民问题上采纳极端政党的主张。

当前英国政党政治新动向、新特点

王迎春

英国保守党、自由民主党2010年组成联合政府执政以来，英国经济受国际金融经济危机冲击，长时间萎靡不振，政坛丑闻频发，政党执政能力遭受质疑，民众生活水平下降，失落感上升，对国家发展方向感到迷茫，对传统政治不满情绪加剧，社会矛盾更加突出，民意碎片化趋势加剧，传统政治生态加速嬗变。英国政党政治出现一些新动向和新特点。

一、英国政党政治新动向、新特点

（一）大党出了"大"问题，摆脱困境难度加大。英国三大主流政党在执政理念、执政能力和群众基础等关键因素上均遭遇不同程度的困难。

保守党在其位，难谋其政。保守党执政伊始，雄心勃勃推出诸多改革计划，曾被媒体称为英国"最为激进"的一届政府，但在多方掣肘下，其施政难度不断加大。执政伙伴自民党与其"貌合神离"，双方在宪政制度改革、警务制度改革、加强对媒体监督等问题上相互"使绊儿"，致使诸项改革计划或无疾而终，或被迫改头换面才勉强通过。部分保守党后座议员在英与欧盟关系上挑战党领袖卡梅伦，迫使卡梅伦政府在对欧关系上作出强硬回应，使英国在欧盟地位和作用更加尴尬。反对党工党和工会组织利用民众对政府的不满情绪，组织多次较大规模的游行示威活动。全民医疗服务体系、福利制度、能源政策等改革计划均引发争议和质疑。工党及部分媒体称卡梅伦政府的弱势堪比20世纪90年代的梅杰政府。

自民党遭选民抛弃，前景堪忧。2010年大选后自民党加入联合政府，实现该党历史上首次执政。被捆绑在保守党"战车"上后，自民党数次在涉及该党核心政策主张上改弦更张，民众支持率大幅下降。大选后的两次地方选举中，自民党都遭遇惨败，地方议席数大减，伤及该党基层力量。随着下次大选临近，为保选票，该党开始在一些问题上显示政策独立性，向执政伙伴保守党"秀肌肉"，但收效甚微。该党目前寄望于英国大选再现无一政党获得绝对多数的"无多数议会"，其再次充当"国王缔造者"，与保守党或工党组成联合政府，保住执政地位。

工党处境改观，但发展方向仍不明朗。2010年下野后，工党总结经验教训，加强党的建设，取得一定成效，民意支持率保持领先。但该党仍未能解决党的发展方向这一根本问题，在民众当前最为关注的英国经济发展、就业和民生等问题上鲜有不同于执政党的有效政策主张。其与工会关系暧昧难决，党内派别分歧剪不断、理还乱，逐渐成为工党"负资产"。该党未能充分和有效利用执政两党弱势，确立自身形象。数位工党前领导人多次公开质疑工党发展方向及党领袖米利班德的政策主张，米利班德个人支持率一直在低位徘徊。

（二）小党有了"小"斩获，发展空间有所增加。英国大党失宠给中小政党提供了发展空间，一些小党后来居上。英国独立党迅速崛起。主张英国脱离欧盟的极右翼政党英国独立党支持率增长迅速。在2013年5月的地方选举中，其地方议席数大增，在参选地区的得票率达到23%，紧随工党和保守党。其右翼主张吸引部分保守党选民，对保守党造成一定冲击。该党支持率目前保持在10%左右，与英国第三大党、执政的自民党不相上下，其领袖法拉奇称英国已经进入"四党政治时代"。三大主流政党危机意识上升，各党均不得不投入大量精力应对。该党宣称将在除欧盟政策以外领域提出政策主张，吸引不少媒体眼球，前途不可小觑。

其他小党崭露头角。英国绿党影响不断扩大，2010年大选中获得首个议会下院议席，在2012年的伦敦市长选举中，其候选人得票仅次于保守党和工党。"尊重党"2012年甫成立即在当年英格兰地区一个议席的补选中战胜三大党，赢得工党把持几十年的安全议席。名为"欧盟公投"的新党2012年9月成立，已获得不少支持。英国民族党在近年来的欧洲议会选举中均有所收获。

（三）政治运作"病入膏肓"。英国政党更趋功利和短视，着眼于政党利益，唯支持率和选票马首是瞻，在涉及国家和党发展方向、民众福祉等重大国家利益问题上难有建树和突破，领袖缺乏领导力。保守党与自民党执政理念不同，联合执政后导致两党之间及两党内部协调难度加大，矛盾分歧增多，政府施政能力下降，执政困境加剧。两党联合执政过半，开始着眼于大选调整政策，回归基本价值观，甚至有意渲染政策差别，两党原本存在的执政理念分歧浮出水面，两党矛盾日益公开化。

二、英国政党政治的新动向是国际和国内政治经济形势相互作用的深刻反映，也是英国等西方国家社会基础变化和制度困境加剧的必然结果

（一）国际经济形势对英国国内政治的牵动效应更加明显。国际金融经济危机爆发已五年，对有关国家国内政治的影响逐渐显现。英国联合政府上台后，将经济复苏作为首要任务，然而三年过去了，英国经济增长几无起色，险些跌入"三次衰退"，有关经济措施显效尚需时日。国际货币基金组织及国际评级机构均下调对英国经济增长预期。政府苦无良方应对，一味采取紧缩政策，数据显示，目前英国民众实际生活水平已降至2004年至2005年的水平，安全感降低。2013年4月，英国政府福利改革计划付诸实施，触及各阶层民众切身利益，民众负面情绪加剧，将自身遇到的问题归咎于执政党的无能。随着欧债危机持续发酵，英国民众和右翼主张脱离欧盟的呼声增长，保守党内疑欧派力量上升，主张脱离欧盟的小党顺势发展壮大，极端主义政党利用民众对传统政党失望心理，散布极端思想，拉拢人心，取得一定支持率。

（二）政党执政理念故步自封，缺乏创新。英国自称是"出理念、出思想"的国度，但自20世纪90年代布莱尔提出"新工党、新英国"后，英国迄今未出现令人耳目一新的政治理念。保守党曾提出"有同情心的保守主义"，热衷推行"大社会"理念和建设"红色托利党"。但上述均未能成为保守党"招牌"理念，很大程度上是保守党右翼思想的延续和重新解

读,保守党经济政策上仍坚守自由市场思想,社会政策上则更加右倾。工党自2008年国际金融危机爆发后开始对自身政治理念再思考,2009年提出建设"蓝色工党",2010年败选后又提出建设"下一代工党"和"同一国家工党"等政策理念,力图融合地方主义、传统社会主义理论和经济的国家干预主义,通过保守的社会政策赢回"被压榨的中产阶级"选民,但仍难以跳出"新工党"的阴影,尚未"自成一家"。自民党曾自诩"人民政党",称将革新政坛,在英国建设"新政治",上述主张曾在2010年大选中吸引不少选民。该党加入政府执政后,表现差强人意,逐渐失去"新政治"代表的光环,其主张在选民中失去市场,迄未提出任何有吸引力的新政策理念。

(三)社会基础发生变化。英国社会阶层更趋复杂,社会利益更趋多元,阶级、阶层和利益群体日益分化,政党赖以生存的选民基础发生重大变化。英国智库近期研究结果显示,英国社会目前可分为精英、富足中产、技术中产、新富工人、传统工人、新生服务业工人和不稳定无产者等七个阶层,不再是传统意义上的上层社会、中产阶级和工人阶级三个阶层。英国阶层构成和内涵更为丰富,不同阶层利益和诉求更为多元。传统政党整合民众利益表达、充当民众利益代言人的难度加大。社会运动、新媒体的发展也严重冲击主流政党政治权威,各党均面临群众基础流失的窘境。英国《经济学家》称,英国政党党员人数比1999年下降了36%,主流政党加速"空心化"。

三、目前看,英国传统和新兴政治力量之间,执政两党之间和各政党内部博弈加剧,英国政党政治未来形势更趋复杂微妙

(一)政党内部分歧加剧。各政党党内意识形态因素上升,左翼与右翼分野加剧,在重大问题上越来越难形成共识。保守党右翼影响力上升,突出表现在涉及英国与欧盟关系时,为满足右翼"疑欧派",卡梅伦不得不否决欧盟"财政契约",并公开承诺重新与欧盟谈判,不排除就退出欧盟举行公投的可能性。工党党内对党应坚守中间地带还是向左回摆争论不休,"布莱尔派"重量级人物虽大多退出前台政治,但"新工党"影响犹

在，米利班德仍不能完全控制工党局面，推行自己的政策主张。自民党内左派迫于执政的诱惑，勉强同意该党与保守党联合执政，为挽救自民党不断下滑的支持率，其多次提出与保守党主导的改革政策相左的主张。三党领袖卡梅伦、米利班德和克莱格的党内地位均不稳固，时有换帅传闻。

（二）各党具体政策趋同。受国际金融经济危机影响，经济、民生、移民等问题成为英国重要政治议题，各大党在上述问题上政策主张趋同，"共识政治"现象更为明显。一是经济政策上没有有效的替代政策。三党坦承，面对英国当前经济形势，无论哪个政党执政，均不得不采取削减开支、减少赤字的紧缩政策。二是各党均强调"公平"，对政治中间地带争夺更趋激烈。目前三党均瞄准建设"公平"社会，"公平国家"等"进步主义"主张。保守党从中左政党借鉴了社会公正、共同福祉等概念，强调为资本主义注入"公平"、"正义"元素，宣称比工党更关心民众利益。工党自称是英国当前唯一一个进步主义政党，提出对社会不公平和富有阶层不再听之任之，强调通过制定规则确保财富的公平分配。自民党主张建立公平的公民社会和更负责任的资本主义。三是在移民等社会政策上"渐行渐右"。保守党秉持保守主义传统主张，一上台就着手收紧移民政策，大幅减少移民数量。工党在2010年大选中吃了移民政策的亏，最新民调显示，当时抛弃工党的选民中有78%主张将英国纯移民数量降为零，当前超过一半工党选民支持政府移民政策改革，工党亦不得不作出妥协，支持收紧移民政策。

（三）传统政党政治格局酝酿变化。传统上，英国政坛保守党与工党轮流执政，2010年大选后，英国出现战后首个联合政府。当前大党支持率下降，单独组阁面临的困难加大。执政小党成"势"不足、败"势"有余。一些右翼政党根据形势特点，对自身诉求作出调整，打着国家、民族和民众利益的旗号，争当底层民众代言人，反对外来移民，反对外部经济"侵蚀"英国经济发展。这些政党虽尚难以在大选中获得议席，但会分流大党选票，给大党制造麻烦，使其在大选中赢得多数、单独执政的难度加大。英国联合执政常态化的趋势恐将更为明显。

当前希腊政党政治发展变化的若干特点

邹国煜

希腊主权债务危机爆发后,经济社会生活深受冲击,民众示威抗议不断,政权更替频繁,尤其是2012年大选引发政坛"地震",朝野力量对比出现颠覆性变化,政党政治生态发生重大变迁,呈现出一系列新特点。

一、传统主流政党力量下降明显,两党主导格局彻底打破

从1974年结束专制统治、建立多党民主制度到主权债务危机爆发,中右的新民主党和中左的泛希社运囊括历次大选80%左右的选票,且相互之间势均力敌,各有胜负,形成一种两党主导下较为稳定的轮流坐庄政党政治格局。主权债务危机以来,这一格局遭到严重挑战:一是新民主党实力大不如前。危机爆发初期新民主党应对不力及党内丑闻频发、派系斗争公开激化等,使其民心渐失,并在2009年提前举行的大选中落败,后虽于2012年大选重返议会第一大党位置,但得票率已大幅降至不足30%,丧失单独组阁优势,不得不寻求通过组建联合政府来勉强维持执政地位。二是泛希社运遭遇"滑铁卢"。2009年提前大选中,泛希社运虽胜选上台,但对新民主党留下的"烂摊子"却回天乏术,被迫接受严厉的"紧缩备忘录"以换取"三驾马车"的援助。这一策略导致社会福利大幅削减,失业率持续飙升,一时间民怨四起,作为"替罪羊"的泛希社运支持率迅速走低。同时,党内接连曝出的高层贪腐和党争丑闻让该党在民众心中的形象进一步降至冰点。2012年大选中,包括不少本党成员在内的大量选民通过"惩罚性投票"使泛希社运遭遇重挫,得票率暴跌至不足13%,党员数

量从选前的 23 万骤减至不足 13 万，民调支持率也自此一蹶不振，始终在 5% 左右的低位徘徊。种种迹象表明，泛希社运正滑向边缘小党，希腊政坛长达 30 多年的两党主导格局已完全被打破。

二、边缘政党异军突起，朝野力量重新洗牌

除两大传统主流政党外，希腊政坛还长期活跃着一批边缘性政治力量。随着危机的社会政治经济负面影响持久发酵，部分边缘性政党获得上升空间，朝野力量对比发生颠覆性变化：一是左联党"一夜坐大"。2004 年，左翼生态联盟、革新共产主义生态左翼等 13 个左翼小党组建了左翼激进联盟，其大选得票率一直在 4%—5% 左右浮动。危机爆发以来，该联盟高举"宏观调控、公民利益、反紧缩、反新自由主义"大旗，获得越来越多民众支持，影响力与日俱增。2012 年其正式改组为左联党，并在同年 5 月、6 月两次大选中分别以 16.78% 和 26.89% 的得票率赢得 52 个和 71 个议席，跃居议会第二大党地位，成为本轮博弈最大赢家。二是"金色黎明"影响力快速上升。"金色黎明"作为一个公开宣扬恐怖和暴力的极右组织成立于 1985 年。1993 年该组织改组为政党，并自次年起参加欧洲及本国议会选举，但鉴于主张过于偏执极端，其得票率一直低于 1%。近年该党开始对极端主张进行包装，不再赤裸裸宣扬暴力，特别是借力债务危机，把自己打扮成"爱国和反对外国干预"的先锋斗士，蒙蔽了不少不明真相的民众。加之危机背景下失业、贫困、移民等问题不断凸显，民众中非理性和激进化情绪上扬，部分民意倒向极右，使"金色黎明"在短时间内由一个名不见经传的小党迅速兴起，先是于 2010 年地方选举中以 5.3% 的得票率进入雅典市议会，在 2012 年大选中又以近 7% 的得票率跻身国会，获得 18 个议席，成为牵动朝野博弈的重要力量。该党近期虽因涉嫌谋杀左派歌手遭打压，党魁及相关人员被捕入狱，但这些人很快被保释，且最新民调显示，目前该党民意支持率仍稳居第三，并较前略呈上升趋势。

三、民意碎片化加剧，政党博弈更趋复杂多样

主权债务危机的持续冲击和影响下，传统政党和政党政治深受质疑，选民不再像原来那样按照阶级关系与政党挂钩，整个社会出现了"无政治意识形态倾向"，民意的表达和分布进一步分散化、碎片化，导致的直接结果就是现实博弈中"主流政党不强、边缘政党不弱"。为谋求优势，各种力量争相打破常规，分化组合，政党政治呈现复杂化发展态势：一是政党间相互关系更加复杂。新民主党和泛希社运这对政坛宿敌面对民意不断向其他政党分散，尤其是左联党后来居上、咄咄逼人的态势，很快抛开彼此意识形态分歧，化敌为友，将左联党视为共同的对手，联合打压。左联党则试图通过加强与希共等其他左翼派别合作，建立广泛的左翼联合阵线，对抗和抵消当局优势，巩固自身地位，进一步提高影响力。此外，鉴于危机背景下"金色黎明"稳定维持在13%—14%的民意支持率，主流两党虽对该党近期暴力行径口诛笔伐，但内心无意将其逼入绝境，以免触犯这部分民意，使已方处于不利地位。二是组阁执政方式丰富多样。新民主党和泛希社运轮流单独组阁曾是希腊多党政治格局的主要形式。危机爆发以来，由于没有哪个政党能够单独控局，组阁方式渐呈多样化态势：先是泛希社运政府在内外压力下辞职后，出现了首个技术专家政府；2012年大选后又首度出现了由新民主党、泛希社运、民主左派党共同组建的左中右大联合政府；随着民主左派党退出，大联合政府又变成了中左、中右两党联合执政。

四、部分政党积极反思重塑，理念和形象有所调整改善

面对危机带来的挑战，一些政党大力调改，在理论纲领上着力淡化意识形态色彩，具体政策上强调灵活务实，同时注重内部组织和作风建设，以适应形势变化，改变被动处境。长期秉持新自由主义理论纲领、主张"市场为王"的新民主党经过深刻反思，一是提出通过加强国家对社会市场干预和调控来提升经济能力、带领国家走出困境的新思路；二是扩大党内民主，摒弃由政治委员会小圈子投票选举党主席的做法，改为经由全体

党员投票产生；三是调整行为方式，加强与民众联系，在近期反暴力提议和备战欧洲议会选举等一系列活动中，该党均深入基层，认真听取和采纳民众意见，打造"能为广大民众直接接触和充分信任的政党"形象。泛希社运也深刻反思和吸取失势教训，一方面明确提出将拒绝接受更多来自外部的紧缩条款，以安抚民心；另一方面，针对党内领导层丑闻频发现象，着力改组高层人事，大胆启用新任总书记安德鲁拉基斯等一批青年骨干，彻底重塑党的外部形象。此外，该党还积极从注重地方发展模式、关注农业发展、大力发展旅游业、发挥自身优势大力发展海运业等方面探寻带领国家走出危机的替代性道路。

总的看，希腊政党政治仍处于一个剧烈变动的过渡时期，其发展前景存在诸多不确定性，但以下趋势值得关注：一是各党会更加务实，纲领政策将更趋中间化、更具包容性。二是政党格局难返两党轮流坐庄时代，多党联合执政或将成为政坛常态。三是经过两次分裂后内部渐趋稳定的新民主党未来仍有望保持主流政党地位，但近期难以恢复当年得票率过半、单独组阁的势头。四是泛希社运受内部少壮派与元老派之间无序缠斗以及新提拔的年青领袖恐难驾驭党内外复杂局势等因素影响，短期难振雄风，未来一段时间内将继续以小党身份参与联合执政。五是左联党缺乏作为主流大党的经验，各方面准备不足，加之共产主义标签、反欧盟倾向以及内部派系林立等不利因素掣肘，难以真正赢得主流社会认同，在可预见的将来仍难堪大任。六是"金色黎明"短期不会有实质性削弱，明年欧选还可能受希腊"非主流政党逢欧选必上扬"惯性影响而继续抬头。但民众"惩罚性投票"并不意味其真正认同、支持极端思潮。随着危机的逐步缓解及对极右本质与危害性认识的不断深入，民众态度会渐归理性，后危机时代该党恐难风光依旧。

剧变以来中东欧政党制度演变及前景探析

赵雪林

20世纪80年代末90年代初,东欧发生剧变,由共产党一党执政转向西欧多党议会民主制。在此过程中,南斯拉夫一分为六,捷克斯洛伐克一分为二,立陶宛、拉脱维亚和爱沙尼亚三国脱俄入欧,原东欧7国演变为目前中东欧16国。20多年来,这些国家的政党制度经历了复杂曲折的演变过程,逐步由开始的无序、动荡转变为当前有序、稳定的发展时期。目前,中东欧各国的政党数量有几十个到上百个不等,进入议会的一般不超过10个,左右翼大党通常与小党组成中左或中右联合政府,轮替执政,多党政治体制基本确立。总的看,中东欧国家政党制度尚处于完善和发展的进程之中,与西欧现代政党制度相比还有较大差距。受中东欧转轨形成的独特经济、社会环境制约,这些国家政党制度仍将面临相当长一段时期调整过程。

一、中东欧政党制度演变过程

东欧剧变后,中东欧国家政党制度的演变,大致经历由动荡到规范化再到稳定发展三个阶段。

(一)多党政治体制起步阶段(1989—1993年)

在这一阶段,执政的共产党下台,各种右翼政党、左翼政党纷纷成立,乱象频生。一是与政党制度密切相关的《宪法》、《政党法》、《选举法》等重要法律文件在仓促间草拟通过,多为借鉴或抄袭西欧模板,有影响的政治派别又塞入一些有利于自己的内容,因此并不符合本国实际,漏洞百出,导致后来的各种政治投机行为频出,各党就有关法律条文的解释争执不休。各国的《政党法》、《选举法》在剧变初期起草过程中,粗制滥造,留下诸多疏漏。二是反对派靠街头政治夺权,导致大多数中东欧国家社会动荡。剧变初期大多数国家的右翼反对派通过不断升级街头政治的手段,迫使执政党妥协让步。进入正常选举后,左翼党政府被迫辞职的现象也较多。阿尔巴尼亚社会党、保加利亚社会党均在剧变后第一次议会选举中获得绝对优势,又都因反对派街头抗议而下台。三是政党林立,数量繁多,内斗不止。每个国家新登记几十或数百个小党,名目各异,政见多样,信仰庞杂。其中队伍稳定、纲领明确、领导从政经验丰富的政党数量较少。大多数党因反共临时拼凑而成,人数少,思想杂,组织涣散。四是同一阵营之间以及政党内部政治斗争激烈,分化组合不断。无论是左翼,还是右翼,均存在同一阵营内的几个党相互斗争、对立的情况。而同一政党内部分裂、重组的情况司空见惯,几乎所有政党在这一阶段均经历了分裂和重组的过程。

(二)多党政治体制逐步规范阶段(1993—1997年)

剧变初期短暂动荡之后,中东欧国家的多党政治体制逐步进入规范阶段。各国相继修订《政党法》、《选举法》等一系列法律法规,通过提高政党获准注册、进入议会及获得国家财政支持的门槛,完善政党收支审计制度和选举制度等手段,逐步完善多党制运作的法律基础。1997年罗马尼亚颁布更为完备的《政党法》,对政党的登记注册、组织和活动范围等作出系统和明确的界定,尤其将政党注册门槛由原来的251名党员大幅提高到10000名,使得政党数量由此前的上百个减少到50多个。以上措施使一批无作为的小党小派遭到挤压或淘汰,各国选举舞弊、黑金政治等乱象明显减少,有能力的政党在选举中脱颖而出,逐步成长为各国政党政治的主要政党。捷克公民民主党和社会民主党、立陶宛保守党和社会民主党、克罗地亚社会民主党和人民党等左右翼大党均在这一时期开始崭露头角并主导政坛。

(三)多党政治体制稳定运行阶段(1997年至今)

街头政治和提前选举现象逐渐销声匿迹,多党政治体制逐步确立。无论是左右翼单独执政,还是左右翼大党分别联合小党执政,大多能完成一个完整任期,政权交接也基本通过议会选举和平进行。个别国家还较早出现政党连续执政现象。如捷克的公民民主党从1992年上台后连续执政到1998年。

进入新世纪后，大多数中东欧国家左右翼轮替执政陷入困境，一批具有民族、民粹主义色彩的新型政党崛起，为这些国家政党政治的演变增添新的内容。波兰法律与公正党，罗马尼亚民主自由党，保加利亚稳定与振兴国民运动（当初成立时为西美昂二世国民运动，后改为现名，简称运动党）和争取欧洲进步公民党（简称公民党）等开始崛起，进入议会或上台执政。与此同时，由于左右翼大党大多不能获得组阁所需的稳定议会多数，大部分国家走上多党联合执政的道路。

二、中东欧国家当前的政党格局

剧变20多年来，中东欧国家多党政治体制日趋稳定，各国政党政治有序发展，目前已形成与西欧政党格局类似的两大阵营：以中左翼的社会民主党为主，左翼、极左翼为辅的左翼阵营；以中右翼的自由民主党和保守党为主，极右翼民粹主义政党和民族主义政党为辅的右翼阵营。左右翼各自阵营内党派更新变化不断，但左右两大阵营相对立的大政党格局相对稳定。

（一）*左翼阵营*。在左翼阵营内，中左翼的社会民主党与西欧的社会民主党主张基本一致，大体可分为三类：一类是由原执政的共产党演变而来的"改建社会党"，如波兰社会民主党、匈牙利社会党、斯洛伐克民主左翼党等；二类是"二战"前后的老社会党重建或恢复活动的"重建社会党"，如捷克社会民主党、波兰社会党、匈牙利社会民主党、保加利亚社会民主党等；三类是剧变后新建的社会民主主义政党，如罗马尼亚社会民主党、波兰劳动联盟等。

左翼力量一般包括民主社会主义党和温和的共产党。它们一般是欧洲左翼联盟成员或观察员。民主社会主义党对资本主义制度持批判态度，把坚持社会主义作为自己的社会理想。温和的共产党坚持以马克思主义为指导，强调批判性地吸收其他社会主义学说；坚持对资本主义的制度替代，同时主张在现阶段通过议会斗争建立"多元自由、民主、和平的社会"。这类政党主要有捷克和摩拉维亚共产党（简称捷摩共）、保加利亚的共产党、拉脱维亚社会主义党、立陶宛社会主义人民阵线等。其中，捷摩共是剧变以来中东欧地区一直进入议会并稳定发挥作用的共产党。保加利亚的共产党则通过与保左翼大党社会党合作的方式多次进入议会。

极左翼力量一般是指信仰斯大林主义的共产党，认为苏东社会主义失败的原因是背离了斯大林主义，共产党应采取与资本主义制度毫不妥协的态度，暴力革命是推翻资本主义的唯一方式。它们有的拒绝向当局注册，以地下秘密方式活动；有的拒绝参加议会选举，主要活动方式是直接向工人宣传自己的理论主张；有的参加议会选举，把竞选作为向民众宣传自己主张的手段。目前这类政党处境艰难，有的苦苦挣扎数年后被迫解散，有的有名无实或偶尔组织一些活动，如罗马尼亚共产党人党、阿尔巴尼亚共产党等。

（二）右翼阵营。中右翼的主体是自由民主党和保守党。它们是西欧经济自由主义和政治保守主义在中东欧国家的实践者，主张经济上推行私有化、自由化的政策，政治、民族、伦理道德、文化观念方面则持保守主义的立场。中东欧地区属于自由民主党的有阿尔巴尼亚民主党、捷克公民民主党、罗马尼亚国家自由党、匈牙利自由民主主义者联盟—匈牙利自由党、斯洛文尼亚自由民主党、保加利亚运动党等；保守党主要有波兰的公民纲领党、匈牙利基督教民主人民党、立陶宛保守党等。

极右翼势力主要为民粹主义政党。它们是各种政治主张的大杂烩，完全以迎合选民需求为目的。波兰法律与公正党、罗马尼亚民主自由党都属于这类政党。自2005年起，民粹主义政党影响迅速扩大，开始进入议会或上台执政。

此外，民族主义政党在中东欧政党政治中一直发挥着重要影响。这些政党一般分为温和的民族主义政党和激进的民族主义政党。前者靠近中右翼，主要维护所代表民族的利益，对其他民族尚能宽容，在执政或选举过程中可与其他民族的政党结成联盟。如保加利亚土耳其族人党"争取权利与自由运动"、罗马尼亚匈牙利族民主联盟、斯洛伐克匈牙利族联盟党等。激进的民族主义政党靠近极右翼，对其他民族或者民族主义政党持明显偏见，政策主张较为强硬。如塞尔维亚激进党、早期的克罗地亚民主共同体和保加利亚的阿塔卡党等。无论是激进，还是温和，由于选民相对固定，这些政党在各自国家政坛上的地位一般起伏不大，相对稳定。

三、中东欧国家政党制度演变的特点

中东欧各国政党制度发展的具体过程千差万别，总体看，主要有以下几个特点：

（一）中东欧国家多党政治体制的转换系自上而下进行，转变过程流血冲突较少。与美国、西欧发达国家多党政体的确立经过各种政治力量长期自下而上的流血和暴力斗争演变过程相比，中东欧国家多党政体的转换是自上而下进行的，从政党成立到法制基础的完备，再到议会的正常运转，实行的是一步到位的急剧变革。转变初期各派冲突激烈，街头政治不断，但暴力事件较少，仅在罗马尼亚等极少数国家出现流血事件。之所以如此，是几个因素共同作用的结果。一是这些国家的民众有要求实行多党制的愿望。历史地看，这些国家政治经济及社会基础较好，民众综合素质较高。在搞社会主义制度以前，这些国家或多或少均有过多党议会民主的经历。到社会主义时期，各国奉行苏联一党模式并受苏联管制，但探索符合本国国情发展道路的尝试一直涌动不断。南联盟的社会主义自治制度，波兰哥穆尔卡的"波兰道路"，匈牙利卡达尔的经济改革等，都是这种思潮的反映。这股思潮在 1956 年匈牙利事件、波兰波兹南事件和 1968 年"布拉格之春"期间，甚至发展成摆脱苏联模式、进行具有本国特色民主政治改革的冲动。剧变前后，这股力量逐渐演变为一种社会思潮，从内部推动着这些国家向多党民主制和平转变。二是欧美发达国家的大力扶植。各国右翼力量由无到有，由弱变强，及至执政连任，均是欧美发达国家支持的结果。中东欧大多数国家前共产党向社会民主主义政党的急剧转型也是在社会党国际和欧洲社会党的支持下才得以实现的。三是苏东社会主义阵营的瓦解。苏联的倒台使得各国的共产党群龙无首，失去重要支撑，一些无力应对的政党只能顺应潮流，被迫妥协并交出政权。

（二）政党在政治生活中的主导作用不断增强并渐趋稳固。多党政体建立以来，政党日益成为动员民众、传达民意的桥梁，任何阶层、派别、个人，只要想参与政治活动，最有效的途径就是成立政党，或成为政党的一员。左右翼大党不断健全自己的中央和地方组织机构设置和运作机制，逐步建立附属于自己的青年组织、妇女组织等，使得党内各项机制逐渐正常运转，党组织架构日趋完善。多轮选举后，以左右翼大党为主的政党联盟轮替执政渐渐成为各国政治生活的惯常现象。政党在国家政治生活中的地位、作用和影响不断巩固并提高。同时，传统政党革新图变，新型政党不断崛起，以议会为中心的政党有机体系逐步构建。议会选举成为政党公平竞争、轮替执政和化解社会矛盾的重要渠道。选举获胜党一般成为执政党，制定国家大政方针，将本党要员推举到权力机关。在野党则通过议会等途径影响国家的大政方针，参政议政，监督执政党。政治精英借助政党渠道脱颖而出，反过来又加强政党的地位和作用。

近年来，各国政党支持率不断走低，特别是在欧洲主权债务危机爆发后，各种抗议活动不断，社会矛盾有所抬头，民意碎片化现象加重。其中暴露出来的种种矛盾仍有赖于现行多党政治体制来解决，政党在政治生活中的主导地位未受到根本动摇，各国社会总体稳定运行。

（三）各国政党制度成熟度层次化明显。因转轨前各国在民主传统、经济条件、宗教、民族构成和文化等方面的差异，加之欧美发达国家支持力度的不同，造成中东欧国家政党制度成熟度具有明显的层次化特征。中欧五国（波兰、捷克、匈牙利、斯洛伐克、斯洛文尼亚）和波罗的海三国相对成熟，而罗马尼亚、保加利亚及前南地区塞尔维亚等主要国家则相对落后。原因有几点：首先，波、捷、匈等社会基础较好的国家率先主动挑起剧变，从一党制向多党制转变较早，而罗、保、塞等国则相继跟随。其次，波、捷、匈等国加入欧盟早于其他国家。这既是欧盟对这些国家转轨进程和政党政治成熟度较高的肯定（入盟的"哥本哈根标准"明确将候选国的政治稳定性放在达标的首要位置），也将进一步推动这些国家的转轨进程和政党政治成熟度的不断提高。最后，波、捷、匈等国的民众对多党议会民主制认可程度较高。根据有关民调，这些国家的民众对多党议会民主政体的认可率一般要高于罗、保、塞等国。与此相对应，反共思潮在波、捷、匈等国一般较强烈，在罗、保、塞等国则相对较弱。

（四）中东欧政党政治与西欧政党政治联系日趋紧密，影响不断提升，但仍处从属地位。加盟入约以及政党制度不断成熟，使中东欧政党政治与西欧政党政治的联系日趋紧密。西欧政党政治打喷嚏，中东欧政党政治则会发烧感冒。近年来，西欧社民党陷入低潮，中东欧左翼则普遍低迷。反之，中东欧左右翼力量的对比变化也会直接影响整个欧盟的政治格局，特别是欧洲议会内政治力量的对比。为此，每逢重大选举，西欧主要地区性大党或重要政党领导人纷纷到访各自的盟党，为其鼓劲。与剧变初期相比，中东欧政党政治对整个欧洲政党政治的重要性明显提升。同时，中东欧政党作为学生的地位并未改变。上台后他们大都先到西欧老师那里汇报工作，以寻求政治和经济上的支持，为顺利执政作准备。

（五）老牌右翼力量出现分化，新右翼不断涌现。剧变初期右翼势力主要靠反共和鼓吹经济自由化来获得选民支持，壮大自身力量。但在前共产党向社会民主主义政党成功转型后，反共招牌渐渐失去功效。而激进的自由化改革也给各国经济造成重创，民众生活水平急剧恶化。右翼支持率因此大幅下滑。面对困境，一批老牌的右翼抱残守缺，不思进取，渐渐被选民抛弃。波兰的团结工会、匈牙利的民主论坛、保加利亚的民主力量联盟等相继退出历史舞台。另一批右翼党则革新图变，续有发展。捷克的传统右翼公民民主党在1998年选举中输给了左翼政党后，面对中东欧国家民族主义、民粹主义抬头的趋势，在自由主义基础上接纳了更多民族主义理念，强调维护捷克国家利益，以捷克民族利益代表者自居，着力改善民生，使得该党东山再起，目前仍为捷克最重要右翼力量。匈牙利青年民主主义者联盟（简称青民盟）抓住传统右翼匈牙利民主论坛分裂的机遇，重新定位，将自由主义与民族、民粹主义融合在一起，使该党一举成为匈牙利最有影响的右翼政党。

一部分传统右翼政党式微，使得一批新生右翼政党乘隙而起，取而代之。这批政党有的成为执政党，如波兰的公民纲领党、法律与公正党、保加利亚的运动党和公民党等；更多的则是进入政府或议会，成为参政党或议政党，如波兰的帕里科特运动，捷克的公共事务党，TOP09党（意为传统、责任与繁荣）。罗马尼亚的人民党，斯洛伐克的自由与团结党，保加利亚的法律、秩序与公正党等。与老牌右翼不同，这些党政策主张针对转轨中出现的问题提出，较灵活务实。保公民党、法律秩序与公正党、捷克的TOP09因主张反腐，强调法治建设，赢得支持。捷克的公共事务党和斯洛伐克的自由与团结党依托互联网，注重直接民主，深得年轻选民的支持。

（六）前共产党改建为社会民主主义政党后成为主流政党，其他左翼小党难有作为。剧变后新出现的各色各样、数量众多的左派党大多无法与由前社会主义时期共产党改建而来的社会民主主义政党相抗衡。这些改建型社会民主主义政党依托前共产党相对完整的组织基础、丰富的人才和资金储备以及较稳固的退休人员群体的支持，比照西欧社会党的模式不断进行改造，对外获得社会党国际和欧洲社会党的认可和支持，对内则摆脱受右翼打压的被动局面上台执政，有的甚至连续执政，在各国发挥着重要作用。波兰社会民主党、匈牙利社会党、保加利亚社会党、罗马尼亚社会民主党及阿尔巴尼亚社会党等均一次执政或多次执政。

其他左翼小党如新建、重建社会民主党和从前共产党分裂出来的多数共产党难有作为。新建、重建社会民主党尽管根正苗红，但由于缺乏有效的组织运作和人才、资金储备，无法在剧变初期的选举中与上述左翼大党相抗衡。只有重建的捷克社会民主党利用捷摩共拒绝改旗易帜留下的政治真空，很快超越捷摩共成为捷克第二大党和左翼第一大党，后来又连续两届执政，至今在捷克政坛仍发挥着重要作用。捷摩共尽管剧变后进入历届议会，但影响一直不愠不火。从前共产党分裂出来的共产党由于思想僵化，不能与时俱进，边缘化现象严重，除少数走向与左翼大党联合的道路外，大部分则苦苦挣扎在生存线上。

（七）左右翼意识形态色彩减弱，政策主张趋同。经过剧变初期的剧烈动荡后，经济建设和入约加盟逐渐成为各政党的首要选择。此种形势下，左右翼各党政策选择空间渐趋狭窄。为了最大限度地争取选民支持，左右翼大多由"纲领党"向"选民党"转变，积极调整自身政策。左翼吸收右翼的部分自由主义经济主张，右翼则吸收并实施左翼的社会主张。匈牙利社会党在1994—1998年执政期间，甚至比右翼还激进，大力推进"休克疗法"。保社会党在2005年上台后实行右翼的单一税制，让普通民众与富人按同等的税率纳税。波兰右翼政党法律与公正党则在2011年选举中鲜明打出"捍卫穷人利益"口号，与民左联党争夺左翼选民。捷克老牌的公民民主党在2010年议会选举中则吸取社会民主党的公平和公正主张，强化国家对经济、社会的干预，极力标榜"亲民"形象。

四、存在的问题

因各国多党政治体制是自上而下人为催生的结果，缺乏坚实的社会基础，距离成熟多党政治体制尚有一定距离。现存的主要问题有：

（一）政党主导性有待提高，主要政党关系紧张。一是主要政党主导性不强，政策意图贯彻不彻底。选民的政治热情逐步退却，使各主要大党得票率明显下降，大多不能单独组阁，只能与其他小党联合执政。而执政联盟又多因利益结合，缺乏纲领或政策主张的支撑，导致各自为政现象突出，严重削弱执政能力。在匈牙利，2006年左翼社会党与中右翼自由民主主义者联盟组成执政联盟，2008年因在医疗改革方面发生严重分歧，两党联盟破裂。在爱沙尼亚，改革党、祖国联盟—共和国党、社民党执政联盟因在削减预算，修改劳动合同法等问题上矛盾激化，导致政府下台。二是政党关系紧张，难以达成妥协。左右大党对立严重，恶斗不断，难以就国家转轨过程中遇到的结构性难题达成共识。保加利亚社会党和公民党冲突不断，领导人个人恩怨难解。2013年初保政局陷入动荡以来，诸多重要议题需要两党携手解决。但两党不仅坐不到一起，矛盾反而进一步升级，即使是欧盟公开呼吁、协调，也难以达成妥协。

（二）党内民主脆弱，强人政治色彩在部分党中突出。表面上，无论是左翼还是右翼，党内均推行竞争性民主选举，党主席经全党大会一人一票不记名投票选出。党内大多也建立监督和纪检机构，与西欧主要大党的机构设置基本一致。但实际上，这些党的民主制度建设形似而神非。这是因为：首先，制度建立后还需要有实践中人与人、人与制度间的长期磨合过程，短时间内成立的右翼大党以及仓促转型的左翼大党均不具备这样的条件。其次，剧变后民众的民主意识淡薄，民主文化欠缺，对民主抱有许多不切实际的幻想。出于思维惯性，他们更看重政党领袖的能力，而不是政党的价值趋向和政策主张。因此，民主在中东欧政党内遭遇水土不服症状，强人政治、裙带关系等特征明显。党首利用强势地位拉帮结派，排斥异己，大搞裙带关系，将党内民主机制、程序设置玩弄于股掌之上，大搞"电话治党治国"。波兰团结工会的瓦文萨、法律与公正党的卡钦斯基、捷克公民民主党的克劳斯、阿尔巴尼亚民主党主席贝里沙、阿社会党前主席纳诺等，均表现出较强烈的强人政治色彩。

（三）政党和议员腐败现象严重，缺乏公信力。首先，主要政党自身腐败问题严重。剧变前，腐败集中于一党。剧变后，腐败则集中于几个主要政党。这些政党在党内采取各种措施预防打击腐败，但收效甚微。无论左翼，还是右翼，上台后均陷入腐败泥潭。其次，选举和议会沦为各党腐败徇私的合法外衣。剧变以来，左右翼轮替执政，选举成为各党体面下台的合法手段，很少有政府官员因腐败而获刑。在议会中，表面上议员们以捍卫国家利益的名义相互监督、指责，实质上则是掺杂私货，党派及集团利益至上，议会立法、监督职能被严重扭曲。最后，特权阶层的出现招致民众不满。随着转轨的不断推进，政党精英与利益集团逐渐沆瀣一气，结成特权阶层，成为一小撮因转轨而富裕的群体，让民众深感不满。据有关民调显示，目前罗马尼亚、保加利亚等国的民众对议员的信任度仅维持在20%左右的低位。

（四）民粹主义政党对现有政党制度形成冲击。中东欧国家新出现的民粹主义政党在短时间内崛起并上台执政或进入议会，从多个方面挑战各国现有政党制度。在意识形态上，民粹主义政党反传统、反权威的思想迎合民众对左右翼失望的心理，对左右翼传统价值理念形成冲击。在政策主张上，民粹主义政党不按常理出牌，提出有煽动性、欺骗性但不切实际的口号来迎合选民贪新图快的心理，冲击左右翼长篇大论、抽象枯燥的政策主张。在这方面，保加利亚运动党竞选时提出的 800 天内明显改变民众生活的口号最为典型。在宣传手段上，民粹主义政党一改左右翼政党领导人的官僚作风，依赖网络、电视等媒体宣传，极力塑造领袖个人魅力和亲民形象，更容易为民众所接近。这些政党执政后或政绩平平，或毫无建树，让民众再次失望，从而对整个政党体制和政治体制造成重创。

五、发展前景

未来，中东欧国家的政党制度在大方向上向西欧多党政治体制转型并逐步一致的趋势不可逆转，但受制于中东欧国家转轨形成的独特经济、社会环境，中东欧政党政治的发育水平要赶上西欧政党政治的发达水平尚需时日。同时这些国家根据本国具体情况对现行政党制度进行修正和本土化似不可避免。

（一）中东欧国家政党制度向西欧多党政治体制转型的大方向不可逆转。一方面，无论是政党政治成熟度较高的中欧、波罗的海国家，还是政党政治成熟度较低的巴尔干国家，多党政体在各国社会已经扎根，获得民众和主要政治团体的认同，任何政党想要生存和发展必须遵循这个前提。民众的支持和认同是中东欧政党政治日趋成熟的内在推动力。另一方面，欧美发达国家一直严密掌控中东欧国家的转轨进程，不会容忍一些国家的反复和"东张西望"。剧变以来，欧美发达国家直接干预中东欧各国内政的例子屡见不鲜。目前，欧盟已重启欧盟和欧元区东扩进程。欧美发达国家的支持和影响、特别是欧盟东扩是中东欧政党政治得以稳定运行的重要外部条件。

（二）由于受到转轨条件下独特的经济、社会因素制约，中东欧党政治的发育水平要赶上西欧政党政治的发达水平尚需时日。

1. 经济困境迟滞政党政治发展。国际金融危机和欧债危机爆发后，这些国家经济过分依赖西欧的问题暴露无遗。危机不仅造成大多数国家转轨20多年来的经济成果严重受损，而且迫使中东欧经济的好转只能寄希望于西欧经济的好转。一方面，经济衰退将迟滞中产阶级队伍的壮大，而强大的中产阶级一般被认为是政党得以正常活动的社会基础和稳定器。另一方面，经济困境使政局陷入动荡局面。近年来，政府提前下台现象已在罗马尼亚、保加利亚和捷克等国发生，中东欧政局已进入新一轮动荡期。由于上述原因，选民的非理性色彩将日趋突出，政党间斗争也将更趋激烈，这些将制约中东欧政党制度的进一步成熟和发展。

2. 低效法治和独立媒体缺失等社会环境不利于中东欧政党政治的进一步完善。剧变后，尽管司法独立得以确立，但中东欧各国司法部门效率普遍低下，司法腐败严重。法治的缺失助长了政党腐败：政客们受到媒体披露涉嫌腐败的现象众多，但真正被绳之以法、投牢入狱的很少。同时，当前的中东欧国家普遍存在着这样一种现象：有媒体言论的自由，但没有自由的媒体。少数政党或寡头控制大多数主流媒体，打击政敌，影响民意，操纵选举。此外，还有民族问题、民众民主意识薄弱等不利因素制约中东欧政党政治的正常发展。

（三）中东欧国家根据本国具体情况对现行政党制度进行修正或本土化似不可避免。

由于转轨的深入让西欧多党民主政治模式暴露出来的问题越来越多，中东欧政党对西欧多党政治模式不满的"杂音"逐渐增强。捷克前总理泽曼（现为总统）在21世纪初当政期间曾试图通过修宪来修正政体中的不足，但因条件不成熟而作罢。2008年国际金融危机发生后，欧美发达国家多党民主政治模式深陷危机，中东欧国家更是处境艰难。面对此种困境，"杂音"在一些国家开始壮大起来。在社会层面，越来越多的有识之士开始反思造成当前中东欧发展困局的原因，如对当初道路的选择、选举制度的设计及急剧私有化的做法等均作出检讨，要求对现行政党体制进行调整的呼声渐高。在政党层面，一些有条件的执政党则直接付诸行动，不惜采取欧美西方所抨击的"民主倒退"做法，立足本国具体情况对现行政党制度进行大幅系统修正或本土化。匈牙利青民盟凭借议会绝对多数地位修改宪法、选举法和媒体法等重要法律，从立法上触动匈多党政治运作方式，为以后长期掌权作准备。罗马尼亚社民党利用自己控制议会多数的有利条件，对右翼总统提出弹劾，以图扫除障碍，稳掌大权。虽然这些做法遭到欧美的强烈批评、威胁甚至制裁，但却得到民众的支持并最终被付诸实施。青民盟的行动不仅得到国内民众的支持，还得到波兰、立陶宛等国民众的支持。上述"民主倒退"现象表明：在照搬照抄西欧模式的做法屡遭挫折的情况下，中东欧国家根据本国国情对西欧模式多党政体进行程度不一的修正或本土化做法似不可避免。

当前波罗的海三国政党政治的主要特点

张振坤　姚　兰

爱沙尼亚、拉脱维亚、立陶宛独立后，全盘移植欧式民主，确立以多党制、议会民主为核心的政党政治体制。经过20多年的磨合，三国政治转制总体就绪，政局保持相对稳定，政党政治有序运行。

一、政党政治搭台平顺，政党地位作用凸显

独立以来，三国以西欧国家政治体制为样板，快速、全面、彻底推行政治改革。在国家权力分配上，确立三权分立原则；在政体组织形式上，实行共和制政体（爱沙尼亚和立陶宛实行总统制，拉脱维亚实行议会制）；在政党制度上，变一党制为多党制。纵观其20年转制进程，一方面，得益于新政体"大议会，小总统"的明确定位，议会成为国家权力运行重心，三国未发生俄罗斯、乌克兰等独联体国家的总统议会分权之争，其"破旧立新"成本较小，震荡较轻，国家权力交接得以有序进行；另一方面，新的政治制度经多年入轨磨合，总体运行态势稳定，客观上为三国独立后政党政治加速成熟和有序运转提供了适宜土壤和有利条件。其直接结果之一是，作为政治核心资源配置的关键要素，政党成为国家政治生活中的主导力量，地位、作用、影响得到空前放大和实质提升。"执政必先强党"成为三国主要政治力量的普遍共识，各种利益集团和势力出于实现自身利益需要，更加重视寻找政党代言人，加大对政党投入、培植和影响力度。在此背景下，政党力量消长变化、朝野政党格局、政争攻防转换成为观察三国政局走向的最重要看点之一。

二、政党运作有法可依，政治斗争"循规蹈矩"

三国独立后将建立健全新型民主政体下法律框架为重中之重，均迅速出台《宪法》、《选举法》、《政党法》，以之为国家政治生活"约法三章"和最高准则。上述三法系经西欧移植而来，其法律体系相对完整成熟，较为适应三国具体国情。得益于此，三国立国阶段政党活动能够有法可依，党派角逐遵循游戏规则有序竞争。独立20多年来，尽管三国党派之争十分激烈，政府更迭超过40次之多，上述三法亦经多次修补微调，但其所确定的政治游戏规则岿然不动，为三国政治斗争提供了有力的法律保障和制度支撑。政党合纵连横、多党博弈开阖，始终能够以《宪法》为"规"，《政党法》、《选举法》为"矩"，"发乎于利，止乎于律"，较少外溢为危及国家发展大局、引发经济社会过度震荡的政治危机。特别是国际金融危机对三国经济造成重创，各国政党展开政治较量更为谨慎。拉脱维亚独立23年更换17届政府，党争烈度素为三国之最。但总体看，朝野各党动作均较为克制，无意过度引发政治乱局，其政治斗争"高端、有序、低烈"的特征更加突出。

三、政党量减质升，格局轮廓清晰

从数量上看，经过20余年政治斗争的大浪淘沙和优胜劣汰，三国政党数量普遍锐减。以拉脱维亚为例，其合法注册政党数量由独立之初的50多个减至40多个，缩水近四分之一；从质量上看，三国独立之初曾喧嚣一时、带有浓重民族、宗教乃至寡头色彩的极端政党日渐式微，或被选战淘汰出局，或勉力惨淡经营，或被政治边缘化。主流政党逐步做大做强，政坛根基愈加扎实，选民群体相对集中化、稳定化、常态化。三国均出现长期占据议会席位的常态政党。以爱沙尼亚为例，其议会席位由四大政党瓜分，执政的改革党、祖国联盟—共和国党属右翼政党，在野的中间党和社会民主党为中偏左和中偏右。爱沙尼亚波罗的海俄人党、爱沙尼亚俄人党、爱沙尼亚基督教人民党等仍扮演"非主流"政党角色。

四、各党理念趋同，具体政策各异

从三国主要政党党纲及政策主张看，"欧盟化"色彩极为浓烈，在议会民主制、三权分立、私有化、回归欧洲、加盟入约等一系列重大国策、大政方针方面朝野各党主张并无大异，党派攻防互动多表现为出于党派自身利益的具体政策之争。从执政地位看，左、中、右派政党在近年三国议会中均保有相对稳定席位，且多呈中右、中左势力轮流坐庄、交替登台局面。但值得注意的是，随着三国政党政治经验的增多和政治上不断成熟，各党意识形态色彩更加模糊，其政策主张随主流民意和党派利益"左顾右盼、摇摆不定"的特点更为明显。拉近期民调显示，六成以上民众不再相信政党"意识形态标签"，而是更多以政党具体政策主张决定是否给予支持。

五、政党无一独大，均势特征明显

三国均呈现多党瓜分割据议会席位、但无一具备绝对实力单独组阁局面。当前进入三国议会的政党分别为：爱沙尼亚为4个，拉脱维亚为5个，立陶宛为7个，爱沙尼亚改革党拥有33席（共101席），拉脱维亚和谐中心党为31席（共100席），立陶宛社会民主党占据议会40席（共141席）。独立至今，三国历届政府均为不同党派联合执政，为博取执政地位和政治利益最大化，伴随各党不断合纵连横，政党朝野角色转换平常，"你方唱罢我方登场"成为三国司空见惯的政坛常态。可以预见，三国特殊的国情、政情、党情、民情在客观上决定了该地区多党并存、联合执政的政治现实仍将在一定时期内长期存在。

俄罗斯政党政治改革及前景

朱晓姝

独立20余年来,俄罗斯政党政治经历从混乱无序到稳定有序的发展过程。面对国内外形势发生深刻复杂变化,普京在复任总统前后开启新一轮政党政治改革进程。目前看,改革尚处于起步阶段,其实施效果及其对俄罗斯政治生活产生的长远影响有待进一步观察。

一、俄罗斯政党政治历经20余年发展演变已基本成熟,但在新形势下需要进行改革与调整

独立初期,俄罗斯各类政党大批涌现,数量多、种类杂、发育极不成熟,政党政治呈现混乱、无序、不规范特点。普京执政后,通过加强立法等多种手段,将政党纳入法制化和规范化轨道,促进了政党政治发展,同时也理顺了权力秩序,维护了中央权威,促进了社会政治稳定。

但是,近年来随着俄罗斯国家实现由乱到治、由治启兴的转变,社会发展多元化趋势日益突出,由此带来社会利益和政治诉求日趋多元。特别是近年来,俄罗斯受国际金融危机冲击,使长期未得到解决的经济社会矛盾凸显,引起部分民众、特别是中产阶级和新成长起来的一代人的不满。2011年12月俄国家杜马选举后,反对派抗议选举结果不公,引发了抗议浪潮,走上街头的人数一度超过10万人,并先后蔓延至全国40多个大中城市,创下了普京当政12年来抗议规模最大、参与人数最多的纪录。为疏导社会情绪、纾解民众怨气、回应美西方和反对派的政治压力,当局需要推行适应形势发展的政党政治改革。

二、俄当局根据内外形势发展变化，推行一系列旨在扩大政治代表性、推进政治竞争、深化政治民主的政党政治改革

（一）修改《政党法》，简化政党注册手续。2012年4月生效的新《政党法》有几条重要修订：一是将政党注册门槛由4万人骤减至500人，且能代表半数以上联邦主体即可；二是取消政党地区分部党员最低人数限制；三是取消各级议会选举的征集签名制度；四是政党向中选委和司法部提交的党员人数信息和财务报告由每年一次改为每三年一次。这是普京自2000年执政并实施《政党法》以来，俄当局对政党政治进行的"最自由化"的改革。但是，俄当局仍为政党注册类型设置了"门槛"，如坚决禁止带有极端主义和民族主义倾向的组织注册成为政党，且禁止创建竞选联盟参选。

（二）改革国家杜马选举办法，恢复混合选举制。普京当局通过修改《国家杜马代表选举法》，将政党入围国家杜马门槛由7%降至5%，同时将杜马选举由单一政党比例制改为政党名单和单席位选区各占一半（225席）的混合选举制，以保证联邦各选区在国家杜马的代表性。实际上，俄罗斯自1993年第一届国家杜马选举开始即实行混合选举制，同时规定政党进入杜马门槛为5%。2004年，普京出于整顿权力秩序、打造高效政治体制需要改为单一政党比例制，并将入围门槛由5%提高到7%。新法最终通过，不仅增加国家杜马的地区代表性，也可能使进入杜马的政党数量有所增加。

（三）恢复联邦主体行政长官直选制，设置"市政一级过滤"门槛。普京在2011年底与民众连线中倡议恢复地方行政长官直选。2012年6月生效的新《联邦主体行政长官选举法》规定：联邦主体行政长官由所在联邦主体选民根据政党提名平等、直接选举产生；总统有权与政党协商地方行政长官候选人人选。此外，新法还设置地方行政长官候选人的推举需经由市政一级立法会议5%—10%议员投票支持的"过滤"机制。此举密切了地方行政长官与政党、联邦主体以及市政一级立法会议相互关系，扩大了立法会议权限，有助于推动政党进一步深入基层，注重基层政治竞争，深化政治民主进程。

（四）转变与反对派沟通的态度和方式。当局较之以往更加注重与反对派进行沟通，倾听他们的意见，展现出"前所未有"的宽容姿态。普京

认为，俄罗斯需要有合法的反对派，这"将促使政府更加认真地审视自己的政策和活动"。他呼吁所有政治力量团结一致，为改善民生、增强国力共同努力，并提议与反对派对话，强调相互尊重、相互倾听，表示当局会"包容"不同见解。梅德韦杰夫2012年初以来两次与反对派代表座谈，听取他们政治改革要求和见解。国家杜马也邀请议会外政党和反对派代表参与杜马全会和听证会的有关讨论。

三、未来一个时期，俄罗斯政治生活将更趋活跃，政党在国家社会政治生活中的作用将进一步提升，俄"一党独大"格局继续保持

2012年10月，俄罗斯77个联邦主体举行多层级地方选举，被视为是对普京当局推行政党政治改革的第一次全国范围的实践和检验。统俄党大获全胜，反对派政党总体表现平平，但仍有一些新获注册的政党获得一些地方议会席位。未来一个时期，随着新成立的政党发展壮大，各政治力量此消彼长和分化组合，俄政治生活将更趋活跃。

政党在国家社会政治生活中的地位和作用有望进一步提升。普京进一步强化对政党的认识并推行一系列政党政治改革，有助于政党全面反应社会利益诉求，在各级立法会议中行使社会监督职能，进一步密切政党与各级议会、各级行政机构和联邦中央之间的关系，特别是在基层民主政治进程中发挥的作用明显上升。而政党竞争增强也迫使各党利用政党政治改革带来的新环境新机遇，不断加强自身建设，巩固社会基础，赢得更多民意支持，实现壮大力量与提升作用的良性循环。

统俄党继续保持"一党独大"地位。统俄党虽在2011年杜马选举中支持率下滑，但仍掌控议会多数席位和杜马主导权。近期地方选举结果表明统俄党"一党独大"地位续有巩固。可以预见，在未来几年内，俄罗斯"一党独大"的政党格局不会出现大的变化。全俄人民阵线由普京为确保统俄党在国家杜马选举中获胜而倡议成立，在本届国家杜马统俄议员团的238席中占58席，二者在议会内外保持紧密合作。

金融危机以来美国政党政治的演变

吴 航

2008年国际金融危机爆发以来,美国经济社会发展模式弊端暴露无遗,国内施政困难增多。在此背景下,美国民主、共和两党围绕国家未来发展道路和诸多棘手政策议题展开空前激烈的辩论与争斗,政治极化呈愈演愈烈态势,凸显后金融危机时代美式资本主义的深刻困境与体制弊端。

一、金融危机以来美国政党政治演变经历了若干阶段,表现出如下几个突出特点

(一)以府院斗争为主线,两党力量对比此消彼长,总趋势是党派斗争不断加剧。奥巴马和民主党致力通过推动美经济复苏和社会转型巩固执政地位,但面临来自共和党的强力掣肘和挑战。2008年大选,民主党大获全胜,同时赢得白宫和国会两院,标志中左政治力量在美影响上升。奥巴马上任初期,着眼于提振美国经济,重振民众信心,迅速出台刺激经济、稳定金融的措施,并着手全面推进医保、能源和教育等社会领域重要改革,巩固自身执政地位。在处理党派关系方面,奥巴马提出超越"极化政治"、建立跨党大联合的口号,试图在内外议程上寻求共和党的支持与合作。但随着奥巴马大刀阔斧推进"变革"议程,共和党加大对奥巴马政府掣肘牵制,两党合作空间不断缩小。2010年中期选举,共和党重掌国会众院,奥巴马在内政上转向折中、务实路线,力争在两党有政策交集、可争取到共和党支持的领域有所作为,但未得到共和党积极回应,美国政治极化呈现愈演愈烈之势。2013年奥巴马二任开始以来,处理党派关系更注

重策略,采取攻势的同时不排除必要合作。但两党理念依旧尖锐对立,党派斗争有增无减。2013年3月,美被迫启动自动减支机制。10月,由于共和党坚持将推迟奥巴马医保法案实施作为通过2014财年财政预算的前提条件,民主党和奥巴马政府拒不妥协,终于酿成财政危机,美联邦政府非核心部门关门达16天之久,在美国国内造成约240亿美元的直接损失,两党形象及美国国际声誉再次受到影响。

共和党加大对奥巴马政府牵制掣肘力度,但自身力量恢复困难重重。奥巴马改革议程触及共和党和既得利益集团利益,引发保守派强烈反弹,共和党对奥巴马施政议程发起强力抵制。2009年美国国会众院通过"经济复兴与再投资法"时,共和党众议员无一人投赞成票,医保法案更是遭到共和党保守派强烈反对。面对经济复苏乏力、失业率高企局面,民众对民主党不满上升,美国政治生态朝着对共和党有利的方向发展。2010年中选获胜后,共和党对奥巴马政府加大攻势,将削减财政赤字、缩减政府规模和废除医保法案作为主要议程,力图瓦解奥巴马已有执政成果,终结奥巴马连任希望。两党此后围绕国债上限问题陷入旷日持久的争斗,不仅严重干扰了国家机器正常运转,损害了美国形象,也伤及共和党自身形象。2012年大选,共和党人竞选总统失利,但保住众院多数席位,美国府院分治、两党恶斗局面未有改观。总体看,金融危机爆发以来,共和党连续输掉两届大选,内部派系斗争不断,群龙无首,对国家未来发展亦缺乏明确思路,不能提出切实可行的、有吸引力的政策理念,因而在与民主党的博弈中暂处劣势,其力量恢复尚待时日。

(二)两党斗争集中于经济社会等内政议题,反映出两党在后金融危机时代美发展道路问题上的深刻分歧。国际金融危机以来,面对空前严峻的国内经济形势和美国实力地位相对下降的历史困境,民主、共和两党秉持各自执政理念,围绕美国未来发展方向展开广泛和深刻的辩论,但辩论并未使双方统一思想,相反,两党理念分歧愈加扩大,"左的更左,右的更右",均未拿出着眼于国家发展全局、兼顾各方利益诉求的解决方案。总体看,经济和社会议题是两党辩论和斗争的焦点。奥巴马政府和民主党坚持凯恩斯主义经济理念,力主通过加强政府对经济干预,推动经济复苏与增长;着力解决制约美经济发展的长期性、结构性问题,打造美经济长期竞争力；要求以负责任和平衡的方式削减财政赤字，反对过度削减社会福利支出。共和党则倡导以里根主义为代表的新自由主义路线，要求放松管制，实施供给管理，强调市场调节，为经济发展创造宽松自由环境；严格预算管理，大幅削减支出。在社会问题上，民主党主张公平正义，注重维护中产阶级和弱势群体利益，坚定捍卫医保、移民、教育等领域变革成果；共和党则在医改、社保等问题上强调尊重个人选择权，以市场化运作保证效率，反对"劫富济贫"式的社会财富再分配。

（三）左右翼思潮此起彼伏，草根运动大行其道，社会分裂局面持续深化。国际金融危机以来的两党斗争为美国内左右翼草根运动的异军突起提供了土壤。2009 年，以部分共和党极端势力为核心的"茶党"运动兴起，高举"反对大政府、反对高支出"旗帜，声势不断壮大，在 2010 年中选期间筹集大量竞选资金，多人成功当选国会议员。"茶党"的兴起标志着美社会思潮右转，实质是后危机时代两党执政理念较量的集中反映。此后不久，2011 年下半年，"占领华尔街"运动突然爆发并不断升温扩大，一度蔓延至全美 800 多个城市。示威民众提出"以 99% 的名义反对 1%"的口号，矛头直指华尔街垄断资本和两党政客，凸显低收入人群和年轻人对前途悲观失望，民众怨富情绪上升，要求加强政府对经济活动的干预。短短几年时间，美社会思潮经历了从左至右再返左的钟摆式波动，社会分裂程度之深，民意波动之快，令美社会各界深感无所适从。草根运动勃兴及社会分裂加剧对美政党政治的演变产生了复杂影响，两党内部民粹派、极端派力量进一步上升，两党矛盾与对立呈扩大之势。同时，草根运动的兴起尚未导致美第三党力量的出现，美两党制基本格局未有改变。

二、美国政治生态演变与政治极化有其深刻的制度、体制根源，也折射出全球化和信息时代美经济社会的复杂变化

（一）政治极化凸显后危机时代美式资本主义发展模式的困境。首先，后金融危机时代的美国发展模式存在两难选择。国际金融危机前 10

年，美国在新自由主义模式主导下推进金融自由化，鼓励金融创新，虚拟经济恶性扩张，酿成金融危机，新自由主义风光不再。奥巴马上台后，秉持凯恩斯主义理念，通过加强国家干预推动复苏，刺激增长，取得一定成效，同时带来严重负面影响，加剧了财政负担，形成债台高筑、难以为继的局面，引发民众不满和共和党攻击。两党近年来围绕经济理念的争论，本质上是关于后金融危机时代美式资本主义发展道路与方向的选择。但事实表明，面对美式资本主义的深刻困境，新自由主义与凯恩斯主义均非良方。其次，贫富差距不断拉大构成两党政治极化的社会基础。经济全球化导致社会财富迅速向华尔街金融寡头、跨国企业积聚，美贫富差距不断拉大，最富有的1%家庭年收入已相当于底层60%家庭收入总和，中产阶级和弱势群体对前途悲观失望，社会分裂与对立加剧。两党为维护不同阶层经济利益展开激烈博弈则是其在政治上的表现。

（二）党派恶斗暴露美国政治体制内在弊端。首先，美国两党制本质决定了美政党政治的功利性。两党代表不同利益集团，均置各自党派利益于国家利益之上，为达到政治目的相互攻击，各不相让，并越来越多诉诸边缘策略，以不妥协姿态甚至极端方式处理政策分歧，导致反复出现政治僵局。其次，选举政治的需要加剧了党派斗争。美频繁的定期选举制度使得国家处于永无休止的选战之中。随着两党基本选民分化为极右和极左势力，政客为争取更多选票，不得不以极端政策主张吸引选民，促使政治生态向极化方向发展。近年来，两党为实现政治利益最大化，推动各州内部选区进行了重新划分。划分前，由于各选区内两党选民同时存在，政客需同时面对两部分选民，照顾其不同关切，政策主张相对平衡温和。重新划分选区后，很多选区支持一党的选民占明显多数，政治倾向日益趋同，政客必然投其所好，无需再统筹兼顾，政策主张更易极端化，客观上进一步加剧了两党对立。

（三）民意分裂折射全球化时代美社会深层变化。首先，人口结构变化改变政治版图。长期以来，美国存在以红、蓝两州对立为代表的两党选民基础的地理对立（"红州"共和党支持率领先，"蓝州"选民则多支持民主党）。近10年来，美国少数族裔人口规模增长约30%，外来移民的大量涌入给美政治版图带来重要变化，社会思潮向中左方向回摆，民主党的选民基础得以巩固,全国范围两党力量对比更加势均力敌,党派斗争更趋激烈。其次,媒体作用加剧政治极化和民意分裂。当前美主流媒体党派化色彩愈加浓重,两党人士均通过"本党媒体"获取新闻、对外发声,思维模式日趋固化,政治立场更趋封闭、极端。网络时代,新媒体发挥了政治分歧放大器的作用,各类社交网站为政治倾向相近者提供了沟通平台,民众政治立场也趋于极端化,加剧了民意分歧和社会分裂。

三、囿于内外困境和制度缺陷,美国政治极化和两党恶斗局面今后一个时期仍将延续,并对美国实力地位和内外政策走向带来复杂影响

政治极化限制了奥巴马政府国内施政空间,影响政府决策效率,加剧了美经济社会困境,特别是两党围绕财政减支、国债上限等问题长期争斗,增加了美国经济前景的不确定性,对美国经济复苏和增长造成不利影响,并对美推进对外战略造成掣肘。同时也应看到,政党政治极化是美式民主体制的自然产物,在美国历史上曾多次出现,也并未对美国实力地位造成根本伤害;美国综合国力雄厚,其制度自我修复、调整能力较强,超强国际地位短期不会受到动摇。

当前拉美地区政党政治的主要特点及发展趋势

陈文学

新世纪以来，在经济全球化背景下，拉美地区政治民主化进程深入发展，政党政治不断成熟。随着政治思潮多元化，地区政党政治格局发生显著变化，中左翼强势崛起，传统政党沉浮不一，新兴政治运动和组织的影响不断上升。

一、主要特点

（一）政治分野明显。拉美是发展中国家建立政党和实行政党政治较早的地区之一，很多政党已有百年以上历史。自20世纪80年代拉美开启新一轮民主化进程以来，以多党制为标志的资产阶级议会民主不断巩固，体制机制更加完善。各国均定期举行各类选举，政权平稳、有序过渡，维护民主体制已成为社会共识。各项改革在宪法和法律的框架下进行，民众的政治参与得到大幅提高。各类政党在国家政治生活中均有一定地位，政党间斗争均通过和平方式在民主框架内进行，多党竞争、轮流执政已成为主流，地区政党政治更趋成熟。同时，地区政党的意识形态分野更趋明显，各国大选基本在左右政治阵营之间对决。

（二）中左翼强势崛起。以1998年查韦斯领导的"第五共和国运动"赢得委内瑞拉大选为标志，拉美中左翼力量不断发展壮大。此后，巴西、阿根廷、乌拉圭、玻利维亚、厄瓜多尔、尼加拉瓜等13个国家左翼或中左翼政党先后取得政权，并大部分实现了蝉联执政。中左翼上台后，均实行了不同于右翼政府的经济社会政策，政治民主化更加深入人心，同时积极探索新自由主义替代模式，地区经济保持了稳定增长，社会形势有所好转。中左翼执政得到民众的广泛认可。

（三）传统政党沉浮不一。"冷战"结束时，拉美国家几乎清一色由传统右翼政党执政。但新世纪以来，随着新自由主义在拉美的破产，地区传统政党受到冲击。2000年，连续执政71年的墨西哥革命制度党下台，委内瑞拉、哥伦比亚、乌拉圭等国两党轮流执政局面在世纪之交被打破。在经历一系列打击后，传统政党纷纷调整政策，进行了一系列尝试，但成效不一。

（四）非传统政治组织的影响不断上升。随着社会信息化、意识形态多元化发展，一些非传统政治组织的影响日益扩大，不断侵蚀传统政党的领地，在拉美国家政治生活中发挥着日益重要的作用。特别是随着互联网的发展，人们通过推特、脸谱等社交网站组织起来，对政府政策施加影响。

二、变化原因

（一）新自由主义改革失败。20世纪90年代，多数拉美国家实行新自由主义经济改革，导致金融危机频发、社会贫困化加剧、贫富差距拉大，被称为"有增长无发展的10年"。在经济全球化深入发展的大背景下，传统右翼政党执政能力不足，未能带领国家摆脱困境，实现经济和社会发展。同时，传统政党由于忽视自身建设，腐败丑闻不断，严重削弱了其执政合法性，民众对右翼政党产生厌倦心理，从而为中左翼的发展提供了空间。中左翼打着反对新自由主义的旗号，赢得了民众支持。

（二）中左翼积极调整政策。民主制度在多数拉美国家的确立为左翼参政提供了制度保障，也迫使其调整自身政策主张。90年代以来，多数拉美左翼政党放弃激进变革立场，提出了务实、温和的政策主张。如巴西劳工党逐渐放弃了激进立场，强调以民选方式参政和获取政权，经济纲领也实现了从"革命性"到"建设性"的转变。

（三）美国忽视"后院"。"9·11"事件后，美国对外战略重点转移到反恐，对拉美的关注度降低，承诺的经济援助大幅减少，美在拉美推行的美洲自贸区无果而终。随着新世纪以来经济持续增长，拉美在国际舞台上的话语权加大，美拉在自由贸易、安全等领域龃龉不断，特别是美国"棱镜门"事件后拉美国家对美离心倾向进一步加剧，美拉关系渐行渐远。

三、发展趋势

（一）左强右弱的政治格局仍将维持。从内部看，拉美左翼对"另一个世界是可能的"的探索，与时代潮流相一致，推动拉美左翼发展的主要动力仍在。多数正在执政的左翼政党取得了较好的执政业绩，得到广大贫困阶层和边缘化群体的普遍支持，左翼的社会基础犹存。从外部看，国际金融危机和欧债危机暴露了资本主义的体制性缺陷，这为拉美左翼进一步争取民众支持创造了有利条件。

（二）左右趋同趋势似不会改变。无论左翼还是右翼，为了赢得选民支持，提出的政治主张都将更加贴近现实问题，强调解决社会问题，只是各自的实现方式不同。右翼政党主张经济对外开放，积极利用外资和私有资本推动社会经济发展，反对国家干预和垄断，反对保护主义，鼓励竞争。而左翼政党更加注重在发展经济的过程中维护国家主权，捍卫民族利益，加强国家对社会经济的干预，国家对重要资源进行有效控制。在社会发展方面，各派政党都强调要解决民众普遍关心的贫困、就业、医疗卫生、教育、公共设施建设等社会问题。

（三）新兴政治组织和政治运动的发展空间似将扩大。随着社会信息化不断发展，政治活动的边界不断延伸，民众表达诉求的渠道扩宽，方式更加多元，这为新兴政治组织和政治运动的发展提供了有利条件。随着近年来拉美国家经济社会发展，中产阶级不断扩大，以解决某类具体问题为诉求的政治组织和政治运动的发展空间还将进一步扩大。

（陈文学）

当前阿根廷政党政治主要特点、格局变化和发展趋势

王 淄

自1983年阿根廷开启民主化进程以来，政党再次成为国家政治生活的主角，但2001年经济危机使阿传统政党遭受重创，深陷信任危机，影响力显著下降。特别是2003年以来，阿根廷政党政治和政党格局均出现明显变化，引人注目。

一、当前阿根廷政党政治的主要特点

（一）政党数目众多。目前阿根廷共有34个全国性政党，509个地方性政党，其中2003年后新登记成立的政党约占30%。参、众两院党团分别为17个和33个，数量远高于地区其他主要国家。在2007年、2011年大选中，分别有14个、7个政党或政党联盟推出总统候选人。

（二）个人作用突出。阿根廷政党的建立和发展多依赖领袖人物的个人魅力，缺乏组织和制度建设。领袖在政党内地位突出，个人集权色彩浓厚，党内中高层干部一般都效忠于领袖而不是党，党内事务往往不通过组织和领导机构商定，而是主要根据领导人的意志，政党或党内某派的兴衰存亡经常维系于领袖一身。历史上，正义党是寡头统治最典型的政党。基什内尔成为党首后，延续该党传统，注重个人与民众直接关系，不重视政党组织建设，而是把政党作为增强个人权力的工具。

（三）党内缺乏共识。正义党、激进党等政党党内派系林立，组织松散，基层组织名存实亡。2003年，正义党分化为基什内尔派、异见派、梅

内姆派等力量,基派联合其他政党组成胜利阵线,异见派一直与之抗衡并于2010年成立联邦庇隆正义党,梅派延用正义党的名称。由于缺乏党内共识,政党统一全党意志、整合社会利益、满足社会需求的功能下降,基本沦为竞选工具。为赢得选举,一些政党甚至与意识形态和执政理念完全对立的政党搁置争议选择结盟。政客出于竞选需要在不同政党之间频繁"跳槽",政党为赢得选举而结成的竞选同盟不断分化组合。而一些政党内部为争夺候选人地位,力量分裂瓦解。有些政党领导人将个人和集团利益置于全党利益之上,更有甚者为经济利益不惜悖离党的宗旨、目标和原则,政治腐败丛生。

(四)纲领主张和社会基础趋同。阿根廷政党普遍缺乏明确的意识形态和指导思想,彼此之间政治分歧不大,均融合了不同利益和不同价值取向的社会集团,导致部分政党纲领主张和社会基础趋同。正义党原来主要依靠工人阶级和下层民众,近年来作为主要执政党,赢得中产阶级甚至大资产阶级支持。而传统上以中产阶级为基础的激进党和社会党则大力吸纳下层民众,扩大民众基础。选票在很大程度上不是对某个政党的认同,而是取决于某个政党向中下层选民提供的食品、药品等物质刺激。为赢得选票,各党均采取实用主义策略,导致选举成为候选人经济实力、个人魅力的比拼。

二、新世纪以来阿根廷政党格局的主要变化

(一)由两党制演变为正义党胜利阵线独大。1983年结束军人独裁统治后,阿根廷形成了正义党和激进党两大传统政党轮流执政的稳定格局。2003年以来,由基什内尔总统和克里斯蒂娜总统领导的正义党胜利阵线连续三次赢得大选并执政10年,不仅占据本届参、众议院约半数席位,而且在全国24个省中的16个省执政,内阁成员中除安全部长外均为其成员。2013年中期选举中,正义党胜利阵线以32.49%的得票率再次巩固了自己阿根廷第一政治力量的地位。目前,胜利阵线在阿政坛独大的格局基本形成。

（二）反对党各有自己的势力范围。共和国方案党、社会党、正义党梅内姆派和正义党异见派等主要反对派分别把持布宜诺斯艾利斯市、圣菲省、门多萨省和科尔多瓦省等阿根廷重要省份，以此为"根据地"谋求扩张势力。小阿方辛、马克里、宾内尔、卡里奥等分别是激进党、共和国方案党、社会党、公民联盟等联盟或政党核心，对各党拥有绝对权威，各党均唯其马首是瞻。

（三）大小政党结盟蔚然成风。2003年大选中，正义党候选人基什内尔因未能在党内赢得足够支持，转而以自身力量为核心，联合共产党、人道主义党、胜利党等中左翼政党组建竞选联盟——胜利阵线，在当年大选和随后各次选举中屡战屡胜。近年来，阿根廷数个政党纷纷效仿，组建联盟，先后出现以社会党为主的广泛进步阵线、以正义党异见派为主的联邦庇隆主义、以南方计划党为主的南方计划运动以及老虎市市长马萨领导的创新阵线等联盟。在2013年议会中期选举中，公民联盟主席卡里奥与其宿敌南方计划联盟主席索拉纳斯结盟。

三、阿根廷政党政治和政党格局变化的背景和原因

（一）政局相对稳定。基什内尔2003年上台执政后，铁腕理政，亲手组建并悉心经营跨党派联盟胜利阵线，而阵线的不断巩固和壮大也确立了基什内尔"政治强人"地位。由于政绩卓著，2007年基什内尔成功将其夫人克里斯蒂娜推上总统宝座。克里斯蒂娜执政后全面延续基大政方针，取得良好业绩，并于2011年高票蝉联总统。相对稳定的政局不仅为阿经济由乱而治提供了稳定的政治环境，使得各项经济和社会改革得以顺利推进，也促成了阿当前政党格局的形成。

（二）新发展模式成效斐然。2001年，阿根廷爆发严重的经济和金融危机，从而引发严重的政治危机，广大民众对新自由主义深恶痛绝。选民更趋务实，政治取舍的关键在于政党解决社会经济问题的能力。2003年基什内尔总统和2007年克里斯蒂娜总统先后执政以来，对新自由主义政策进行深刻改革，倡导"生产积累和社会融入模式"。新发展模式主张兼顾经济增长与社会公平，以增加就业和减少贫困为两大抓手，使阿根廷经济

逐步企稳并恢复较快增长，改善了民生。据阿根廷国家统计局数据显示，2003—2012年阿GDP年均增长6.96%，增幅居拉美地区各国之首，在全球范围内仅低于中国和印度；人均GDP增加了71%，达11553美元；公共债务占GDP比重由138.7%降至41.6%，外债从占GDP的106%降至9.1%；外汇储备由90亿美元增至398.1亿美元。同时，阿根廷政府加大社会投入，全力推进各项社会保障机制建设。2003—2012年期间，失业率由17.3%降至6.9%，医疗保险覆盖率从12%增至64%；平均退休工资从366比索（约合73美元）上升3112比索（约合622美元），覆盖率达95.5%；2001—2012年，贫困率由54%降至5.6%，赤贫率由25%降至1.9%，基尼系数从0.391降至0.364，为10年来最低。

（三）社会诉求多元化。虽然基什内尔夫妇政绩斐然，但其专行独断的强势作风饱受诟病，执政损耗严重。克里斯蒂娜连选连任后作风更加专断，阿根廷国内政治矛盾呈加剧之势，引发不满，2012年克里斯蒂娜民意支持率由上台之初的65%锐减至35%。为打破胜利阵线独大局面、推动社会政治诉求表达多元化，工会领袖、社会名人、公共意见领袖纷纷自行建党或委身于政党，积极参与政治生活，各种社会力量组建政党方兴未艾。2013年2月，阿根廷全国总工会反政府派主席莫亚诺宣布成立文化、教育、劳动党，提出希望结束胜利阵线执政，莫亦被认为是"阿根廷的卢拉"。而全国总工会亲政府派主席卡洛要求胜利阵线的议员候选人名单中必须包括一定数量的工会代表。前经济部长拉瓦格纳也有意组建政党，提出奉行与政府和反对党不同的"第三条道路"。阿根廷知名经济学家、评论家卢斯特阿乌、雷德拉多等希望参选全国议员，成为共和国方案党、激进党等反对党的重点"拉拢对象"。

四、阿根廷政党政治和政党格局的发展趋势

（一）政党的地位和作用将继续巩固和加强。阿根廷于2009年通过《政治改革法》，强调政党是阿根廷选举制度的唯一行为体，确立了政党在阿国家政治生活中不可替代的地位。规定所有政党必须于大选前举行面向全体选民的内部选举，通过民主方式确定本党总统、参众议员候选人。此

外,该法提高了政党注册门槛,规定各党举行党内总统候选人初选等以增加政党的合法性。上述举措取得了一定的效果。近年来,阿根廷民众对政党的热情和参与有所增加,政党在阿政治、经济和社会生活中的地位和作用保持上升势头。

(二)**各政党将更加重视自身建设**。近年来,正义党着重加强思想作风建设,不仅成立了政治培训学院,还专门编纂了教材,对青年党员、特别是即将进入政府机构工作的党员进行思想教育,以增强党员的忠诚度。激进党在2011年大选后召开党员代表大会,将加强党内民主列为党建的重点。阿根廷新兴政党、在首都执政的共和国方案党,针对本党缺乏全国影响力的情况,大力进行基层党组织建设,计划在未来三年内建设覆盖全国的基层组织网络。总体而言,阿根廷政党均较前更加重视党建,将其视为提高政党竞争力、争夺政权的重要手段。

(三)**正义党将继续保持较大优势**。与反对党相比,正义党在整体实力和掌握资源等方面都占上风。2011年大选后,正义党党内团结有所加强。主要原因是克里斯蒂娜高票连任增强了其在党内权威,使其真正成为后基什内尔时代正义党无可争议的领袖。同时,正义党异见派因选举成绩不佳,实力严重削弱,也难以再挑战克的领导地位。此外,克里斯蒂娜连任后,强调政府官员的"政治忠诚",一改阿根廷往届政府大量任命党外技术官僚的传统,大幅增加正义党党员在政府机构司局级以上官员中的比例,新政府内阁中除安全部长外的其他成员均为正义党党员。这一举措有力地增加了正义党对党员、特别是青年党员的吸引力和向心力。在未来一段时间,阿根廷反对党难以对正义党构成威胁。正义党一党独大的政党格局将延续。但是,由于正义党内派系纷争激烈,也不排除围绕2015年大选等问题发生分裂的可能性。

巴西政党政治主要特点、格局变化和发展趋势

陈晓玲

1985年巴西军政府"还政于民",结束了威权体制,恢复了多党制和代议制民主。进入新世纪,在政治民主化、经济全球化、思潮多元化和社会信息化冲击下,伴随着拉美左翼运动蓬勃发展,巴西政党政治发展进入新阶段,政党格局发生深刻变化,逐渐确立了以民主政治为取向,以政党竞争、联合执政、中左翼和中右翼两大阵营对峙为特征的政党政治和政党格局。

一、当前巴西政党政治和政党格局的主要特点

(一)*左进右退,左强右弱*。自2002年以来,以巴西劳工党为首的中左翼联盟三次赢得大选,连续执政10年有余。其间,劳工党调整施政纲领和资源分配,将包括第一大党民运党在内的中左翼政党牢牢团结在周围;对反对党采取怀柔政策,不断分化、吸引更多政党由野入朝,执政基础不断扩大,执政地位日益稳固。劳工党实力不断增强,2010年大选后成为众议院第一大党和参议院第二大党。目前,执政联盟包括12个政党,占众议院和参议院的席位比例已达五分之三和三分之二,超过批准宪法修订案所需席位数。在2012年市政选举中,劳工党等执政联盟政党取得全面胜利,成功挤压反对党传统势力范围,进一步扩大执政优势。其中,民运党保持当选市长数量第一;劳工党从反对党手中夺回巴西最主要"票仓"圣保罗市;社会党当选市长数量增幅最大,囊括五个州府市长职位,居各党之首。

在2010年大选中,反对党社会民主党和民主党在参议院的席位总

数从 33 席减少到 18 席，众议院席位总数从 131 席减少至 96 席。其中，民主党众议院的席位从 65 席锐减至 43 席，从传统大党降为中等政党。2011 年，该党少壮派领袖卡萨布脱党，联合民主党、社会民主党、社会主义人民党等中右翼政党部分精英建立民主社会党。目前，民社党拥有 48 名联邦众议员、2 名参议员，成为巴议会第四大政党。民社党自组建伊始谋求加入执政联盟，卡萨布多次表示支持罗塞芙总统竞选连任。民主党的分裂严重削弱了反对党联盟力量。2012 年市政选举，反对党联盟执政城市拥有选民 2770 万，而执政党联盟的则多达 9020 万，朝野对比实力差距悬殊。

（二）左翼不左，"当家不做主"。劳工党依靠卢拉的个人魅力，通过向民运党等传统政党出让政治利益，修正政治主张，向中间路线靠拢，改变激进"左翼"形象，与左翼、中左翼、中间政党广泛结盟，赢得选举。上台执政后，受各方掣肘，劳工党难以践行劳工社会主义指导思想，导致"当家难做主"：一是中左翼联盟执政前期在国会不占多数，政府提案难获通过。二是执政联盟各党意识形态、利益分配和政策取向等分歧较大，在诸多重大问题上难以达成共识。三是巴西作为联邦制国家，地方政府权力大、独立性强。当前反对党联盟尽管不掌握国家政权，但在不少州、市执政，力量仍然强大，有的地方政府对中央政府的政令置若罔闻。四是巴国内政治力量多元，除政党外，还有军队、金融寡头、媒体、家族势力等，传统保守势力雄厚，不断向中左翼政府发动攻势。

（三）"第三股力量"崛起。近年巴西大选和地方选举出现的两个突出现象：一是中等规模的政党迅速壮大。在 2010 年大选中，社会党等中等规模政党在众议院的席位从 2006 年的 197 席增加到 275 席，而劳工党、社民党、民运党、民主党四个传统大党的席位总数则由 303 席减少至 220 席，所占比重由 59% 降至 42.9%。在 2012 年市政选举中，原本势力范围局限于东北部的社会党表现抢眼，市长数量增长 42%，从第九位上升至第六位，从地方性政党一跃成为全国性大党。该党主席、伯南布哥州长坎波斯也凭借政治世家的出身和长期经营伯州的业绩，成为中左翼联盟新生代领袖。目前，该党部分力量正在积极推动坎带领社会党脱离执政联盟，参加 2014 年总统竞选。二是游离于两大传统阵营之外的"第三势力"兴起。2010年大选，以可持续发展为主要政治主张的玛丽娜作为绿党总统候选人参选，在首轮投票中获得19.3%选票，排名仅次于中左翼联盟候选人罗塞芙、中右翼联盟候选人塞拉，导致前总统卢拉悉心培植的接班人罗塞芙未能在首轮胜出。大选之后，玛丽娜在巴西政坛地位蹿升，脱离绿党酝酿另创新党"可持续发展网络"，成为新政治的代言人之一。

二、巴西政党政治和政党格局变化的主要原因

（一）新自由主义改革失败。巴西从20世纪80年代开始推行新自由主义改革，实行经济市场化、国有企业私有化、贸易和金融自由化等，虽然实现了宏观经济的基本稳定，但经济对外依赖严重，一些大资本家和买办垄断国民经济，造成国家再分配能力降低，贫富悬殊，边缘阶层和弱势群体不断扩大，贫困化加剧。在此背景下，中左翼寻求新自由主义替代模式的主张和实践得到广大民众的拥护和支持，中左翼政党的社会基础扩大，力量不断壮大。

（二）劳工党政府政绩卓著。劳工党政府执政以来，巴西经济稳步增长，民生改善，国际地位提高，民族自信心增强。2003—2011年，巴经济保持年均4%的增长率；经济总量全球排名由第13位升至第6位；贫困人口减少50.64%；创造2420万个就业岗位；新增中产阶级4000万人，中产阶级在全国总人口的占比达52%；基尼系数由0.594降至0.519，为1960年以来最低值。

（三）中右翼政党趋于保守。社民党、民主党等主要中右政党政治上以民族主义为指导思想，经济上信奉新自由主义。自2002年下野后，没有深刻分析巴内外政治环境变化，及时调整指导思想，政治立场趋于保守，精英主义色彩更加突出，难以获得下层选民的认同。同时，这些政党并没有发挥好"建设性反对党"作用，未能推出区别于劳工党政府的政策主张和治国方略，对中产阶级的吸引力下降。

三、巴西政党政治和政党格局发展趋势

（一）左强右弱将继续发展，内部分化组合在所难免。近30年来，中右翼联盟和中左翼联盟通过选举交替上台执政，卢拉等有远见的政治家遵循宪法规定，没有通过修宪谋求新任期，使民主体制的合法性得到深化。当前虽有新兴政治力量崛起，但现行政党政治框架尚有消化空间，且传统政党的优势仍然明显，故以两大联盟为特征的"两党制"政党政治将更趋巩固，但两大联盟内部进行新一轮重组与整合在所难免。

（二）联合执政和左右趋同将成为常态。巴西各党的社会基础、宗教信仰和政治诉求混乱复杂，关注眼前利益，缺乏战略眼光，意识形态截然不同的政党结盟和联合执政是常态。中左和中右联盟的治国理念没有本质区别，争夺的焦点是执政地位。除巴西共产党外，巴西多数政党组织结构松散，往往党内有党、党派林立、党争激烈。党内纪律松弛，党员缺乏基本的忠诚度，改换门庭司空见惯。

（三）政治改革势在必行。巴西开启民主化进程近30年以来，代议制民主难以代表民意的问题日益凸显，民众对政党只重权力斗争、不问民众关切十分厌恶。庞大的执政联盟在执政过程中须不断平衡各政党要价，政治博弈随时激化，影响国家发展。同时，最近10年，巴西经济持续快速发展，人民生活水平和质量明显提高，中产阶级队伍扩大，民众政治参与意识增强，现行政党政治已不能满足其参政议政需求。2013年，巴西多地爆发20多年来最大规模的示威游行，主要诉求是推动以参与式民主取代精英政治的改革、反对腐败。为应对民众的诉求，政府提出政治改革方案，内容包括规范竞选活动资金来源，取消政党联盟、候补参议员和国会无记名投票，实施信息公开，扩大民众参政范围和途径等。目前，朝野就政治改革方案分歧较大，但改革已成为全社会的共识。

当前秘鲁政党政治的主要特点和发展趋势

黄华毅

一、20世纪80年代秘鲁结束军人统治恢复民主体制后，政党成为国家政治生活的主角

20世纪90年代，藤森总统发动自我政变，推行强人政治，秘鲁政党受到严重打压，力量普遍削弱。新世纪以来，随着政治民主化的深入发展，多党竞争性政治体制成为秘社会各界和各政治力量的共识。秘鲁政党力量迅速恢复，政党政治日趋成熟稳定。10多年来，秘鲁历次政府更迭均通过选举平稳顺利进行。

二、新世纪以来秘政党政治主要特点

（一）政党数量众多，力量分散。秘宪法规定，秘鲁是总统制民主共和国，实行多党制。各政治力量通过组建政党参加选举赢得和参与政权。为此，代表不同群体诉求的各政治力量纷纷组建全国性或地方性政党，通过发展和吸收党员、开展政治和选举宣传，壮大自身力量，增加对选民的号召力和影响力。据秘鲁全国选举法庭统计，目前秘共有16个全国性政党，地方性政党和政治运动多达100多个。其中具有较大影响的全国性政党有：执政党民族主义党，主要反对党阿普拉党、基督教人民党、人民力量党、"可行的秘鲁"党、秘鲁共产党（红色祖国）等。

秘鲁是世界文明古国，历史悠久，但同时种族问题、非政府武装、贫困、地区发展不平衡等问题相互叠加，错综复杂，导致秘鲁社会利益

诉求多元，代表不同诉求的政党力量分散。此外，秘鲁政党特别是主要传统政党一般都有明确清晰的地位，非常重视与其代表阶层的联系和互动，能牢牢吸引住其"铁杆"支持者，形成较为稳定甚至相对固化的选民基础。在历次选举中，各主要政党比拼的关键是对"游离票"的争取，选举结果往往具有较大不确定性。新世纪以来，秘鲁没有任何一个政党能够同时赢得总统选举和国会选举，未出现一党独大或几大主要政党鼎立的政党格局。如现任总统、民族主义党主席乌马拉，虽在2011年联合其他小党赢得总统选举，但执政联盟在国会130席中只占43席。为减少掣肘，顺利施政，执政党不得不频繁地通过让渡部分利益换取其他政党的支持。

（二）传统政党影响下降，新兴力量兴起。人民行动党、阿普拉党、基督教人民党等传统政党曾为推动秘民族独立、经济发展和社会进步发挥过举足轻重的作用。但随着时间推移，上述传统政党政策主张因循守旧，执政能力低下、领导人腐败无能等弊病暴露无遗，引起选民极大不满。特别是阿普拉党加西亚政府1985—1990年任内出现重大决策失误，导致秘国民经济濒于崩溃，通货膨胀一度高达1000%，严重损害了民众利益。20世纪90年代藤森政府任内，秘鲁经济虽有所好转，但政治黑暗腐败、党争激烈使民众彻底丧失了对传统政党的信心，将改变国家和自身命运的希望寄托在新生力量身上。近10多年来，秘鲁传统政党力量显著下降。

本世纪初以来，秘鲁新兴政党强势崛起。在2001年和2011年大选中，成立不久的"可行的秘鲁"党候选人托莱多和民族主义党候选人乌马拉分别赢得大选。面对困境，秘鲁传统政党并未坐以待毙，而是通过积极调整政策和内部整合保存了一定力量，如阿普拉党候选人加西亚曾在2006年大选中获胜，基人党亦保住了传统执政地盘。目前在国会中，基人党、人民行动党等仍有一定议席，形成了传统政党与新兴政党并存并分庭抗礼的局面。

（三）政党组织涣散，领袖作用突出。秘鲁新兴政党如"可行的秘鲁"和"民族主义党"等均为参加选举才组建，存在组织涣散、纲领章程不完善等先天缺陷。与新兴政党相比，一些传统政党如阿普拉党等曾拥有较健全的全国和地方组织机构，组织化程度高。但是，在进入大众传媒时代后，无论是新兴政党还是传统政党都把电视、广播、报纸和互联网作为联系选民、争取选票的主要渠道，竞选不再依靠严密、广泛的党组织，而是各种形式的"传媒营销"。上述做法显著削弱了党的组织机构，导致秘鲁政党组织化程度日益降低。

同时，领袖及其家族对政党的兴衰沉浮发挥关键作用。秘鲁政党党员一般都唯领袖马首是瞻，对领袖的认同大于对政党的认同。一旦党的领袖对党的关注减少，或出现领袖缺失，政党往往会陷入群龙无首的状态，活动趋于停滞，力量受到削弱，部分政党甚至走向消亡。恢复民主制度以来，秘鲁5位总统（贝朗德、加西亚、藤森、托莱多和乌马拉）均为党的领袖和灵魂人物，其中除加西亚以外的四位总统还是党的创始人。现执政的民族主义党完全由乌马拉总统家族掌控。乌本人担任党主席、夫人纳迪内任党的国际关系书记，乌胞弟以及纳的父亲和胞弟也都在党内担任重要职务，党的全国领导机构名存实亡。

（四）意识形态色彩淡化，政策趋同倾向明显。秘鲁政党虽有左中右之分，但在选举中，各党均不会通过强调意识形态色彩来赢得选民支持。与地区其他国家相比，秘鲁社会政治化程度较低，选民对意识形态不敏感，价值观更加多元，且十分重视眼前利益。选举中，他们不看政党的性质，而只关心其提出的具体措施是否符合自己当前切身利益。如乌马拉作为民族主义党候选人参加2006年大选时，曾大打激进左翼牌，但在大选第二轮中落败。在参加2011年大选时，乌马拉吸取教训，努力淡化意识形态色彩，重点推介施政具体措施，最终赢得大选。

在选举这根指挥棒的指挥下，各政党忽视党的思想和组织建设，把全部精力投入到选举中，政党作为选举机器的功能日益突出。各党领导人为了讨好选民，竞相提出迎合选民具体诉求的主张，各党纲领主张几乎没有本质区别，政策趋同倾向明显，呈现"左翼不左，右翼不右"的特点。近10年来，秘鲁左右翼政府虽多次更迭，但历届政府均保持了国家大政方针的延续性，无论是左翼还是右翼都未对秘政治经济社会政策作出重大调整。

三、从发展趋势看，秘鲁将在今后较长一段时期内继续保持政党力量分散、传统政党和新兴政党并存、左中右政党力量均衡发展并分庭抗礼的政党格局及特点

上述政党间的力量对比虽会随着选举出现一定的消长变化，但并存发展的态势不会改变，似不会出现一党独大的局面。未来无论哪个政党上台执政，秘鲁当前经济社会发展模式似均可得到延续，不会出现根本性变化。

当前玻利维亚政党政治的主要特点和发展趋势

齐 萌

新世纪以来,在拉美地区左翼力量迅速崛起和政治民主化深入发展的大背景下,玻利维亚印第安土著力量觉醒,积极参与玻政治角力并发挥重要作用,推动各政治力量重新分化组合。据玻利维亚全国选举委员会统计,1987年至2011年间,共有52个政党和政治组织登记注册,其中41个已经消亡。2006年玻首位土著印第安人总统莫拉莱斯上台执政后,政党格局趋于稳定。目前,玻主要政党有执政党争取社会主义运动,反对党玻利维亚进步计划—全国汇合联盟、全国团结党和社会联盟。

一、当前玻政党政治主要特点

(一)传统政党式微,新兴政党崛起。20世纪80年代恢复民主制度后,玻利维亚政坛长期由民族主义革命运动、左派革命运动、民族主义民主行动党等传统政党把持。但无论哪个党执政,玻利维亚都未能摆脱经济落后、社会贫困、政治腐败等痼疾,经济社会发展长期处于停滞的状态。民众对传统政党深感失望,寄希望于新兴政治力量改变国家和个人命运。新世纪以来,玻传统政党加速衰落,日渐式微,新兴政党强势崛起,占据玻利维亚政治主导地位。2005年玻利维亚大选中,传统政党中只有民族主义革命运动推出了本党总统候选人,且得票率仅为6.5%。在2009年大选中,玻利维亚没有一个传统政党参选。目前,左派革命运动、民族主义民主行动党、玻利维亚革命阵线、人民民主团结党和左派革命运动等传统政党均已消亡。

（二）执政党一党独大、反对党一盘散沙。执政党争取社会主义运动目前系玻利维亚第一大政治力量，注册党员达600余万。该运动组织机构完善，选民动员能力强，2005年至今已连续执政达八年之久。在2009年12月大选中，该运动得票率高达64%，比最大的反对党玻利维亚进步计划—全国汇合联盟高出38个百分点。在参、众两院36和130个席位中，运动分别拥有26席和83席，占绝对多数。此外，运动还在全国9个省中的7个省和341个市中的280个市执政。而反对党不仅一盘散沙，且普遍实力较弱。玻利维亚进步计划—全国汇合联盟在参、众两院分别只有10席和37席，其他反对党如全国团结党和社会联盟党则在两院分别仅有3席和2席。

（三）左右分野严重，朝野对抗激烈。莫拉莱斯上台后，全盘否定新自由主义，提出建设"社群社会主义"，在政治、经济、社会等领域进行大刀阔斧的改革，出台油气资源国有化等激进政策，强调保护土著印第安人的权利，损害了玻右翼政党、寡头阶层、私人媒体和医生教师工会等既得利益集团的利益。上述反对派力量由于无力在选举中挫败莫拉莱斯，便频频试图通过组织罢工、游行示威等活动搞乱社会经济秩序，给政府施政制造麻烦，导致玻利维亚朝野斗争激烈，对立严重。

二、出现上述变化的主要原因

（一）新兴左翼政党兴起是民心所愿。20世纪90年代，玻利维亚实行新自由主义改革引发严重恶果，经济对外依赖加深，贫困加剧，社会矛盾激化，政局动荡。2002—2005年间，玻利维亚连续三届政府未能完成任期。为获得外部援助缓解国内危机，玻利维亚右翼政府对美国等西方国家俯首帖耳，导致国家主权受到严重侵害。玻利维亚民众对传统政党特别是右翼政党推行的新自由主义政策深恶痛绝，为新兴左翼政党顺利上台并蝉联执政提供了重要的民意基础。

（二）莫拉莱斯政绩卓著。莫拉莱斯执政伊始，从玻利维亚国内最重要的印第安人问题入手，在政治、经济、社会等领域推行改革，政绩卓著，赢得了中下层民众的广泛支持。政治上，莫拉莱斯政府制定新宪法，健全民主制度，扩大民众的政治参与，并首次以法律形式保障了占玻人口多数的印第安人的合法权益。经济上，通过对油气、矿产、航空等战略部门实行国有化，大幅增加财政收入。制定了《2025爱国计划》，明确提出了国家发展目标，加大对工业化建设投入，新建了一批工厂和基础设施，以提高玻利维亚经济自主发展能力。近年来，尽管遭遇了严重的国际金融危机，但玻利维亚宏观经济保持稳定，国内生产总值实现持续较快增长。在社会领域，莫拉莱斯政府大幅增加投入，将对社会事业的投资占石油天然气收入比例由35%提高到70%。2007年以来总计实施了4500多个社会项目，投入近8亿美元，使100万人跨入中产阶级行列，贫困率和赤贫率分别由60%和41%降至45%和21%。2014年玻将举行大选，目前莫的支持率高达45%，比对手高出30多个百分点。

（三）执政党重视整合党内外力量。玻利维亚社会组织数目庞大，表现活跃，在玻利维亚政治舞台上发挥着独特而重要的作用。争取社会主义运动就是由农民统一工会、全国农村与印第安妇女联合会以及多文化联合会三大工会及其他数量众多的社会组织组成，代表了玻85%的农民和下层民众。为了更好地整合党内力量，保持党内各社会组织的团结，莫拉莱斯采取了一系列措施。首先，重视加强党的思想建设。莫拉莱斯多次指出，必须保持党的群众本色，要始终保持运动同基层群众的密切联系，强调"党若脱离基层群众，将失去执政基础"。其次，大力加强党的组织和制度建设。近年来，争社运党员人数迅速增加。2012年党的八大召开后，进一步完善了党的组织结构，建立起全国、省、市、区四级党组织，并制定了较完善的领导人选举制度。第三，加强党内反腐斗争。莫拉莱斯对党内贪腐干部不姑息不手软，坚持"该拿下的必须拿下，该判刑的一定要判刑"，提高了党的声望。同时，莫拉莱斯高度重视建立和协调与党外主要社会组织的关系。针对部分工会组织、土著印第安人组织举行的反政府游行示威活动，莫拉莱斯积极主动地与之接触、谈判并作出适度让步来化解矛盾，平息事端。2013年，争社运同党外最大的中央工会达成协议，双方将携手参加2014年总统选举。

三、玻利维亚政党政治和政党格局发展趋势

在今后较长一段时期，玻利维亚政党格局仍将保持"多党制框架下的一党独大"和"朝大野小、左强右弱"的态势，但争取社会主义运动仍面临诸多挑战。首先，执政难度不断加大。玻国家穷、底子薄，政府优化经济结构、转变经济增长方式困难重重，经济实现可持续增长任重道远。玻利维亚社会多元化特征突出，印第安土著人口占总人口的比例高达60%，为拉美国家之最，如何协调不同种族间的利益，推动国家和谐发展是莫面临的一大难题。其次，执政党党建犹待加强。争社运内部社会组织数量众多、利益多元引发激烈的党内斗争，近年来呈现愈演愈烈之势，已威胁到执政党的团结。此外，运动人才匮乏的问题始终没有得到解决，特别是党内有能力的干部几乎全被抽调到政府任职，削弱了党的工作，制约了党的发展。莫拉莱斯是运动的绝对领袖，其个人魅力对凝聚全党共识、赢得选民支持至关重要。但是根据玻利维亚新宪法，莫拉莱斯参加2014年总统选举后不得再次连选。后莫时代能否顺利产生接班人将直接关系到运动的兴衰。第三，反对派伺机反扑。玻利维亚反对派虽在议会和地方政府均占少数，但掌握着媒体、金融和基础经济部门。近年来，反对派出现整合趋势，勾结美国和地区其他国家的右翼势力，频繁制造事端，颠覆革命政权。

新世纪哥伦比亚政党政治特点

陈 华

自19世纪中叶起,哥伦比亚实行较为典型的两党制,自由党和保守党两大传统政党轮流坐庄,其他政治力量被长期排除在国家政治生活之外。1991年,哥伦比亚颁布新宪法,为打破两党垄断,推动多党制发展奠定了基础。2002年5月,独立候选人乌里韦赢得总统选举,宣告两党制终结,掀开了哥伦比亚政党政治改革的序幕。2003年,哥伦比亚进一步深化宪法改革,大力促进政党政治多元化发展,多党制政治格局不断巩固。新世纪以来,哥政党政治主要呈现出以下新特点。

一、多党制代替两党制,政党政治呈现多元化和"碎片化"

1991年新宪法降低了政党的注册门槛,取消了只有政党才能推举全国选举候选人的限制,允许无党派独立候选人参选。宽松的制度化条件不仅极大地鼓舞了新兴政治力量的参政热情,也推动两大传统政党内的不同派别另立门户。2002年,原自由党领导人乌里韦以独立候选人身份赢得总统选举,彻底宣告了两党制的终结。但是,上述改革在推动哥政治多元化发展的同时,亦导致政治力量出现"碎片化",哥伦比亚政党数量一度飙升至数百个。为遏制上述乱象,2003年哥再次进行政党体制改革,规定只有在议会选举中得票率超过2%的政党才可取得合法地位。此举效果显著,2006年参加议会选举的哥伦比亚政党数目从2002的70多个大幅降至16个,此后参选政党的数量一直保持在较稳定的水平。目前,哥伦比亚共有21个合法的全国性政党,主要有民族团结社会党、民主中心、自由党、保守党、激进变革党、绿党和民主变革中心等。上述政党意识形态多元,人员组成庞杂,内部派系盘根错节,政党斗争纷繁复杂,并仍在不断分化组合。

二、传统政党力量下降,但仍保持较强影响力

作为拥有160多年历史的传统老党,哥伦比亚自由党和保守党为推动国家发展和社会进步作出了巨大贡献。但随着执政时间的推移,两党因循守旧,思想僵化,党内缺乏民主,"一言堂"等问题日益凸显。由于不能因应国内外形势发展变化,及时调整政策,回应民众的新诉求,两党选民基础遭到侵蚀。与此同时,由于党内新生代力量、特别是中下层干部上升空间有限,导致党的内部凝聚力下降,一些重要领导人另立门庭。在2002年议会选举中,两党虽保住一定席位,但总数较前大幅减少。在同年举行的大选中,两大传统政党均遭遇严重挫败,力量明显削弱。此后尽管两党又多次参加大选,但始终未能重掌政权。痛定思痛,近年来两党在总结历史教训的基础上,通过调整纲领主张、与执政党结盟合作等方式,努力吸引选民,扩大自身影响并取得一定成效。目前,两党仍拥有较为完善的组织机构,较强的基层动员能力和一定的选民基础,在地方亦保持较强实力。在2010年3月的议会选举中,保守党和自由党席位分列第三和第四位,在哥伦比亚政坛继续发挥重要影响。

三、新兴政党兴起,在国家政治生活中居主导地位

新世纪以来,随着哥伦比亚民主化进程不断深入,民众自主意识不断增强,对传统政党的不满日益上升,一批新兴政党和政治人物应运而生。为赢得选举,上述政党和人物刻意拉开与传统政党的距离,在发展经济、改善民生、实现国内和平等方面提出新的主张,在一定程度上顺应了选民求新求变的心理,得以登上政治舞台并发挥主导作用。2002年和2006年大选中,乌里韦均以高票获胜,成为哥伦比亚历史上首位连任总统。2010年,成立不足5年的民族团结社会党上台执政,并一直保持议会第一大党的地位。2014年3月,成立仅一年的新党民主中心在议会选举中成为第二大政治力量。总的看,新世纪以来,新兴政党在与传统政党的力量对比中

始终占据优势地位，在哥伦比亚政坛发挥着主导作用。

但必须强调的是，哥伦比亚不少重要新兴政党，如民族团结社会党、民主中心、激进变革党等均由自由党中分裂而来。为顺利施政，乌里韦政府和桑托斯政府均与两大传统政党保持密切合作，在二人政府中担任内阁部长和顾问的两大传统政党成员数目可观。可以说，哥伦比亚新兴政党和传统政党之间并非你死我活、泾渭分明，而是维持着盘根错节的密切关系。

四、左翼力量较前上升，但"右强左弱"特点依然突出

受极左翼游击队暴力活动影响，历史上哥伦比亚左翼民意基础较薄弱。新世纪以来，拉美地区左翼的整体发展壮大也提振了哥伦比亚左翼力量的士气。2003年哥伦比亚左翼政党实现联合，成立了独立民主中心（后改称民主变革中心），并在当年地方选举中赢得波哥大市长及多个省市长职务。在2006年和2010年大选中，哥伦比亚左翼进一步加强团结合作，推出唯一候选人与右翼抗衡，尽管在大选中败北，但仍在议会及地方选举中保持了不俗战绩，并一度占据议会第一大反对党地位。在2010年3月议会选举中，民主变革中心赢得五个参议席，力量与前基本持平。但与右翼相比，哥伦比亚左翼仍处于明显劣势。2010年桑托斯总统执政以来，右翼"全国团结"执政联盟一直把持着议会80%以上的席位。总的看，右翼仍牢牢地掌握着哥伦比亚政坛的主导权，左翼短期内尚无在全国执政的实力，哥伦比亚"右强左弱"的政党格局似难扭转。

纵观哥伦比亚政党政治发展趋势，未来多党制政治格局将进一步巩固，但政党发展亦面临不少挑战：第一，哥伦比亚政党体制改革一定程度上遏制了政党数量急剧膨胀的局面，使分散的利益派别得以整合，但尚未革除政党"碎片化"的弊端，政治派别分裂分化仍时有发生；第二，政党组织的作用日益弱化，领袖成为维系一党存亡的关键，选民"选人不选党"，政党组织日益沦为"选举工具"，施政能力低下，对国家生活的影响减弱；第三，各政党对党建重视不够，特别是新兴政党自身建设薄弱，一些新党成立至今尚未建立起完整的组织体系，缺乏完善的指导思想和理论体系。

当前厄瓜多尔政党政治主要特点、格局变化和发展趋势

齐 萌

新世纪以来，特别是2006年科雷亚总统上台执政后，厄瓜多尔政党政治和政党格局出现新的重要变化。

一、当前厄瓜多尔政党政治和政治格局主要特点

（一）政党政治活跃，政党数量众多。厄瓜多尔实行多党制。政党成立门槛较低，特别是20世纪90年代以来，印第安人、反全球化等社会运动兴起，催生了一批新兴政党，使厄瓜多尔政党数量激增。据全国选举委员会统计，截至2013年8月，厄登记注册的全国性政党为12个，地方性政党97个。

（二）传统政党式微，新兴政党兴起。厄恢复民主制度以来，政坛长期由民主左派党、基督教社会党、人民民主党和罗尔多斯党四大传统政党把持。在经历了80年代"失去的十年"和90年代"新自由主义失败的十年"后，厄瓜多尔民众对传统政党争权夺利、治国无能和贪污腐败深感失望，寄希望新兴政治力量改变国家和个人命运，导致传统政党迅速衰落，新兴政党快速崛起。在2002年选举中，传统政党得票总数仅为7%。在2013年选举中，传统政党进一步被边缘化，均未推出本党候选人。目前，在厄瓜多尔12个全国性政党中，新兴政党占80%，在议会137席中，新兴政党占据了90%以上的席位。四大传统政党中，民左党和人民民主党已经消亡，罗尔多斯党和基督教社会党仅拥有少量议席。

（三）执政党一党独大，反对党难成气候。执政党主权祖国联盟运动系厄瓜多尔第一大政治力量，注册党员人数近60万。该运动基层组织完善，选民动员能力强，2007年上台执政以来，赢得了全部共七次全国性选举和全民公投。在2013年2月大选中，运动得票率为57.2%，比第二大党、反对党"创造机遇运动"高出34个百分点。在议会137个议席中，运动独占100席，掌握议会绝对多数。此外，运动还在全国24个省中的10个省和221个市中的70个市执政。与之相比，反对党不仅力量分散，且实力较弱。"创造机遇运动"在议会中仅有11席，其他反对党均未超过6席，难以对执政党施政形成掣肘。

（四）政治分野严重，左右泾渭分明。科雷亚执政后进行了大刀阔斧的改革，提出建设"具有厄瓜多尔特色的社会主义"等主张，加剧了厄瓜多尔政治分野。围绕是否支持科雷亚及其主张，厄瓜多尔政党分为左右两大阵营，双方泾渭分明，立场针锋相对。在2013年大选中，上述两大阵营候选人总得票率超过90%，中间政党几无生存空间。

二、厄瓜多尔政党政治和政党格局出现新变化的主要原因

（一）民心思变推动新兴左翼政党兴起。厄瓜多尔深受新自由主义政策之害。20世纪90年代中期至本世纪初，厄瓜多尔经济连年衰退，政局持续动荡，贫困率大幅上升。1996—2006年10年间，厄瓜多尔更换了七位总统，其中三届民选政府未能完成任期。民众对传统政党及其推行的新自由主义政策深厌痛绝，对新兴左翼上台改变其命运寄予厚望。

（二）科雷亚政绩卓著赢得民心。科雷亚上台后大力倡导建设"21世纪社会主义"，推动"公民革命"，重视从本国国情出发制定各项政策。政治上破旧立新，颁布新宪法，推行行政改革，严惩腐败，制定国家中长期发展规划。厄瓜多尔实现由乱到治转变，民众重燃对国家发展的信心。经济上全盘否定新自由主义，转变发展模式，强调捍卫"经济主权"，加强国家对经济的宏观调控。同时，扶持中小企业，促进工业发展，使厄瓜多尔经济经受住了国际金融危机的冲击，实现稳步增长。提倡社会公平、正义和包容，以为人民创造"美好生活"为执政目标，加大民生投入，缩小

收入差距，扶助弱势群体，促进民族团结。科雷亚的执政理念和突出政绩获得民众广泛认可。2013年2月，科雷亚以高票蝉联，不仅使其成为厄瓜多尔历史上连续执政时间最长的民选总统，也进一步巩固了厄朝大野小、左强右弱的政党格局。

（三）执政党党建成效显著巩固执政地位。主权祖国联盟运动上台执政后，逐渐认识到加强自身建设对提高执政能力的重要性。2010年，该党召开首届全国代表大会，提出加强党的自身建设，以适应执政和国家发展需要，并采取了一系列加强党建的新措施。一是加强组织建设。建立起较严密的各级党组织，完善了全国代表大会、全国执委会和全国领导委员会等机构设置，成立负责与政府沟通协调的政治局；购置办公大楼，以保障组织机构的正常运转；建立省、市两级地方党委及基层组织；加强党员管理，吸收新生力量，扩大党员队伍；着手在全国各地建立党校，重点加强对青年、妇女干部的培训。二是重视制度建设。完善党章党纪，严惩违法违纪干部；建立党员登记制度，强化党员责任意识，规定本党高级公务员或议员需交纳工资的5%作为党费。三是统一党的思想。经过两次全代会讨论确立党的奋斗目标，号召全体党员为恢复国家主权、维护人民自决、实现公平正义和推动拉美一体化而共同奋斗。运动党建成效显著，力量不断增强，为科雷亚两次高票蝉联和顺利施政提供了切实保障。

三、厄政党政治和政党格局发展趋势

从目前看，厄瓜多尔政党格局仍将在今后较长一段时期保持"多党制框架下的一党独大"和"朝大野小、左强右弱"的态势。但同时亦应看到，虽然主权祖国联盟运动在2013年大选中以绝对优势获胜，但其仍面临诸多挑战。首先，执政难度加大。随着"公民革命"进入"深水区"，改革将深刻触及现行体制和既得利益集团，各种深层次矛盾势必将更加凸显并日趋尖锐，推动"公民革命"难度加大。与此同时，科政府优化经济结构、转变经济增长方式困难重重，厄瓜多尔经济实现可持续增长任重道远。其次，执政党党建犹待加强。虽然主权祖国联盟运动党建成绩突出，但仍未完全跨越选举机器阶段。科雷亚在党内居绝对领导地位，其个人魅力对凝聚全党共识、保持党内团结至关重要。根据厄宪法，2017年科雷亚结束本届总统任期后不得再次连选连任。后科雷亚时代该党能否顺利产生接班人，以继续保持党内团结和执政党地位，受到厄瓜多尔国内广泛质疑。第三，反对派伺机反扑。厄瓜多尔反对派虽在议会占据少数，但在地方政府，特别是西部沿海发达省份有较强实力，并掌握着厄瓜多尔的主要媒体和金融部门。面对科雷亚强势作风，反对派不会坐以待毙，目前进行内部整合，以伺机反扑，图谋东山再起。

当前委内瑞拉政党政治特点及发展趋势

王 楠

委内瑞拉是拉美地区较早建立政党制度的国家。自1958年民主政治体制确立后，民主行动党和基督教社会党两大传统政党长期轮流执政，被誉为拉美的"民主橱窗"。1999年左翼竞选联盟"爱国中心"总统候选人查韦斯上台执政，委内瑞拉政党格局出现重大变化，两党体制宣告结束。

一、新世纪以来委政党政治的主要特点

（一）政党数目众多。委内瑞拉实行多党制，政党是政治生活的主体，数目众多，表现活跃。目前委全国性政党多达40多个，地方性政党和政治组织不计其数。主要政党有执政党统一社会主义党，执政联盟成员党委内瑞拉共产党、"大家的祖国"党、争取社会民主党，主要反对党有"公正第一"党、"一个新时代"党、民主行动党、基督教社会党、争取社会主义运动等。

（二）新兴政党占主导地位。新世纪以来，委内瑞拉传统政党持续衰落，选民基础遭新兴政党严重侵蚀，力量日渐式微。目前委内瑞拉最具实力的政党，如统社党、"公正第一"党和"一个新时代"党等均为新兴政党，它们不仅在全国代表大会165个席位中占据了70%，还在全部23个州执政。两大传统政党民主行动党和基督教社会党仅在议会分别拥有14席和7席，日趋边缘化。

（三）统社党一党独大。统社党系委第一大政治力量，党员人数高达750万，约占委选民总数的40%。该党及其前身第五共和国运动自1999年执政至今长达14年。在2013年4月举行的总统选举中，该党候选人再次

获胜并将执政至2019年。目前，统社党掌控委行政、立法、司法和选举等主要国家机构，警察和宪兵等强力机关以及石油、电信等关系国计民生的战略部门，在全代会中拥有98席，在全国20个州和60%的市执政，委其他政党难望其项背。

（四）政治极化明显。委内瑞拉政党以是否支持查韦斯提出的"21世纪社会主义"分成"爱国联盟"和"民主团结圆桌会议"两大阵营，双方泾渭分明，针锋相对。在2013年4月总统选举和同年12月市政选举中，两大阵营得票相差仅30余万张，双方得票总和占选民总数的95%以上。

二、形成当前政党格局的主要原因

（一）20世纪后期委内瑞拉国内危机不断加剧。20世纪50年代末至80年代中期，委内瑞拉两大传统政党轮流执政，委内瑞拉政局保持基本稳定。80年代后期，委内瑞拉爆发严重的债务危机，不得不从进口替代工业化模式转向新自由主义模式，导致经济社会发展失调，社会矛盾激化。面对世情国情变化，两大传统政党不仅缺乏化解政治、经济和社会难题的能力，且政策主张因循守旧，领导人腐败严重，引起民众强烈不满，广大选民彻底丧失了对传统政党及其领导人的信任和信心。1994年委内瑞拉大选投票率仅为30%。

（二）玻利瓦尔革命成果显著。查韦斯上台后，锐意改革，主张在委内瑞拉进行玻利瓦尔革命，大力推动政治、经济、社会和外交变革。政治上，将"建设社会主义政治模式"纳入宪法，以参与制民主替代代议制民主，强化基层人民政权，"让人民当家做主"。加强执政党建设，组建统一社会主义党并明确其性质为马克思主义政党；经济上，彻底否定新自由主义，将石油、天然气、电力、钢铁和电信等关系国计民生的战略部门收归国有，委内瑞拉综合国力大幅提高；社会方面，实行向下层民众倾斜的政策，先后实施30多项社会计划，累积支出超过4680亿美元，委内瑞拉赤贫率和贫困率大幅下降，基尼系数从0.49下降至0.39，城乡居民收入大幅提高，职工最低工资标准居拉美国家之首。委内瑞拉中下层民众受益于玻利瓦尔革命，同时也成为革命的最坚强捍卫者，是统社党能够长期执政的根本原因。

（三）反对党一盘散沙。与统社党相比，委内瑞拉反对党实力较弱。反对派联盟"民主团结圆桌会议"虽在2013年总统选举中战绩不俗，但该联盟成分复杂，成员党多达30多个。在上述政党中，传统政党和新兴政党混杂，右翼政党和左翼政党并存，整合难度较大。此外，该联盟组织结构松散，成员党之间没有约束力，为了本党利益，经常各行其是，内讧时有发生，组织状况很不稳定。目前，"圆桌会议"虽拥有65个议席，但较分散，没有成员党能独占20席以上。主要反对党"公正第一"党和"一个新时代"党单独得票均不超过200万张，分别只在一个州执政。

三、从目前看，委内瑞拉似仍将在今后较长一段时间保持统社党一党独大、政治极化的政党格局和政党政治特点，但以下问题似将对委政党政治演变产生重要影响

（一）经济和社会发展。2013年以来，委内瑞拉经济形势堪忧。生产不振、通胀高企、物资短缺，民众不满情绪明显上升。马杜罗对转变现行经济模式的必要性和紧迫性有所认识，宣布政府将积极应对"经济战"。但委内瑞拉经济调结构、转方式面临诸多不利因素。从外部来看，世界经济增长放缓、国际市场原油价格呈下行趋势，将影响委内瑞拉财政收入，压缩委内瑞拉经济调整空间。从内部来看，民生是现政府执政根基，政府不敢也不会大幅减少社会投入。但政府债务负担沉重，如何摆脱两难处境，提振经济，将直接关系到委政局稳定和未来朝野政党的民意基础变化。

（二）统社党内部建设。2012年10月与2013年4月大选仅相隔半年，但由于候选人变更，统社党损失了70多万张选票，彰显统社党党建犹待加强。为此，该党必须在新的历史条件下，针对新的发展难题、特别是经济难题提出行之有效的解决办法，切实提高党的执政能力。这不仅关系到该党的生死存亡，亦将影响委未来政局走向。

（三）反对党整合力度。委内瑞拉反对派一直存在群龙无首的问题，但自2013年10月总统选举以来，反对派领导人卡普里莱斯历经几次大战，影响力显著增加，反对党领袖地位进一步巩固，已成为对委内瑞拉现政权的最大威胁。未来卡普里莱斯能否克服反对派联盟内部的诸多缺陷，成功整合反对派，将直接关系到反对党和执政党的力量消长。

当前墨西哥政党政治的特点和变化及发展趋势

曾祥伟

在2000年7月大选中,革命制度党(以下简称革制党)败于国家行动党(以下简称国行党),丧失了长达71年的连续执政地位,标志着墨西哥长期由一党执政的局面被打破,墨西哥由此进入政党交替执政的新时期。

一、政党政治的主要特点和变化

(一)三足鼎立格局渐趋稳固,民主政治观念深入人心。自2000年国行党上台执政后,革制党长期"独霸天下"的局面被彻底打破,国行党、革制党和民主革命党(以下简称民革党)"三足鼎立"态势进一步稳固。此后,虽然革制党与国行党于2012年经历了朝野易位,三大党在参、众两院议席和州长数量上伯仲有变,但是三大党始终是角逐全国大选和地方选举的主要力量,在国会议席和州长职位之争中,始终保持在前三位,成为墨西哥政坛的主导力量,其他政党均难以望其项背。

在革制党一统天下时代,党国一体,总统兼任党的领袖,行政权凌驾于立法权和司法权之上,议会成为政府的"橡皮图章",司法权屡遭干预,三权分立体制形同虚设。国行党执政后,不断推进政治民主化进程,各项体制、机制得以健全和完善,受到墨西哥社会各界的普遍支持和拥护。特别是党政分离得以实现,总统与所属政党之间保持互相尊重、互不干涉的"民主联系",议会对总统权力的制衡日益增强,三权分立体制得以真正确立。民主政治、合作政治、改革政治、现代政治渐成主流。各党一致捍卫民主进程,普遍支持竞争性多党制,反对腐败与特权政治,接受合法选举结果,依法参政议政。

（二）执政理念趋同，相互既合作亦斗争。左、中、右各派政治力量在内政问题上意识形态色彩日趋模糊，中间路线渐成普遍选择，讲民主、促公平、重民生、求安全、谋发展等成为共同的基本施政理念。同时，各党普遍重视自身现代化建设，尤其重视利用互联网、推特、脸谱等现代媒体及新媒体手段开展党的日常宣传与对外交流工作。在政党结盟方面，由于天然的政治亲近感，国行党与右翼保守力量结盟，民革党及劳动党与左翼进步力量合作态度积极。但是近年来出于务实考量，特别是为制衡革制党赢得地方乃至全国选举，亦出现国行党与民革党和劳动党超越意识形态分歧结盟竞选的情景。革制党与其他政党合作时比较注意淡化意识形态色彩，实用主义突出。

（三）政党力量对比出现重大消长变化，国际影响普遍有所上升。革制党在野12年间励精图治，不断巩固和扩大自身实力，最终赢得2012年大选，实现东山再起。该党联合绿色生态党，在大选中获得参议院128席中的61席、众议院500席中的241席，以及全国32个州中的21个州长职位，由第三大政治力量跃升至第一位。国行党连续执政两届后丧失政权，在参、众两院中分别获得38席和114席，以及6个州长职位，由第一大政治力量下降至第三位。民革党联合劳动党占据参、众两院26席和119席及5个州长（含墨城市长）职位，保持第二大政治力量的地位。但由于该党总统候选人洛佩斯·奥夫拉多尔2012年大选后不久退党，并筹建"新生运动"党，一定程度上削弱了党的力量。

与此同时，各党国际影响普遍有所上升。革制党主席重新当选由该党发起成立的拉美政党常设大会主席，大会秘书处由阿根廷首都布宜诺斯艾利斯迁回墨西哥城，并成功举办了亚非拉跨地区多边政党国际会议。国行党总书记继续把持拉美地区另一重要政党组织——美洲基督教民主组织主席职位。劳动党创办的"政党与新社会"国际研讨会规模进一步扩大，影响显著上升。

二、主要背景和原因

（一）革制党革新图强成效显著，社会基础不断扩大。革制党自2000年痛失政权后，认真反思总结经验教训，深刻认识到忽视党的自身建设是失去政权的主要原因之一。为此，该党顺应形势调整纲领主张，及时调整党的指导思想，并从机制、组织、作风和地方政权建设以及议会工作等多方面大力加强党建，扩大党内民主，加强内部团结，加大群众工作力度，增强党的凝聚力和号召力，重塑党的形象，继续保存并不断扩大党的实力，为重新赢得大选奠定了坚实基础。

（二）国行党政绩不彰，民心思变。国行党执政12年间始终未获议会多数席位，加之党内派别矛盾尖锐，未能给政府施政提供有力支撑，导致政府着力推动的财政、劳工、能源三大关键改革受到多方掣肘，未能取得突破。国行党执政前10年，GDP年均增幅仅为1.2%，远逊于同期其他新兴国家和地区大国，经济总量世界排名由2000年的第10位降至2011年的第14位。受国际金融危机冲击，墨西哥经济发展举步维艰，失业率攀升，两极分化加剧，贫困人口占总人口比重再次回升至50%。有组织犯罪愈演愈烈，卡尔德龙政府动用大批军警打击毒品走私和有组织犯罪，招致贩毒集团疯狂反扑，恶性暴力犯罪案件频发，6万多人死于与毒品相关的暴力活动。由于社会治安形势每况愈下，民众不满情绪日盛。同时，福克斯政府实行向美"一边倒"的外交政策，导致墨西哥与拉美其他国家的关系渐行渐远。卡尔德龙政府虽注重调整外交政策，但由于经贸和地缘政治等因素，墨西哥外交仍不得不"随美起舞"，在国际和地区事务中影响力下降。

（三）地区政治格局向左转助推墨中左翼力量崛起。20世纪90年代以来，拉美地区新自由主义改革带来的负面效应逐渐显现，对外依赖严重、宏观经济不稳、民族经济脆弱、贫困化和贫富分化现象加剧。在此背景下，主张调整发展模式，维护国家发展主权，振兴民族经济，促进社会公平正义的左翼思潮和运动蓬勃兴起，一批左翼政党及政治力量纷纷通过民主选举上台执政，进行大胆改革探索，取得不俗执政业绩。地区政治左转助推了墨左翼力量发展。在2006年大选中，左翼竞选联盟奥夫拉多尔和当选总统卡尔德龙的得票率几乎持平。此外，以巴西劳工党为代表的联盟政治、中性施政、稳妥改革的温和左翼执政模式逐渐脱颖而出，成为地区国家推崇和效仿对象。革制党赢得大选重新上台执政，积极致力于朝野磋商合作、推动变革，在一定程度上反映了这一趋势与特点。

三、发展趋势

（一）中间路线是基本发展方向。在联盟政治、中性施政、稳妥改革的执政模式受到地区国家推崇的大趋势下，中间路线、党际协商亦成为墨政党政治发展的基本方向。面对新形势，墨西哥三大主要政党均以国家发展大局为重，抛开一党之私和彼此矛盾纷争，达成政治谅解，首次签署致力于合作共治的《墨西哥协定》。特别是革制党与国行党切实履行协定承诺，推动教育、电信、能源、财税等重要领域改革，共同致力于发展国民经济、改善人民生活、提升墨西哥国际地位。这不仅符合墨西哥当前经济社会发展需要，也受到墨西哥民众的广泛赞誉。

（二）政党轮替将成为常态。自2000年以来，随着民主制度和民主观念的日益巩固，多党竞争、轮替执政已逐渐被墨西哥各政党和广大选民接受，墨政党政治已从过去的一党独大走向多足鼎立。新世纪以来，在墨西哥三大主要政党中，从未有政党获得参、众两院半数以上席位，议会第一大党的位置亦是轮流坐庄。虽然革制党2012年再度执掌政权，与国行党实现轮替执政，但昔日党国一体模式将难以复辟，一党独大、长期执政局面恐难再现。

（三）左翼政党难成气候。民革党系墨最大左翼政党，但该党自2006年大选后内部分裂加剧，温和派与激进派矛盾激化，内耗使党的力量明显减弱，民众威望持续下降。特别是2012年大选再度失利后，该党内部分歧日盛，派系纷争不断。党主席与总书记、党的全国政治委员会之间一直分歧难弥，总统候选人奥夫拉多尔退党并另建新党。该党严重内耗不仅损害了党的政治形象，降低了党的社会影响，还削弱了党的竞争力，未来短期内似难扭转颓势。另一重要左翼政党劳动党，成立时间不长，自2006年大选以来，在参、众两院所获席位有限，其余左翼小党力量更为薄弱且不断分化组合。总体看，墨西哥左翼短期内似难形成合力。

乌拉圭政党政治主要特点、格局变化和发展趋势

周　超

自1985年军政府还政于民以来，乌拉圭民主化进程不断发展，政治格局深入调整，主要政党力量此消彼长，政党政治和政党格局出现新特点和新变化。

一、当前乌拉圭政党政治和政党格局的主要特点

（一）政党体制复杂，党派林立。乌拉圭实行代议制民主和多党制。根据规定，任何征集到上次大选选民总数0.5‰。以上签名的政治组织，只要在选举法院登记并在国家公开发行的报纸上刊登建党消息，15天内无人提出异议即被视为合法政党。由于对政党的建立和活动缺乏严格的规范，导致乌政党体制较为复杂。新成立的政党通常置于传统政党之下，作为其中一个派别谋求自身发展壮大。各党内部派系林立，如最大的左翼政党广泛阵线（以下简称"广阵"）就由20多个政治组织组成。党内各派别独立性较强，拥有自己的领导人、候选人和组织结构，与独立政党差别不大。传统政党内部，家族寡头政治特点突出，政治豪门几代人长期把持党的领导职位，如红党的巴特列家族和白党的拉卡列家族。广阵则面临领导层高龄化的挑战，老一代政治家长期占据党政高位，大权在握。2009年大选，广阵总统候选人穆希卡以74岁高龄参选获胜，成为乌拉圭历史上最年长的国家元首。

（二）三足鼎立，相互掣肘。乌拉圭主要政党有红党、白党和广泛阵线，三党分占国会参、众两院除为土著人保留的席位外的所有议席。作为乌拉圭两大传统政党，红党和白党均属右翼政党，意识形态差异较小。19

世纪初至 2005 年，乌拉圭绝大部分时间由红、白两党轮流执政。1971 年，乌拉圭左翼各派政治力量联合组建广泛阵线，并在当年总统选举中获得 18.2% 的选票，虽未赢得大选，但打破了红、白两党垄断政坛的局面，乌拉圭政局逐渐进入"三足鼎立"时代。1973—1985 年乌拉圭军政府独裁统治时期，广阵受到打压，实力严重受损。20 世纪 90 年代，广阵借助乌拉圭政治"民主转型"潮流异军突起，力量日益壮大。1999 年，广阵凭借总统选举中所获 40% 的选票，一跃成为乌拉圭第一大政治力量。在 2004 年大选中，广阵总统候选人巴斯克斯以超过 50% 的得票率、领先第二名 15 个百分点的优势直接当选总统；而在 2009 年大选中，广阵总统候选人穆希卡经过两轮选举，才以 6% 的较小优势战胜对手。在 2010 举行的市政选举中，广阵失去 3 个省长职位，在其票仓蒙得维的亚的得票率也较 2005 年大幅下降。相反，红、白两党实力止跌回升。在 2004 年大选中，红、白两党合计得票率为 44.66%，在 2009 年大选首轮中得票率上升到 46.09%。在 2010 年市政选举中，两党一举从广阵手中夺走 3 个省长职位，其省长职位分别由之前的 1 个和 10 个上升为 2 个和 12 个。据最新民调，目前广阵、白党和红党三方支持率分别为 45%、25% 和 15%。

二、乌拉圭政党政治和政党格局变化的主要原因

（一）左派政党反对新自由主义的主张和实践得到广大民众的支持。由于推行新自由主义改革，乌拉圭在 2002—2004 年经历了严重的政治、经济和社会危机，民众对长期执政的右翼政党彻底失去信心。2005 年，广阵巴斯克斯政府上台后，对新自由主义政策进行了深刻调整，将乌拉圭经济由市场控制转向政府调控、由过度投机转向注重生产，并采取积极有效措施成功应对国际金融危机，使乌拉圭政治、经济和社会秩序逐渐步入正轨。穆希卡总统就任后，全面继承巴斯克斯政府大政方针，强调经济增长与社会事业协调发展，民生显著改善。广阵执政九年来，乌拉圭经济年均增长达 6.2%，高居拉美国家前列；人均 GDP 从 3888 美元增至约 16000 美元，跨入高收入国家行列；大量人口实现脱贫，贫困率降至历史最低点。

（二）广阵自身缺陷和施政失误，削弱了其影响力。一是广阵内部派系林立，内耗严重。激进派和温和派在执政理念等问题上分歧加大，损害了内部团结和外部形象，削弱了执政联盟的凝聚力和号召力。二是执政能力不足，干部队伍建设滞后。广阵曾长期在野，缺乏执政经验和专业人才，治国理政能力不足。尤其是大量党员干部进入政府部门后，广阵各级领导配备捉襟见肘，弱化了自身组织建设。随着蝉联执政，广阵党政部门官僚主义滋生，不注意倾听民众呼声，与社会联系日疏，出现脱离群众的倾向。三是乌拉圭主要媒体均掌握在右翼财团手中，广阵缺乏舆论工具和手段，难以充分宣传施政理念和执政成就。四是广阵政府在提高教育质量、改善社会治安等方面进展缓慢，导致社会矛盾频发，受到民众诟病。

（三）红、白两党积极调整纲领和策略，重新壮大社会基础。连续两次大选失利后，红、白两党深入进行了总结和反思，通过更新纲领和调整策略努力恢复传统影响力。对内，两党努力弥合内部分歧，加快新老更新，提出强调社会政策的新右翼改良主义，分化瓦解广阵的群众基础。对外，两党一方面以建设性的反对党姿态参政议政以获得选民好感，另一方面借助媒体和国会近半数席位，攻击广阵施政失误，对政府施政形成掣肘。

三、乌拉圭政党政治和政党格局的发展趋势

从目前看，乌拉圭将继续保持稳定的三足鼎立之势。虽然红、白两党有联合的愿望和趋势，但矛盾深刻复杂，难以真正实现联盟，广泛阵线的执政地位较为巩固。即使出现政权更迭，也不会引发政策突变，因为无论是广阵还是红党、白党，均主张兼顾经济增长与社会公正，适度加强国家对宏观经济的调控。尤其是在社会政策上，白党主张将民生、教育和社会治安作为施政重点，红党提出要增加社会领域投入、减少贫困和促进收入分配公平，与广阵政策比较接近。这将为政局稳定提供有力保障，为乌拉圭政党政治的发展创造有利环境。

智利政党政治主要特点和格局变化

周 超

一、智利是拉美政党政治历史最悠久的国家之一。20世纪90年代重启民主化进程以来，智利政党政治和政党格局呈现一些主要特点

（一）政党众多，类型齐全。智利1986年颁布《选举登记法》，1987年颁布《政党组织法》，上述法律对政党的成立、注册和活动等进行了详细规定，设置了比较严格的标准和条件。根据2013年2月选举注册委员会的统计，智利现有17个注册政党，其中近一半是2006年以后成立的新党。此外，还有众多公开活动但并未注册的政党和政治组织。从意识形态上划分，在17个注册政党中，独立民主联盟为右翼政党，民族革新党为中右翼，两党组成了中右翼政治联盟"争取变革联盟"；基督教民主党为中间派政党，社会党、争取民主党和社会民主激进党为中左翼，共产党、左翼公民党和广泛社会运动为左翼政党，它们共同组成中左翼联盟"新多数派"。

（二）政党政治相对理性成熟。智利有着长期的资产阶级代议制民主传统，在1830—1973年的近一个半世纪里一直保持着稳定的民主宪政体制。1973年，皮诺切特发动政变并建立军政府，实行了17年的独裁统治，期间政党活动基本停滞。1990年，随着军人"还政于民"，智利恢复了多党制和代议制民主，各政党重新登上政治舞台。在此后的20多年间，各政党依法有序参加选举，其中中左翼联盟连续赢得四次大选，中右翼联盟赢得 2010 年大选，中左翼联盟在 2013 年卷土重来再次赢得大选，保持了政权的平稳交替。

（三）**意识形态分野明显，但政策主张趋同**。由于历史原因，智利左、中、右翼政党的政治立场各不相同，意识形态泾渭分明。但无论是中左翼联盟还是中右翼联盟，均主张淡化意识形态分歧，秉持务实执政理念，以皮诺切特军政府确立的自由市场经济模式作为推动经济平稳快速发展的基本国策。近年来，针对军政府"重增长、轻分配"造成的众多社会问题，无论是中左翼还是中右翼政府均一致将改善民生作为施政重点。总的看，智利当前发展模式拥有较广泛的社会共识，两大政治联盟治国理念没有根本区别，双方之争更多是执政地位和施政重点，而非国家发展大方向。

（四）**两大联盟势均力敌、相互制衡**。智利开启民主化进程以来，由于实行双提名选举制度，各政党出于竞选需要而合纵连横，逐渐形成以中左翼和中右翼两大政治联盟为主的政党格局。自 1990 年起，中左翼联盟连续执政 20 年，这期间中右翼联盟作为反对党力量稍逊，但双方实力总体相当。2010 年 1 月，在智利大选第二轮投票中，民族革新党领导人皮涅拉作为中右翼联盟总统候选人获胜当选，成为智利民主化进程以来首位上台的中右翼总统。中左翼联盟下野后，发挥对草根阶层的传统影响力，推动学潮和环保等社会运动，同时注意分寸，避免给人以激进、好斗的印象，实力有所恢复，并赢得 2012 年市政选举。而中右翼联盟由于首次执掌全国政权，经验不足，在处理教育改革、促进社会公平正义、缩小贫富差距及解决其他社会问题上屡有失误，民众支持率下降。在 2013 年大选中，中左翼联盟候选人、前总统巴切莱特经过两轮角逐战胜中右翼联盟候选人并最终当选总统。在议会选举中，中左翼联盟获得半数以上议席，中右翼联盟席位有所缩水，其他政党和独立议员议席增加。从目前看，中左、中右翼联盟虽然朝野易位但力量对比没有发生根本变化，继续在相互制衡中主导智政坛。

二、随着经济、政治和社会发展,智利政党政治出现了一些引人注目的新变化

(一)经济社会协调发展成为各党的优先目标。经过30多年的新自由主义实践,智利公平问题越发突出,社会矛盾多发。特别是近年来,智经济快速发展,2012年人均GDP达15415美元,成为首个跨入高收入经济体行列的南美国家,贫困率也降至15%的历史低位。但与此同时,大企业垄断和地区发展失衡等问题日益严重,贫富差距并未明显缩小,基尼指数始终维持在0.5左右的高位,广大中产阶级生活负担甚至更加沉重,对现状的不满情绪日益高涨。自2011年以来,智利连续爆发大规模学生示威游行和其他社会抗议活动。在这一背景下,为争取民众支持,越来越多的政党开始调整纲领主张,将深入推进民主化进程、更新国家经济社会发展模式、实现经济和社会协调发展作为本党的优先目标。

(二)新生代政治家异军突起。两大政党联盟相互制衡、把持政坛的政治架构已延续20多年,这既给智利带来长期政治稳定,也因"老人政治"等问题渐显疲态。民众对传统精英政治感到厌倦和失望,新生代政治家逐渐崭露头角。在2009年大选中,原社会党人恩里克斯作为年轻一代政治人物的代表以独立候选人身份参选并获佳绩,被称为"恩里克斯现象",开启了年轻一代步入政坛的新时代。同时,争取年轻选民支持、大胆启用新人参选成为各党的竞选招牌,为新生代进入政坛创造了机会。

(三)社会基础更加多元。随着经济自由化和政治民主化深入发展,民众利益和诉求更加多样,智利传统的社会和阶层不断分化,改变了传统政党的阶级基础,这对新老政党的定位和发展提出了挑战。另一方面,智利原有800多万选民,而由于选民登记制度改革,2012年起新增400多万选民,选民数量大幅增加。这部分新增选民多为年满18周岁不久的年轻人,是1990年开启民主化进程后出生的新一代,与老一代在成长经历、利益诉求和政治倾向等方面有很大不同,其投票取向难以预测,这也将给智利未来的各类选举和政治生态带来不确定性。

三、智利恢复民主化进程以来，在国家建设和社会民生方面取得较大发展

但随着国内外政治、经济和社会形势的变化，智利上一轮改革带来的制度红利逐渐消失，原有的发展模式弊端凸显，民众要求变革的呼声渐强。此外，中产阶层队伍不断扩大，网络时代民众参政议政意愿增强，社会运动成为影响政治生活的重要力量，这些因素日益改变着智利的政治生态。在新的形势下，各政党如何改善自身形象，不断进行理论创新和纲领更新，保持并扩大影响力，将是其面临的共同挑战。目前，巴切莱特总统提出了以修宪为核心的政治改革方案，目的是逐步打破中左翼、中右翼两大联盟垄断政坛的局面，提升民众在政治生活中的参与性与代表性，智利政党政治将进入新的调整期。

当前中美洲政党政治特点和变化

陈朝霞

新世纪以来,危地马拉、萨尔瓦多、尼加拉瓜、洪都拉斯、哥斯达黎加、巴拿马六个中美洲国家政局总体稳定,但各国政党分化组合频繁,力量消长变化较大,政党政治出现若干新情况、新特点,其动向值得关注。

一、新世纪以来中美洲政党政治主要特点

(一)政治民主化不断推进。20世纪80年代初,随着中美洲各国军政府还政于民,至1996年内战全面结束,地区国家民主政治相继恢复。新世纪以来,各国多党制进一步巩固和发展,中美洲六国目前约有130个主要政党,40余个政党在议会有议席;朝野多能通过民选方式实现政权平稳更迭;多党联合执政现象普遍。同时,各国都重视加强政党政治的体制机制建设,地区国家政党和议会纷纷推动完善选举法、宪法和政党法,如规定市长及议员候选人必须经由政党推举、允许总统连任、降低大选首轮胜选得票率下限、取消候选人政党比例制、调整独立候选人条款等。根据"拉美晴雨表"2010年调查报告,中美洲国家以多党制为基础的选举制度深具民意基础,除危地马拉外,各国绝大多数民众支持民主,并认为没有政党就没有民主。政治民主化获得了广大民众的支持和参与,尼加拉瓜、巴拿马、哥斯达黎加三国新世纪以来的八次大选平均投票率高达73%,同期洪都拉斯、萨尔瓦多、危地马拉三国九次大选中,平均投票率为55%。

(二)执政政纲日趋多元务实。"冷战"结束后,美苏对该地区经援骤减,迫使各国政府和政党自力更生谋求发展。新世纪以来,尽管中美洲国家政党意识形态多元,分属社民党、自由党、民族主义政党、保守党等

多种类型，但在国际和地区形势大调整大变化背景下，各政党均淡化意识形态歧见，将发展经济、改善民生、扩大就业、消除贫困和加强治安作为施政重点。此外，各国政党还将灾后重建、打击贩毒和有组织犯罪、移民管理、应对气候变化、加强环保等作为施政目标。

（三）**少数大党垄断政坛**。新世纪以来，虽然中美洲多党制蓬勃发展，但除危地马拉外，地区其余五国在议会占有席位的政党数量并不多。各国各类选举结果也表明，少数政党吸引了大多数选票。在巴拿马，民主变革党、民主革命党和巴拿马主义党三大党获得了大选几乎全部的选票。以1994年为分水岭，哥斯达黎加逐渐由两党轮流执政平稳过渡为民族解放党、公民行动党、自由运动党、基督教社会团结党等共同把持政坛的格局。洪都拉斯和萨尔瓦多的政党政治自2009年也从两党格局演变为3—4个党主导政局。

二、新世纪以来中美洲政党政治新变化

（一）**新兴政党异军突起**。新世纪以来，中美洲国家经济危机频发，治安恶化，腐败丛生，加剧了民众对传统政党的不满，民心思变为新兴政党的发展和崛起创造了难得机遇。10余年来，中美洲国家新兴政党数量不断增长，新增了40余个较为重要的全国性政党。更为引人关注的是这些新兴政党实力增长迅猛，其中，危地马拉全国大联盟、危地马拉全国希望联盟、巴拿马民主变革党、危地马拉爱国党、哥斯达黎加公民行动党五党先后于2004年、2008年、2009年、2012年和2014年实现首次上台执政，并在议会占多数席位或成为最大、较大党团；其余过半新兴政党获得议席，其中危地马拉自由民主革新党、承诺革新秩序党和哥斯达黎加自由运动党、广泛阵线等政党一跃成为议会重要党团，代表残疾人权益的哥伦比亚无排斥党领导人出任议长；危地马拉2012年成立新一届议会，在拥有议席的16个政党中，13个政党为新世纪以来成立的新党；一些新兴政党在大选中有不俗表现，如哥斯达黎加公民行动党成立后即在2006年大选中仅以不到1%的微弱劣势惜败，2014年，其总统候选人索利斯以78%的历史最高票当选总统，哥伦比亚广泛阵线总统候选人在2014年大选中一

举夺得17%的选票，位居第三，洪都拉斯自由与重建党和反腐败党总统候选人在2013年11月大选中分别得票29%和14%，位居第二和第四位。

（二）左翼力量有所发展。20世纪90年代以来，中美洲各国右翼政府推行新自由主义政策，导致经济结构失衡加剧、社会矛盾激化。各国土地改革迟滞，围绕土地的流血冲突频仍。地区一些左翼政党高举反对新自由主义的旗帜，推出经济社会变革的政纲，顺应了民心思变的潮流。这些政党或通过结盟增强竞选实力，或通过加强党的自身建设乘势而上，不断发展壮大，包括萨尔瓦多马蒂阵线、尼加拉瓜桑地诺民族解放阵线、洪都拉斯自由与重建党、民主统一党、哥斯达黎加广泛阵线在内的中美洲左翼力量均有所增长。萨马蒂阵线、尼加拉瓜桑地诺民族解放阵线、危地马拉全国希望联盟、巴拿马民主革命党、哥伦比亚公民行动党等中左翼政党分别于2009年、2007年、2008年、2004年、2014年上台执政。因执政卓有成效，尼桑解阵和萨马蒂阵线分别于2012年和2014年蝉联执政。

（三）军人干政备受瞩目。中美洲各国军政府还政于民30多年来，军人表面上倡导民主、保持中立，实际上仍对政局走向具有相当影响力。近年来，军人干政有所抬头。一是直接参与政变。2009年洪都拉斯发生自1981年军人还政于民以来首次"军事政变"，也是"冷战"结束后中美洲唯一一次军事政变，塞拉亚总统被强行驱逐出境。二是退役后合法从政。危地马拉退役将军蒙特创建并领导的共和阵线曾于2000—2004年执政，另一退役将军、爱国党领袖佩雷斯也通过大选于2012年上台执政。洪都拉斯前政变分子、退役将军巴斯克斯创建爱国联盟党，参加2013年总统大选。尼加拉瓜前军队领袖阿耶斯莱文斯与奥尔特加总统联袂参选，并当选副总统。

三、中美洲政党政治面临挑战

新世纪以来，中美洲国家政局总体稳定，民主化进程续有推进，但在经济全球化、政治思潮多元化和社会信息化等冲击下，也面临诸多挑战。

一是政党政治尚不成熟。一方面，多数政党为了获得选举胜利，随意选择结盟对象，政治联盟稳定性较差；另一方面政党滥用"分肥制",以公职换选票,严重影响政党的代表性和合法性,并导致执政能力低下。

二是"考迪略主义"和裙带关系普遍存在。一些政党的生存和发展过度维系于党的领袖,领导人在选择本党公职候选人方面权力过大,很多党员在党内决策方面完全被边缘化。有些政党派别或家族色彩浓厚,家族、集团利益至上,导致失信于民。

三是政党自身建设薄弱。政党领导人大多不重视政党自身建设,仅将政党作为竞选工具,党内腐败丛生,政党体制脆弱。

西欧社会党面临的挑战及其应对举措

周荣美

20世纪90年代初，西欧各国社会党开始积极探索理论纲领革新，提出诸多改革方案，如英国工党提出"第三条道路"，德国社民党提出"新中间"，法国社会党提出"要市场经济，不要市场社会"。进入21世纪，原欧盟15个成员国中，有13个国家的社会党在执政。然而，好景不长，由于"第三条道路"等改革方案接受了部分新自由主义政策主张并放弃了社会民主主义的一些传统做法，改革触及民众的切身利益，致使一些国家社会党的支持率迅速下降，遂在选举中相继落选，失去执政机会，有些党因路线斗争和人事纠纷而陷入迷茫。西欧社会党遭遇到了严峻挑战。

自国际金融危机和欧洲主权债务危机爆发以来，西欧社会党对美英新自由主义进行了剖析和批判，但多数党因在野，无法实践其在反思现实资本主义制度弊端过程中提出的政策主张。而英国、希腊、西班牙、葡萄牙等国执政的社会党因国内经济下滑，应对危机不力，先后在大选中失利。目前，西欧社会党整体陷入低谷。为扭转局面，一些党通过加强党的建设和创新，努力采取各种措施力争走出困境，实现欧洲社民主义的复兴。

一、西欧社会党面临的主要困难和挑战

（一）西欧社会党的理论纲领和执政理念受到全球化的挑战。全球化逆转了政治与经济、政府与市场间的权力结构，在经济和市场的空间不断扩大的同时，传统政治和政府的运作空间却在不断萎缩，执政者政治选择的范围和手段受到越来越大的限制。相比中右翼政党，社会党更为强调政府对市场的调控，在执政方式上更加重视运用政治手段，重视

效率与公正的平衡。全球化使社会党通过传统方式解决问题的能力大为减弱。20世纪90年代中期，西欧国家社会党上台执政后，为了促进经济增长，采取削减社会福利、推行劳动力市场灵活化等改革措施，给予资本超常优惠。这些措施造成贫富差距拉大和社会不平等加剧，使西欧社会党陷入政治特色危机。

（二）西欧社会党的社会基础和定位受到社会结构变化的冲击。全球化导致社会结构的复杂化和多元化，传统的工人阶级比例急剧缩小，构成复杂多元的中间阶层成为西欧国家社会的主体部分。社会结构的变化也相应改变了人们的自我意识，冲击了西欧国家传统的民主政治原则和政党的政治基础，这对于具有重视意识形态和纲领传统、组织依赖性比较强的西欧社会党的冲击更为明显。传统工人阶级的萎缩削弱了西欧社会党的社会基础，迫使其在继续争取传统选民支持的同时，加大与保守党争夺中间阶层选民的力度。为此，保守党采取了一系列措施淡化保守色彩，向中间靠拢，挤压社会党的生存空间。社会党不仅没有赢得中间阶层选民的好感，反而因失去传统左翼选民导致左翼选民严重分化。

（三）西欧社会党受到信息社会快速发展的影响。社会信息化迅速发展，在一定程度上削弱了社会党的影响力和领导权威。一是信息化打破了西欧政党传统的信息传播模式。信息化的发展使人们获取信息的速度大大提高，获取信息的渠道大为扩展，人们不再把入党作为获得信息的主要渠道，而往往直接借助于媒体。二是信息化削弱了西欧社会党传统的理论宣传和教育功能。社会党自上而下、直接单向的理论宣传和教育方式，已经越来越难以对普通党员和选民施加影响，党对公众的感召力和影响力下降。三是信息化改变了社会党传统的组织和运作形式。特别是在选举中，候选人注重打造个人媒体形象，对政党组织的依赖性降低。

二、西欧社会党应对挑战的主要思路和举措

（一）继续积极探索党的理论政策革新，但还未形成比较成熟的理论体系和有现实针对性的执政纲领。各国社会党及其智库就社会民主主义发展问题进行了广泛探讨，并且提出了一些政治理念和设想。一是关于

政治理论和社会发展模式。2009年，德国社民党和英国工党政治家共同发表了题为"建设一个美好社会"的文件，提出建立政治民主、团结互助、社会公正、经济和生态可持续发展的美好社会。2010年，德国社民党在党代会上主张放弃金融资本主义模式，推行"新的进步模式"。此外，英国工党提出"好社会"来应对英国保守党的"大社会"理念。法国社会党主张建立新型经济、社会和生态模式。二是关于经济社会政策。法国社会党主张鼓励实体经济和技术创新，实现互助的可持续增长。德国社民党主张扩大国家公共投资、鼓励教育和创新，重归实体经济，发展绿色经济，创造就业和提高国际竞争力，力争实现经济增长、社会保障和生态责任的有机统一。三是关于应对欧债危机和欧洲发展。2012年3月，欧洲社会党在巴黎召开会议，一方面为参加总统竞选的法国社会党候选人奥朗德造势，另一方面着重讨论了应对欧债危机等问题。提出欧洲应实行"真正的新型治理"，继续坚持削减财赤和公债目标，秉持公正和互助原则，加大各国财政、经济和税收政策协调力度，加强金融监管，优先确保社会公正、就业、教育和职业培训四大目标。德国社民党认为，应采取紧缩与增长并举的措施解决欧债危机。从目前社会党的讨论情况看，西欧社会党更加突出左翼全民党的政治特色，回归传统社会民主主义立场，更加强调公正、互助、平等的重要性。

（二）加强向社会开放，扩大党的影响力。近年来，西欧各国社会党以各种不同的方式加大党向社会开放的力度，增加与普通民众的沟通，邀请党外人士参加各种形式的座谈会、研讨会和论坛等，在互联网上建立党的"网络对话平台"，使党内外的互动讨论更加活跃。一些党明确要求党的各级议员和普通党员深入社会，同民众保持经常性联系，宣传党的政策方针，了解民情。在重大事务的处理上注重征求民众的意见，在制定重大决策前进行全民公决，以使党的决策更能体现民意。如法国社会党提出构建党群沟通基层网络，强调"党要回归民众"。德国社民党提出以新的组织结构和计划纲领"扎根于社会"。葡萄牙社会党谋求建设一个强大、团结和年轻化的政党，不仅要求加强对党员的动员和教育，而且主张面向全社会开放，使党成为自由、多元、密切联系党员和社会各层次的"思想实验室"。

（三）加强党内民主建设，发挥基层党组织和普通党员的积极性。近年来，西欧社会党将征集基层党员意见引入党内决策机制，以提升决策的有效性。德国社民党针对社会热点问题成立了六个专题工作组，除州党组织举办各种类型的专题会议外，还邀请更多公民代表参加讨论，鼓励党外人士为党的发展建言献策。法国社会党的重要纲领性文件原来都是由党代会表决通过，现在改由全体党员表决通过。葡萄牙社会党主张在党内开展更多的思想讨论，力争将党建设成为一个生动和真实的辩论场所。此外，各党还逐步完善党内选举制度，提高党的领导人的民意支持率。法国社会党为党内希望参与2012年总统大选的候选人组织初选投票，并鼓励普通选民也参与其中。

（四）积极适应信息化发展，变革党的信息传递方式。首先，利用信息技术革新党的活动方式，扩大党的政治影响。德国社民党较早地意识到信息时代媒体对于宣传党的活动的重要意义，提出尽快把党从"新闻报告对象"变为"影响新闻报告主体"的战略目标。其次，利用信息技术加强党内沟通，提高透明度。改变原来由上而下单向或由下而上逐层反映为主的传递方式，转向上下纵横双向反馈、选择、调节为主的传递方式，从而促进了党内民主从内容到形式的扩展和改变。法国社会党创建全国所有省委和总支的社会党人都能共享的网络，定期或不定期地举办各级领导人同党员和党的同情者的"网上见面会"。目前，西欧各国社会党均建立了自己的网站，特别是针对网络时代青年人的特点创新沟通方式，借以提高党组织的吸引力。

对社会党国际部分成员党另组"进步联盟"的初步看法

徐 敏

2013年5月22日,德国社民党、英国工党、瑞典社民党、希腊泛希社运、澳大利亚工党、俄罗斯公正俄罗斯党、南非非国大、墨西哥民主革命党、欧洲议会社会党党团等社会党国际部分成员党和组织,以及美国民主党、印度国大党、国际工会联合会等70多个政党和组织的代表,以出席德国社民党成立150周年庆典为契机,在德国莱比锡召开大会,正式成立"进步联盟"。

一、"进步联盟"成立的背景和原因

(一)社会党国际内部权力斗争是"进步联盟"成立的直接原因。社会党国际是各国主张社会民主主义的政党的国际联合组织,1951年由英、西德、法等西欧国家社会党发起重建,在相当长时期内领导核心多由西欧成员党领导人组成,西欧成员党特别是德国社民党影响力和决策权很大,德国社民党前主席勃兰特曾任该国际主席达16年之久。随着社会党国际不断超越欧洲范围,"向全世界进步政党开放",东欧及亚非拉政党和政治组织纷纷加入,德英等成员党逐渐被排除在领导核心之外,而秘书长一职更是自1989年以来就一直由在发展中国家人脉深广的智利人阿亚拉"把持"。此外,社会党国际会费不设上限,鼓励富国多交,西欧政党缴纳会费普遍远高于其他地区政党,其中德国社民党以10万英镑年费居首,并一向认为多交会费理应享有更大决策权。由于该国际实行"一员一票"

制，成员党不论大小及缴纳会费多少，投票权重相当，德国社民党等感到自身影响力逐渐遭到削弱，特别是与其缴纳的会费金额不对等，对此一直耿耿于怀，频频要求对该国际进行"民主化"改革。2012年8月，社会党国际召开二十四大。德国社民党联合其他西欧成员党推举瑞典社民党前主席萨林竞争该国际秘书长一职，意在夺回主导权，并放话若萨林未能当选，这些党将退出社会党国际，但该职位最终仍由阿亚拉连任。德国社民党等对此极为不满，指责社会党国际内部决策缺乏公平和透明，声称要另立门户。

（二）对社会党国际未能顺应形势变化加强自身建设的不满，是"进步联盟"成立的深层原因。作为当今世界最重要的政治力量之一，社会党国际曾在反对美苏军备竞赛、推动世界缓和、促进南北对话与合作以及支持亚非拉民族解放运动方面发挥重要作用，对当时的世界政治经济形势产生了重大影响。但随着全球化进程的加快和组织力量的不断扩大，社会党国际面临的问题和挑战也日益增多：一是组织活力和凝聚力下降，合作水平下降；二是理论和政策创新不足，在诸多重大国际问题上缺乏建树，国际影响力减小。近年来中左政党特别是西方国家社会党多数面临执政理念、政策、发展模式及争取基本支持群体等多方面的严峻挑战，一些成员党认识到需进一步强化社会党国际作为成员党间分享党建和竞选经验，共享资源和发展战略的平台作用。同时需吸收更多"进步力量"加入到社会民主主义运动中，共同适应国际社会快速变化的现实，继续抓住全球治理话语权，探索应对人类社会面临日益严峻挑战的办法。一些成员党领导人曾多次建言社会党国际实行改革。2011年4月，德国社民党主席加布里尔专门联合欧洲及其他地区29个重要成员党领导人致函社会党国际，要求加快社会党国际改革进程，但收效甚微。2012年社会党国际二十四大前夕，欧洲议会社会党党团外交事务负责人伯曼、澳大利亚工党助理全国书记马丁公开撰文批评社会党国际已不能适应当前社会民主主义运动需要，提出在继续推动社会党国际根本性改革的同时建立全球"进步运动"新的组织形式的双轨道路。二十四大上，德国社民党等在争夺秘书长一职上失利，遂加快推动另立"进步联盟"的进程。同年12月，作为主要推手的德国社民党联合约40个社会党国际成员党在罗马召开会议，宣布将组建新的"进步联盟"。次年2月,社会党国际葡萄牙理事会会议期间,德国社民党等50个成员党就"进步联盟"成立事宜进行了最后磋商。

二、"进步联盟"的宗旨与活动方式

"进步联盟"认为当今世界正处于快速而深刻的政治经济变革中,全球化的发展加剧了社会不平等和国家间贫富差距,新自由主义因其不公正、不平等的政策加重了社会分化,损害了社会团结。该联盟坚持人权、自由、公正、社会平等、可持续以及国际团结等价值观,着重推进创造就业、应对气候变化、消除国际金融市场混乱、防止大规模杀伤性武器扩散、消除贫困和饥饿等目标。希望通过重塑以人为中心的、进步的、合作性的全球政治和经济体系,将21世纪打造成为民主、社会和生态进步的世纪。

该联盟自称是进步党、民主党、社会民主党、社会党和工党的政党网络组织,也欢迎持类似价值观的进步社会力量、工会组织、基金会、智库和非政府组织等加入。目前主要通过召开年度大会,以及依托现有国际和地区网络和论坛(国际进步运动论坛、进步议会领导人大会等)开展活动,通过推动成员间政策沟通和交流借鉴,加强成员党自身建设,把握民众需求,探索适应时代发展要求的政治解决方案。

三、"进步联盟"未来发展面临诸多不确定性

首先,"进步联盟"能否处理好同社会党国际关系,避免社民主义运动分裂值得关注。虽然法国社会党、希腊泛希社运、欧洲议会社会党党团等一些社会党国际成员党和组织领导人均表示,成立"进步联盟"并非为取代社会党国际,而是社会党国际改革的必要补充或借此倒逼其改革,但在抢抓社民主义运动话语权上不可避免地与社会党国际存在竞争。此外,该联盟势必分散社会党国际资源和成员党精力,一些重要成员党领导人已减少出席该国际会议或辞去在该国际内职务,部分缴费"大户"已停缴或减缴会费。社会党国际主席帕潘德里欧曾公开致信该国际所有成员,批评"进步联盟"的成立是企图分裂国际进步运动。社会党国际秘书处也指责

成立"进步联盟"是德国社民党等争权夺利失败的报复之举。"进步联盟"的下一步发展会否造成社会党国际内部更大分裂以及世界社民主义运动的分歧和内耗，值得关注。

其次，"进步联盟"能否助推中左力量实现重振也有待观察。"进步联盟"的成立对世界中左力量具有一定吸引力，未来两三年内，其成员数量和经费数量想必会有一定程度增加。其内部认为，联盟将为世界社会民主主义运动在新形势下继续发展带来新的活力。但从目前公布的基本文件看，"进步联盟"应为松散的价值观联盟或运动联盟，其成员具有不同来源的多元化特性，组织架构、运行模式、活动方式等均有待健全和完善。"进步联盟"能否克服社会党国际成员成分复杂、组织结构松散带来的协调决策难度大、行动能力弱等不足，通过有效整合中左力量、创新政策理论，助推中左力量实现重振也有待观察。

苏东剧变以来西欧国家共产党的力量变化、反思调整及发展前景

孙兆龙　杜　洋

西欧国家共产党曾是西欧政坛的重要政治力量。苏东剧变沉重打击了西欧共产主义运动，削弱了各国共产党力量，一些国家共产党历经多年不懈改革，虽力量有所恢复，但实力和影响力大不如前，大都已被边缘化。在前所未有的逆境和挑战面前，西欧国家共产党并没有就此退缩或消失，而是痛定思痛，勇于探索。其在新形势下为生存和发展进行的反思和探索虽然仍未能扭转颓势，却依然具有一定积极意义，值得关注和研究。

一、西欧国家共产党力量整体呈下降趋势，目前在欧洲、成员国和地方的政治生活中处于低潮

（一）多数国家党员人数跌幅过半。首先，法德意等大国的共产党员人数骤减，有的甚至改名易帜。法国共产党（简称法共）党员人数从20世纪80年代末的33万跌到现在7万至8万人。而德国统一社会党几经易名演变成德国左翼党，并不再自称为共产主义政党，而强调左翼社会主义特性，党员人数也由1989年之前的230万锐减到现在的6.5万。意大利重建共产党（简称意重建共）是原意大利共产党的后继党，由巅峰时期的13万沦为只有3万余党员的边缘小党。意大利共产党人党成立于1998年10月，是从意重建共分裂出来而组建的新党，现有约2万党员。其次，中等国家的共产党员人数大幅下降。西班牙共产党（简称西共）在

1991年十三大期间尚存7万名党员，尽管在1986年与其他左翼党、独立人士组成联合左翼（简称西班牙联左，西共在联左中占80%以上），但西共党员人数却下降到现在的4万人左右。葡萄牙共产党（简称葡共）党员人数由苏东剧变前近20万降至9万人左右。希腊共产党（简称希共）由6万人降至3万余人。再次，只有极个别国家共产党受冲击较小。塞浦路斯劳进党（简称塞劳进党）基本保留苏东剧变前力量，人数变化不大，约有1.4万名党员。

（二）除塞劳进党和法共曾执政或参政外，西欧共产党在国家政治中整体处于弱势。第一，虽在议会中拥有自己的党团，但席位较少，有些则已成为边缘小党。德国左翼党在2013年大选中以8.6%的得票率获得631个议席中的64个，在五大党团中位列第四。法共在2012年立法选举中仅获7个国民议会议席，丧失独自组团权利。西班牙联左在2011年大选中获得11个议席，位列第四。以葡共为主的民主团结联盟在2011年大选中获得7.94%选票和16个议席。希共在2012年大选中仅得4.5%选票和12个议席，是议会第七大党。第二，塞劳进党选举失利，从执政党变成最大在野党。2008年，塞劳进党总书记赫里斯托菲亚斯赢得总统大选，成为欧盟首位共产党人国家元首。但在2011年议会选举中，因受塞问题谈判进展缓慢和经济危机拖累，该党仅获32.67%选票和19个议席，成为议会第二大党；在2013年2月的总统选举中，劳进党候选人仅获42.5%选票，沦为在野党。第三，意大利共产党力量彻底边缘化。在2008年的大选中，由于大党拒绝与重建共结盟，重建共虽然与共产党人党等四个左翼小党组成了左翼联盟，但所获选票未达到4%的议会最低门槛，被排除在议会之外。2013年3月，意大利共产主义力量虽然再次联手参选，但效果依然不佳，得票率仅有2%左右，再度成为议会外的小党，在政治上被彻底边缘化。

（三）在地方层面，部分国家共产党能够在一些大区或地方执政或参政。德国左翼党目前进入德16个州的10个州议会，在勃兰登堡州为参政党，该党在东部各州政治中有较大影响力，在一些区、县、市政府中出任主要负责人。法共目前在全国16个3万人以上的市镇执政。西班牙联左在西拥有2628名市政议员，在安达卢西亚大区参政。葡共则在全国305

个城市中的28个执政。但意共产党力量、希共在地方表现糟糕。意重建共和共产党人党在地方几无执政或参政，影响力渐微，面临生存问题。希共在2010年地方选举中未获得参政机会。

（四）欧洲左翼党作为欧洲共产党在欧盟层面的组织于2004年正式成立，表明欧洲国家共产党正努力通过地区联合争取发展空间，但其在欧洲政治格局中的影响力仍十分有限。欧洲左翼党成立于2004年，主要力量为原共产党演化或重组的共产党以及传统共产党色彩相对淡化的共产党。该党在本届欧洲议会仅34个席位，是最小党团。目前，多数国家共产党加入了欧洲左翼党。德国左翼党、法共、意重建共、西共等均为欧洲左翼党成员党，塞劳进党是欧洲左翼党观察员党，但葡共、希共未参加国际或欧洲地区性政党。德国左翼党是欧洲左翼党的重要成员党，在欧洲议会左翼联盟党团34个议席中占8个席位，是各成员党中欧洲议员最多的党。

二、20世纪90年代以来，西欧国家共产党的阶级基础、政治空间不断被挤压，一方面是由于其内部团结不够，内耗严重，同时又脱离社会实际，缺乏行之有效且能吸引选民的理论主张与改革措施；另一方面则受苏东剧变和全球化严重冲击，社会整体环境的深刻变化不利于共产党力量发展

（一）苏东剧变、特别是苏共倒台的巨大冲击是直接原因。首先，苏共一夜之间倒台，给西欧国家共产主义力量带来全方位的打击和挑战。这些党突然失去了方向，出现严重思想和组织混乱，有的甚至不再以马列主义为指导，转变成民主社会主义类型的政党。如意大利共产党作为除苏共外欧洲最大共产党，直接更名为左翼民主党；德国统一社会党则宣称在政治、思想和组织上同过去的历史决裂，改称民主社会主义党，并最终定位于左翼的社会主义政党；而荷兰共产党直接宣布解散。其次，苏东剧变余波难平。动荡导致西欧国家对共产主义和共产党的怀疑、恐惧甚至仇恨长期存在，阴霾不散。20多年来，欧洲主流媒体大肆丑化、妖魔化共产党形象一刻也未停歇，它们工于片面解读历史，歪曲、抹杀共产党的历史作用，防止其东山再起意图明显，这也在很多不明真相的民众心中打上了共产党就是苏共、"异类"的烙印。

（二）内耗严重，未能根据本国国情进行行之有效的理论探索和改革实践是根本原因。其一，受苏共长期控制与影响，西欧国家共产党大都缺乏"自我"，对本国基本国情和国际形势变化也缺乏足够了解和应变。许多政党领导核心软弱无力，动员能力有限，内部在变革道路、联盟政策、未来发展等诸多领域矛盾分歧严重，党内斗争持续不断，甚至出现宗派主义，损害了团结与统一，削弱了凝聚力和战斗力。其二，改革效果不佳。20世纪90年代以来，多数党都提出革新党的理论纲领和改革措施，但这些改革或缺乏清晰的指导思想、长远的发展战略和周密部署，在治国理政上脱离实际，空于说教，或与社民党的主张大同小异而缺少自身特色，没有说服力和吸引力。有的党如法共，改革过于激进反而损害了其选民基础，而南欧一些政党则变革过晚过缓。因此，改革只是在一定程度上放慢、却未能从根本上扭转西欧共产党力量下滑的趋势。其三，在国际金融危机和欧债危机中难有作为。多数党在欧债危机爆发时，对资本主义制度和中右、中左政府应对措施大加批评，但由于长期缺乏执政经验，所提理论和对策多浮于表面，理想色彩较浓，不具可操作性。

（三）在全球化冲击下，西欧国家社会结构发生重大变化是共产党政治生存空间屡遭挤压的重要原因。第一，社会结构不断变化严重削弱了共产党的阶级基础。一方面，全球化和信息化根本改变了西欧国家的产业结构，共产党依赖的传统产业部门的蓝领工人大幅减少，而以脑力劳动为主的"新中间阶级"普遍超过70%，已成为社会主体。另一方面，随着西欧发达资本主义国家政治、社会多元化发展，社会保障体系不断完善，公民各项政治权利也得到有效保障，民众已习惯于福利型国家的安逸生活，共产党相对激进的主张与做法吸引力渐失，党员人数和依靠力量不断萎缩。第二，政党政治的变化挤压了共产党生存空间。近年来，中右政党在多数西欧国家执政；社民党抓住经济全球化机遇，提出"第三条道路"，实力得到一定巩固发展；一些主张低碳、环保、可持续发展的绿党，主张互联网自由、保护个人隐私的海盗党等新兴政党迅猛发展，成为举足轻重的新兴政治力量，瓜分了共产党努力争取的中间偏左选民的支持。共产党与其他类型政党力量此消彼长，生存空间越来越小。

三、西欧国家共产党的反思和探索

（一）适应形势变化，调整党的理论纲领。苏东剧变迫使西欧共产党深刻反思教训，并调整党的理论纲领，指出苏联的失败是共产主义观念"之一"和社会主义模式"之一"的失败，而不是共产主义和马克思主义本身的失败；强调社会主义基本原理仍适用于当今社会，认为共产党即便是在现行资本主义体制框架内，也可通过多党选举等西方民主方式进行社会变革，进而超越资本主义。这一理论创新，一定程度上解决了在西欧是否有必要坚持共产主义和如何去实现最终目标的问题。此外，西欧共产党还注意不断从反全球化、和平反战、绿色环保、妇女运动等新生社会运动和政治思潮中吸取养分，不断丰富党的纲领主张。自国际金融危机尤其是欧债危机爆发以来，西欧国家共产党抓住机遇，旗帜鲜明地批判资本主义制度和新自由主义，大力宣传马克思主义经典理论，强调发挥公有经济和国家计划的作用，力争在西欧主流舆论中产生一定影响。

（二）加强党的组织建设，不断扩大党的社会基础。针对社会结构的深刻变化，西欧各国共产党从20世纪90年代中期开始在党建等方面采取更加开放的政策。一方面对工人阶级的概念给予更宽泛的理解，巩固和扩大传统阵地；另一方面对中产阶层持更加开放的态度，努力拓宽社会基础。意大利共产党人党提出团结中间阶层和民主进步的资产阶级，法共认为"工人阶级已不再是唯一的革命力量"，西共、葡共等也提出了与其他社会进步力量结盟和向中产阶层开放的政策主张，并通过保护和扩大青年、妇女、外国移民权益来争取更广泛的社会支持。在党的组织建设方面，各党通过扩大党内民主、密切党群关系、创新党建形式、活跃组织生活等手段提高党组织的吸引力和亲和力，不断拉近基层党员与党组织的距离。

（三）积极联合国内外其他左翼政党，努力扩大党的政治影响。西欧各国共产党普遍采用更加开放的结盟政策来扩大政治影响。西共在2000

年大选失败后开始重视"联合左翼"建设,明确提出"团结左翼、共建未来"等颇具感召力的口号。意重建共为避免重蹈2008年大选被挤出议会的覆辙,联合三个小党结成左翼联盟。法共在2012年总统大选中与左翼党结成"左翼阵线"联合参选,其选绩一度十分抢眼。很多共产党还寻求与社民主义政党结盟,西共把同工社党及其他左翼力量的联盟作为扩大左翼政治空间、抵御右翼进攻的必然选择。此外,欧洲一体化进程已使许多问题超越了国界,这也使得西欧共产党在欧洲层面特别是在欧洲议会左翼党党团框架内协调立场,开展统一行动。

(四)适应公民社会的兴起和互联网等新媒体的普及,不断探索全新斗争和宣传方式。西欧国家共产党还积极寻求与新兴社会运动建立联系,利用一切对资本主义持批评态度的政治运动并参与其中,借以宣传党的政治理念,扩大自身影响。进入新世纪以来,反全球化运动和反新自由主义运动已成为西欧国家共产党新的活动平台和借重力量。法共曾联合其他左翼力量,在2005年全民公投中成功否决欧盟条约,其影响巨大。南欧一些共产党则高举反新自由主义旗帜,猛烈抨击现行经济社会政策,积极参与和声援西班牙"5·15"青年抗议运动以及希腊、葡萄牙等国反对政府紧缩政策等声势浩大的抗议运动,提升了党在中下层民众中的威信。在资产阶级媒体占主导的环境下,西欧共产党在坚持发行党报党刊的同时,还积极尝试互联网等新型媒体,通过建立网站、开设领袖博客等方式,方便普通党员和选民通过网络了解党的主张,鼓励其积极参与政治讨论,变过去的单向灌输式宣传为双向互动式交流,不仅更加有效地传播了党的思想理念,而且更为快速、直接地了解到基层党员和民众的呼声。

四、西欧国家共产党的发展前景

经过痛苦反思和艰难探索,西欧国家共产党大多保留了"共产党"的名称和"共产主义"的最终目标,保存了一定的实力,顽强地生存了下来。从中长期看,西欧国家共产党能否找到走出低谷的出路,关键在于:一是能否处理好保持共产党特性和变革的关系,解决好"自身定位"问题；二是能否适应全球化背景下经济社会结构的发展变化；三是能否顺应广大党员和选民的诉求，提出符合其愿望和利益的政策主张；四是能否妥善解决党内各派矛盾，实现求同存异；五是能否切实加强党建和组织工作，维护党员和干部队伍的稳定；六是能否正确处理同其他左翼政党既合作又竞争的关系。

从欧洲左翼党的发展看欧洲左翼力量现状及面临的挑战

林 蔚

欧洲左翼党成立于 2004 年,是一个由欧洲的共产党、左翼社会党、红色绿党及部分民主左翼政党组成的地区性政党联合体,主要力量是由原共产党演化或重组的共产党及传统共产党色彩相对淡化的共产党。欧洲左翼党的成立是欧洲左翼力量、尤其是共产党力量的重大事件,其发展进程是"冷战"结束以来欧洲共产党力量兴衰、实力地位变化的综合反映。

一、欧洲部分共产党与左翼政党不断总结跨国合作的历史经验与教训,及时把握欧洲一体化与经济全球化的重要机遇,逐步探索不同于"共产国际"的新型国际联合方式,试图重新树立左翼运动的旗帜

欧洲左翼党作为第一个欧洲地区性的传统左翼政党组织,其成立时间要大大晚于欧洲人民党(1976 年)、欧洲社会党(1992 年)、欧洲自由党(1993 年)、欧洲绿党(1993 年)等其他泛欧政党。欧洲左翼政党的联合大致经历了三个时期:

第一阶段("冷战"结束至 1994 年),是维持非正式国际联系的调整期。苏东剧变后,急剧恶化的内外环境使西欧共产党陷入前所未有的理论和组织混乱,整体力量严重萎缩,欧洲左翼力量只能通过互派代表参加党代会、举办专题国际会议等形式努力寻求联合。这一阶段以 1992 年"新

欧洲左翼论坛"的成立为标志,西欧部分共产党有了一个讨论重要问题、协调立场、加强合作的非正式国际组织。

第二阶段（1994—2004年），是新联合方式的探索期。以1994年进入欧洲议会的共产党与部分北欧绿党及左翼力量成立"左翼联盟党团"以及2002年欧洲社会论坛的成立为两个重要标志，欧洲共产党开始有意识地在欧洲层面和欧盟内部寻求具体政策上的协调，并思考进一步密切与其他左翼力量及新社会运动合作的新方向。随着欧洲一体化进程的不断深化、首轮东扩的临近以及反全球化运动的蓬勃发展，共产党与左翼力量在全欧范围的联合行动和国际会议逐渐增多。1995年初步提出设立一个协调欧洲左翼行动的常设机构。1996年、1997年、1998年的"马德里进程"与"柏林会晤"也都以推进左翼合作为主旨。2002年欧洲社会论坛成立前夕，意大利重建共组织了为期两天的会议，讨论成立欧洲替代性左翼政党的必要性与可能性。

第三阶段（2004年至今），是欧洲左翼党的初创期。随着欧盟首轮东扩于2004年完成，一些政党敏锐意识到，"全球化与资本主义的发展使欧洲左翼党的成立十分必要与可能"，必须利用反全球化运动、生态运动、妇女运动、和平运动等各种新社会运动提供的新发展空间，通过传统左翼与新社会运动的组合，减少或消除国际共运的不愉快历史对西欧共产党及其成员间合作的负面影响，加快欧洲左翼党的筹建工作。以2004年5月欧洲部分共产党与左翼政党在罗马召开欧洲左翼党成立大会为标志，表明欧洲共产党及左翼政党的泛欧联合已上升到地区性政党组织的新阶段，开始了"塑造左翼替代"的历史进程。

二、欧洲左翼党致力于建立一个更多体现"左翼特色"，而非"共产党特色"的"新政治主体"，明确表示要"切断与斯大林主义的联系"，"回归马克思主义的本源"，将共产主义的理想从"专制压迫的代名词"中解放出来，扭转共产主义理想被逐步边缘化的趋势，确立超越资本主义、抵制新自由主义

全球化的新目标。其"左翼替代战略"的主要政策主张包括以下几点

第一，总结、反思20世纪现实社会主义的经验教训，继续马克思主义的实践。欧洲左翼党认为，苏联和中东欧国家进行了历史上第一次社会主义实践的尝试，在其进行社会主义建设初期，在发展经济、推进社会进步、提高人民生活水平以及繁荣科技文化方面取得了成功，得到了人民的拥护，也符合"二战"后"欧洲对建立一种新型社会制度的普遍期待"。但后来由于当权者错误运用甚至滥用手中的权力，再加上体制僵化，没有创造出一种新的、能够充分解放和促进生产力的社会体系，社会的发展与进步受到阻碍，现实社会主义无一例外地失败了，这也是20世纪现实社会主义留下的经验教训和宝贵财富。欧洲左翼党宣称要秉承社会主义、共产主义和工人运动的价值观和传统；秉承女权运动与男女平等、环保运动与可持续发展、和平与国际团结、人权、人道主义和反法西斯的价值观和传统，以及进步与自由的思想，与各界人士一道要求和平、民主、社会公正、自由、男女平等、尊重自然等基本权利，把人类从各种形式的压迫、剥削和排斥中解放出来，建立一个"超越资本主义和家长式逻辑的社会"。

第二，欧洲左翼党认为当前的金融危机和经济危机本质上是资本主义危机，是以金融形式爆发的全球危机，突显了资本主义体制主导下的政治、经济与社会弊端。欧洲左翼党强调，新自由主义和资本主义的全球化并不是经济发展的自然选择，而是资本主义政治发展与政治决策的结果。在这样的世界里，资本主义国家之间的竞争和倾轧不断加剧，经济力量对政治体系和人民生活的影响力越来越大，而政治对未来的塑造力则越来越小，日益屈从资本主义经济力量的压力，造成了当前的危机形势。正如马克思在《共产党宣言》中所述，资本主义"再也容纳不了它本身创造的财富了"。回顾历史，资本主义总能为自身的危机找到出路，但此次危机的复杂性史无前例，金融危机、经济危机、生态危机、人类生存危机相互交织，威胁到了全球生态安全和人类赖以生存的基础，直指资本主义制度的核心，并日益演变成"一场旷日持久

的结构性整体危机",揭示出了资本主义所面临的重建危机、社会团结危机、法制与民主危机、公民社会危机,凸显了资本主义主义制度"剥削、掠夺、控制的极限"。因此,需要对资本主义制度进行"广泛而大刀阔斧的民主改造"。

第三,反对新自由主义模式,推行"一个民主、可持续、以人为本的新型发展模式"。欧洲左翼党指出,欧洲国家、欧盟和国际社会没有采取有效措施使金融投机者为此次危机承担应有的责任,其推行的新自由主义政策却使欧洲民众为当前的资本主义危机付出了日渐沉重的代价,社会福利被削减、数百万工作岗位流失、财富集中与分配不平等现象日益突出,生活条件日益恶化,公共部门与工会组织的作用受到严重冲击,人民的民主参与权被侵蚀,这种完全逐利的新自由主义模式是不可持续的,欧洲左翼党倡导在欧盟及各成员国范围内形成"一条反对新自由主义的政治社会阵线",实施"社会欧洲"议程。一是以团结原则为基础,建设一个"团结互助、拥有社会福利、上层帮下层、富人帮穷人的再分配型社会";二是以"人民先于利润"原则为基础,鼓励经济发展模式的改革。追求优先考虑充分就业、培训和公共服务的"另一种经济和社会政策",停止过度消耗人力资源和自然资源,促进可持续发展;三是反对战争,奉行和平、反对战争和反对恐怖主义的政策,倡导新和平运动,主张解散北约,揭示新自由主义的社会模式与资本主义全球化战争之间的关系,要建立一种替代新自由主义和战争的经济社会可持续发展的新秩序;四是以民主原则重建欧洲,通过真正加强民众对欧洲建设的民主参与来解决信任危机,支持欧盟扩大至伊斯兰国家,认为欧洲的政治空间不应止步于前东西方阵营边界。

三、欧洲左翼党是今后欧洲共产党和激进左翼政党深化合作、强化协调的重要平台,今后的任务是努力寻求适应时代发展的新道路

欧洲左翼党的正式成立在一定程度上表明西欧主要国家共产党在欧洲政治舞台上的生存问题已经是"一场打赢了的战斗",它汲取了环

保主义、女权主义、和平主义、人道主义、反法西斯主义等其他新左翼的思想观念，代表着一种欧洲左翼思潮，对欧洲和国际形势的分析判断及政策主张有其合理和进步的一面，在欧洲资本主义的框架有一定发展空间。从2004年成立至今，欧洲左翼党从首批14个成员党发展到现在包括德国左翼党、法国共产党、意大利重建共产党、西班牙共产党等27个正式成员党和11个观察员党，在整合欧洲左翼力量方面取得了一定进展。目前，欧洲左翼党在欧洲议会的左翼联盟党团拥有34个席位。

但受内外政治环境影响，其未来发展面临诸多挑战。

挑战一：自身建设方面，欧洲左翼党成立之初遭到了欧洲不少传统色彩较浓的共产党的反对。整个欧洲大陆目前有60个左右的共产党和左翼党，包括葡萄牙共产党、希腊共产党、捷摩共等很大一部分传统共产党尚游离在欧洲左翼党正式成员之外。此外，欧洲左翼党成员党内部在如何总结评价欧洲社会主义与共产主义运动历史、如何评价20世纪现实社会主义的贡献和历史地位、如何看待左翼党的基本特征、是否坚持社会主义与共产主义目标等重大理论和政治问题上仍存在许多分歧。因此，如何处理与上述政党及党内反对派的关系，加强而不是削弱各党之间的团结，是欧洲左翼党面临的难题。

挑战二：思想体系与价值取向方面，欧洲左翼党以共同的"反体制立场"为基础，建立与工人运动、工会运动、反全球化运动、欧洲社会论坛、妇女运动、环境和生态运动等进步力量之间的紧密沟通与合作，尽管这在一定程度上壮大了左翼力量，但同时也产生了思想理论与价值观体系庞杂、取向不一的问题，党内思想多元化、随意化的倾向可能影响到欧洲左翼党的决策能力、协调能力及行动能力。

挑战三：组织原则方面，鉴于国际共运的历史教训，欧洲左翼党采取协商一致、政治谅解的组织原则，所有重大问题均由各党协商讨论，如遇分歧，不采取投票表决方式硬性解决，各党对决议在本国的实施也可根据实际情况决定，这种"先天不足"将成为制约欧洲左翼党进一步发展的"瓶颈"。

挑战四：社会基础方面，欧洲左翼党竭力淡化传统的共产党特色，在政策与组织上都强调与社会运动、公民社会的紧密联系,这既与同属"大左翼"的欧洲社会党有所重合,又涉及欧洲绿党的传统选民基础,欧洲左翼党的发展空间受到限制。因此,如何进行大胆探索和革新,提出能反映民众意愿、有现实可行性的建设性主张,扩大社会基础是决定欧洲左翼党发展前景的关键。

国外政党应对选民政党认同下降的主要做法

魏 伟

政党认同是指选民在心理上对某一政党的归属感或忠诚感,具有一定的稳定性,是政党发展壮大的根基和沃土。近年来,受社会结构变迁、政党组织变化、网络新媒体普及、非政府组织兴起等因素影响,选民对特定政党的认同发生变化,导致不少国家大党老党的社会支持率下降,政治竞争力弱化。这引发一些国家政党的警觉,并积极采取应对措施,争取收复民心,重建选民对党的认同关系。

一、选民政党认同下降的主要表现

(一)选民对特定政党的忠诚度下降。过去,选民具有鲜明的党派观念,支持、加入某一政党是他们政治生活的一部分,也是实现其政治理想的重要途径。近年来,这种选民终其一生的政治忠诚已不复存在。从世界范围看,老牌政党无论是左翼还是右翼,尽管使出各种招数都无法阻止党员离去和忠诚选民流失的脚步。一是以西方为主的多国大党老党的党员数量明显下降。自20世纪80年代以来,欧洲传统政党党员流失状况明显加剧,仅2001—2008年间,英国、德国和瑞典党员人数分别减少36%、20%和27%。二是对大党老党"从一而终"的铁杆选民减少,无"党派属性"的独立选民增加。2011年,在美国各项选举中对民主和共和两党都加以拒绝的"独立选民"平均比例高达40%,2012年这一数字则上升至创纪录的44%。

(二)选民参与选举和投票的意愿下降。由于对政党的信任不足,一些国家选民不再积极参与政党的选举活动,使得大选投票率整体呈现下降趋势。这种"选举冷漠"现象在西方国家尤为明显。尽管大多数国家都把选民投票的合法年龄降至18岁,也没能有效提升投票率。除个别年份外,美国大选投票率一直低于60%。英国选民投票率从20世纪50年代的80%大幅下滑至近年来的60%左右。在日本2012年大选中,选民投票率仅为59%。加拿大、意大利等国大选投票率也在低位徘徊。投票率下降使得许多国家选举的公正性和胜选政党的合法性打了折扣。一些国家不得不运用法律手段约束选民投票。如澳大利亚规定不投票的选民面临罚款处罚,比利时规定屡次不投票的选民将被取消选举资格。

(三)选民投票的摇摆性、分散性、惩罚性行为突出。选民对政党认同下降导致"党性投票"减少,依据议题、候选人形象等短期因素投票的行为增多,使选举结果的不确定性上升。一是在连续两次选举中把票投给不同政党。二是在不同层面的选举中,采取分散投票的方式,对不同政党予以支持。如在议会制国家的上院、下院选举中,及在总统制国家的总统和国会选举中,选民分别把选票投给不同政党及其候选人,以平衡各派政治力量,加强相互制衡。三是用选票支持新兴政党或相对极端的政党,发泄对大党老党的失望、不满。如在饱受债务危机冲击的意大利和希腊,极端政党"五星运动"、"金色黎明"获得不少选票,跻身主流政党行列,并具备影响组阁以及政府决策的能力。

二、导致选民政党认同下降的原因

(一)一些政党自身发展陷入瓶颈。主要表现为:一是缺乏权威型、魅力型的领袖人物。随着一批有民望、能够"一呼百应"的老一代领袖型人物卸任,不少国家新生代领导人登上政治舞台,然而其执政能力和政治影响力均难敌前任。国际金融危机以来,世界各国普遍面临经济社会问题,一些大党老党领导人应对无方,招致选民失望。二是意识形态失去吸引力。意识形态反映了政党的政治倾向和政治立场,是凝聚选民的政治理念基础。近年来,许多主流政党为扩大代表性,思想理念日益中间化,意识形态分野趋于模糊,阶级属性淡化,导致部分传统选民失去政治归属感,对政党的认同下降,最终离党而去。

（二）一些政党重选举，轻党建，形象受损。随着政治竞争愈益激烈，很多政党投入大量人力财力应对选举，将选民关注点引向候选人而非政党本身，使党的命运随政治人物浮沉。为赢得选举，一些党的候选人大开空头支票迎合选民，上台后却无法兑现，失信于民；一些朝野政党置国家利益和民生改善于不顾，相互抹黑，恶性争斗，引发选民反感。一些大党老党长期忽视组织建设，或大搞"一言堂"，忽视党员权利，造成消极党员增多，对党的形象损多益少；或组织松散、派系林立，削弱了党的战斗力。还有一些党作风建设滞后，脱离民众，权钱交易盛行，社会影响恶劣。政党的上述做法，都影响了选民的认知，造成选民排斥政党，甚至对政党政治产生厌倦。

（三）选民结构发生变化。20世纪60年代后，随着科技进步和生产力发展，西方国家的阶级结构发生重大变化，中间阶层兴起，传统意义上的产业工人和资本家减少，一些大党老党的社会基础发生改变。国际金融危机发生后，西方国家的社会结构继续演变，庞大的中产阶级开始分化，不少人受危机影响出现"身份倒退"，再次沦为中下阶层，使原有的橄榄型社会结构向"碎片化"发展，导致各类政党的基本选民进一步分化，社会基础削弱。在许多发展中国家，选民结构也发生变化，年轻一代选民逐渐接近或超越社会多数。如马来西亚45岁以下选民占了80%，25岁以下占到50%。尼日利亚全国人口的2/3是30岁以下的年轻人。与老一辈选民相比，年轻选民对政党和政治有着自己的理解，不愿盲从和依附政治权威，对大党老党的感情淡化，认同趋弱，支持下降。

（四）政党的功能弱化、职责缺失。一方面，网络新媒体代行了过去由政党体现的宣传、动员和教育功能。互联网的发展和普及深刻影响和改变了选民的政治参与方式，为选民直接参政提供了便利，从而减少选民对政党的依重。另一方面，社会运动、非政府组织，以及新兴政党的全方位发展，为有意参与政治活动的选民提供了更多选择。同时，非政府组织和新兴政党利用一些大党老党政府官僚低效、履责不到位的有利时机，将触角伸至社会生活的各个方面，扎实为选民服务，受到部分选民青睐，实现快速发展，分散了选民对大党老党的支持。如美国"茶党"、德国海盗党、巴基斯坦正义运动党等在选民中影响不断上升，必然削弱选民对传统政党的认同。

三、一些政党的应对策略

当前，选民认同下降不仅改变了许多政党的发展轨迹，而且危及其前途命运，倒逼一些党加紧进行变革调整，重塑形象，努力扭转选民认同下滑趋势。

（一）响应选民诉求，提出有号召力的竞选口号与政策主张。竞选口号是政党施政纲领的高度浓缩，直接关系到党的政策能否得到选民的认同。2004 年，印度国大党在提前大选中，批评人民党重经济增长、轻民众生活改善，政策偏向富裕阶层等弱点，有针对性地提出"没有印度农村，印度就无法大放光芒"的竞选口号，承诺把增加就业、改善民生作为党未来执政的首要任务，引起广大中下阶层选民的共鸣；从心理上拉近了党与广大选民的距离，赢得多数选民的支持，助其重新夺回政权。2008 年，美国民主党总统候选人奥巴马凭借"变革"、"是的，我们能"等激动人心的竞选口号，争取到厌倦小布什政府的选民支持，以压倒性优势当选总统。奥巴马上任后展现平民总统的亲民气质，积极兑现竞选承诺，实行倾向于中下层选民的经济社会政策，使大多数中下层选民相信，奥巴马执政能够代表他们的利益，并坚定地支持奥于 2012 年连任总统。

（二）重视选民切身利益，兼顾经济发展和民生改善。解决好发展和民生问题是政党赢取选民认同的关键条件，两者缺一不可。新加坡人民行动党在 2010 年创造了 15% 的世界最高经济增长率，忽视了选民关切的物价和居住问题，引起部分选民不满，导致人行党在 2011 年大选中支持率下滑。对此，人行党秘书长李显龙指出，新加坡不应过分强调经济增长，而应"高度重视民众关切"，并委任党内多位政治新星担任政府民生部门首长，充分聆听选民呼声，解决选民关心的实际问题。韩国总统朴槿惠上台伊始即向选民承诺，新国家党政府会以值得信赖的政策，保障企业家更积极地投身于企业运营，将把"温暖的增长"作为国政运行的重要基调，让经济增长的暖流遍及社会的各个角落。法国社会党、意大利民主党为重拾选民对政党的信心，改变危机应对思路，尝试在稳财政和促增长之间寻求新的平衡。法政府明确放弃既定的 3% 财赤目标，承诺年内不再出台新的紧缩政策，加紧推进结构变革，提升经济竞争力，平息选民怨气。

意联合政府也顶住各方压力,提出放松紧缩政策,推动实施"增长契约",着力解决民生和青年人失业问题。

(三)扩大政治包容性,妥善应对社会政治生态变化。为满足选民多元政治要求,化解反对派挑战,不同类别政党的应对方法有所不同。西方国家大党除利用制度设计遏制新党成长外,主要采取"拿来主义"手法,主动吸纳新党、小党政策的合理成分,使自身政策涵盖更广泛的社会阶层利益,挤压新党、小党的生存空间;或以参与联合政府、提供议会外支持等方式,拉拢新党、小党,引为己用。一些发展中国家大党担心一味打压反对派,可能引发选民反感和对反对派的同情、支持,纷纷进行有限度的政改,满足选民对民主政治的期待,缓解内外压力。哈萨克斯坦建立多党制议会,让更多党派参与国家权力运作。土库曼斯坦撤消人民委员会,适度扩大议会权限,并承诺逐步实行多党制。部分非洲国家政党主动营造宽松政治氛围,向大众传媒系统和各种利益集团释放善意,并将其打造成国家政权和草根阶层的沟通桥梁,以便更好地收集民意、服务民需。

(四)重拳惩治腐败,以清新、清廉形象争取选民支持。腐败是导致选民疏离政党的重要因素,许多政党深受其害。为挽回民心,一些党积极展示反腐决心,打造清廉形象。法国社会党在竞选期间高调承诺建立"模范共和国"和清廉政府,但上台不久就爆出前预算部长海外秘密账户和避税丑闻,引发民意强烈反弹,奥朗德政府遭遇严重信任危机。事发后,奥朗德迅速作出反应,严惩当事人,推出系列反腐措施,打击经济和金融犯罪,加强政治生活透明度,公布38名政府成员的个人财产,以遏制支持率下滑局面。坦桑尼亚革命党是连续执政49年的老党,在2010年大选中,因贪腐问题导致支持率下滑,基奎特主席大为震惊并下决心反腐。中央委员会开除了深陷弊案的部长和资深议员。新领导层还勒令涉贪人士在3个月内"洗清"自己,否则开除出党。越南共产党于2013年初正式成立了阮富仲总书记亲自挂帅的"中央反腐指导委员会",强化反腐执行力,并展示其加强党建、整顿吏治的意志,进一步密切党群关系。

（五）借力新兴媒体，加强对选民的宣传、教育。为更好地激发中间阶层和青年选民的政治参与热情，不少政党利用新媒体的"双向互动"功能，宣传党的政策主张，树立党的形象，拉近党民距离。德国社民党开设青年网站，把青年感兴趣的体育、音乐和娱乐节目与党要传达的政治信息"捆绑"起来，寓教于乐，吸引年轻选民的关注，与年轻选民建立起松散、自由和长期有效的关系。俄罗斯统俄党总统候选人普京在2012年大选中，充分利用新媒体宣传造势，开通竞选网站，全面宣传自己的执政理念和对国家未来发展的规划，同时收集民意、详细解答选民关心问题，以其政治实力和切实可行的规划打动民心，成功复任。卡梅伦2005年出任英国保守党领袖后，以网络视频直播其带着橡胶手套边洗碗边谈论政治、在平民商店购物等与普通人相同的家庭生活画面，向选民展示其真实、亲切的形象，改变选民对保守党"富人党"的认知，为保守党在此后的大选中奠定了获胜基础。

附录一 2013年世界政党形势大事记

1月

一、选举情势

11—12日，捷克举行1993年独立以来的首届总统全民直选。前总理、社会民主党领导人米洛什·泽曼与现政府副总理、右翼第二大党——TOP09党主席施瓦岑贝格展开激烈的左右力量大对决。经两轮较量，泽曼赢得56%的选票战胜对手，成为捷历史上首位直选总统。有分析指出，泽曼与现任总统的疑欧倾向不同，他上任后，捷克与欧盟的关系有望得到改善。

13日，格林纳达执政党民族民主大会党宣布，格将于2月19日提前举行大选。原因是，该党上台以来一直未能处理好政府和党内内讧问题，导致党在议会失去多数执政地位，政府无法有效施政。目前，朝野各党围绕选战激烈较量。

20日，德国下萨克森州举行第17届议会选举。结果显示，尽管基民盟仍保持第一大党地位，但反对党社民党和绿党组成的红绿联盟仅以一个席位的微弱优势，终结了默克尔领导的基民盟和自民党黑黄联盟连续十年的执政地位，红绿将组成新一届联合政府。此次州议会选举不仅使中右联盟政府失去在联邦参议院的绝对多数地位，默克尔政府的施政受到严重牵制，也将对9月举行的联邦大选产生一定影响。

21日，特立尼达多巴哥唯一的半自治行政区多巴哥举行地方议会选举，现任首席秘书奥维尔·伦敦带领的人运党战胜对手"多巴哥人民组织"（TOP），一举夺取议会所有12个席位，使未来5年多巴哥议会中无反对党存在，创历史纪录。伦敦本人在连续执政12年后再获连任。多巴哥议会选举独立进行，不与特立尼达多巴哥全国大选挂钩，但被普遍认为是民众对朝野政党态度的反映，在很大程度上提振人运党的士气，增加了该党两年后赢得全国大选的机会。2010年5月，人运党在全国大选中失败成为反对党。

22日，以色列举行19届议会选举。结果显示，现任总理内塔尼亚胡领导的右翼联盟"利库德集团—以色列是我们的家园"获得120个议席中的31席，虽仍为第一大党，获得牵头组阁权，但选票低于预期，也较本届席位减少11个。组建不久的未来党获19席，成为最大赢家，并分散了左翼工党的部分选票。工党仅获15席。总体看，右、左两大阵营势均力敌，各有60席。右翼竞选联盟由于未获单独组阁所需的61席，必须联合左翼政党组成广泛的联合政府。

23日，约旦举行国民议会众院选举，这是突、埃政局突变后约旦举行的首次大选，民心思稳怕乱，使选举过程平稳有序。共有1425名候选人竞争150个议席。结果显示，150个议席主要被代表部族和传统家族利益的独立候选人占据，现有的20个政党的代表仅获得27席。有穆斯林兄弟会背景的约最大反对党伊斯兰行动阵线党及其他四个较小政党以选举规则不合理、未改变王室垄断国家权力为由抵制选举，发展空间受到进一步挤压。据统计，选民投票率高达56.5%，创20多年来的新高。这次选举是约执政当局响应民众政改诉求，争取主动的结果。此前，为缓解国内矛盾，约当局四度更换首相，五度改组内阁，审议修改宪法、选举法、政党法等。国王承诺向"民众交权"，实施"真正的改革"，新首相的产生不再由国王确定，而将由新议会选举代替。

26日，新加坡榜鹅东区举行国会补选，工人党女候选人李丽连获得54.52%的选票，以较大优势击败人行党候选人许宝琨，成为自1968年以来首位当选单选区女议员的反对党人士。此次议员补选是填补新国会议长柏默然因婚外情辞职造成的空缺，人行党"保位"失败。这是人行党遭遇2012年以来国会补选的"两连败"，终结了该党54年以来在多党混战的补选中不败的政治神话。选民支持工人党意在敦促人行党加快改革，转变作风，为民众提供更高品质的服务。

30日，澳大利亚总理吉拉德宣布，现政府计划于8月12日解散议会，并于9月14日举行大选。吉拉德称，提前公布大选日期的目的是平息各方对选举日期的猜测。消息一出，反对党自由党—国家党两党联盟表示欢迎，称两党"已作好准备"。据有关民调显示，工党的选情不佳，如现在举行大选，工党执政地位难保，两党联盟将以较大优势获胜。

二、政党动态

11日，尼泊尔共产党（毛主义）在时隔20多年后再次召开全国代表大会，共有来自各区县基层组织的1600多名党员与会，占全体党员的1%。大会选举基兰担任党主席，并选出由13人组成的政治局和51人组成的中央委员会。大会通过了政治报告、新民主主义革命计划和党章等三个政治文件。指出，党在当前的政治路线是团结爱国和左翼力量在尼建立"人民联邦共和国"，主要工作是继续推动完成人民革命。同时指出，该党目前已是除执政联盟和反对党外的第三大力量，在现有的政治环境中，仍将采取和平斗争手段，但人民的诉求如得不到满足，仍将发动群众走上街头，甚至再次进行武装斗争。会议认为，尼泊尔政治僵局是由执政联盟和反对党共同造成，双方及总统均无力打破政治僵局，应召集由各方参与的圆桌会议，协商解决危机的出路。

14日，巴布亚新几内亚总理奥尼尔领导的人民全国代表大会党宣布与同属执政联盟的人民党合并，人民党的6名议员全部加入人民全国代表大会党，使人民全国代表大会党拥有巴布亚新几内亚新议会111个议席中的40席，稳居议会第一大党地位。分析指出，两党合并符合国家利益，有利于构建一个稳定政府，更好地为民众服务。

17—19日，马尔代夫进步党召开成立以来首次全国代表大会，加尧姆再次当选党主席，巩固了其党内最高领导人和精神领袖的地位。大会正式通过该党党章，对该党领导人选举、机构设置、党员发展等作出了具体规定。大会在即将举行总统选举之际召开，不仅凝聚了人心，也为进一步壮大该党实力提供保障。进步党是由前总统加尧姆于2011年脱离人民党而组建的，目前在马尔代夫政治格局中的实力地位有所上升。

18—20日，印度国大党相继召开"头脑风暴大会"和中央全会。会议重申党的政治理念，提出加强党的执政和自身建设的新思路和新举措。会议通过了国大党 2014 年大选的行动纲领，强调世俗主义、民族主义、社会公正、社会团结和包容性增长以及代表穷人和中产阶级是国大党的核心价值。直面国大党组织纪律涣散、凝聚力下降和执政挑战加大、在地方影响力下滑等问题，要求全党深刻反思自查，转变观念，调整政策，在经济和社会领域加快"变革"，突出以民生为主的政策导向，保护少数族群和弱势群体权益。会议正式任命拉胡尔为国大党副主席，成为党内二把手，地位仅次于其母亲。拉胡尔将领导国大党迎战明年的议会选举。

23 日，印度人民党推举拉吉纳特·辛格为新任党主席。拉吉纳特是印人党资深领导人，曾担任农业部长，并在北方邦执政，形象较好。印人党此次更换党主席是由于前主席加德卡里涉嫌弊案而名声受损，但有分析称，印人党先前曾称继续让加留任，而后又突然更换为拉，一定程度上也增加了印人党选出"总理候选人"的复杂程度。

28—29 日，朝鲜劳动党隆重举行第四次党支部书记大会。最高领导人金正恩、党中央政治局常委、党中央政治局委员等领导人，以及朝鲜劳动党各部门和各地党委负责人、基层党支部书记代表等近万人出席。金正恩在讲话中称，此次大会是按照金正日遗训、根据主体革命新时代要求召开的意义深远的大会，目的是从根本上加强党支部作用、提高党组织战斗力、推进强盛国家建设。金正恩指出，当前朝鲜劳动党面临艰巨任务，要彻底改变党的面貌，从根本上转变党的工作方式，增强党的领导力。党支部是党的基层组织和先锋队，在巩固党群关系、组织动员军民投身强盛国家建设方面发挥至关重要作用。金强调，各级党组织要警惕和根除以权谋私和官僚主义；要密切党群关系，赢取民心。金正恩在坚持先军政治路线的同时，高度重视党的工作。朝鲜劳动党中央政治局决定将党支部书记大会制度化，今后在必要时举行。朝鲜劳动党分别于 1991 年、1994 年和 2007 年举行了前三次党支部书记大会。

三、朝野动态

2 日，朝鲜举行内阁扩大会议，会议强调，坚决贯彻落实金正恩新年讲话提出的工作任务，高举"金日成——金正日主义"旗帜，为开创"强盛复兴全盛期"展开总攻。会议指出，建设经济强国是朝面临的最重要任务，今年经济工作的主攻战线是农业和轻工业。为此，会议要求，要从根本上改进干部思想观念和工作作风。全体干部要为民服务，摒弃旧思维，深入基层，发动群众，不断革新。要坚持朝鲜式社会主义经济制度，不断改进和完善经济管理方法，为使今年成为"打开社会主义强盛国家建设转折性局面的创造和变革之年"而积极奋斗。

7日，哈萨克斯坦掀起新一轮政府部门大改组和人事调整。总统纳扎尔巴耶夫宣布成立地区发展部，任命原"祖国之光"党第一副主席萨金塔耶夫为第一副总理兼地区发展部部长。同时，对关乎国计民生的重要领域进行改革，重新划定财政部、环保部、内务部等部门权责。哈萨克斯坦本次部门改组与人事调整，是哈萨克斯坦总统去年调整执政班底的延续，目的是强调经济规划和地方发展，促进经济和社会发展，有效应对内外挑战，维护政权稳定。

8日，委内瑞拉副总统马杜罗致函全国代表大会（国会），称查韦斯因健康原因无法按时就职，申请全代会批准推迟其就职时间。同日，全代会通过"无限期"延长查韦斯在古巴接受治疗许可和推迟宣誓就职的决议。9日，委内瑞拉最高法院发表司法决议，认为查韦斯是连任总统，两个任期没有中断，因此政府执政具有连续性，不能视为"临时缺位"，就职典礼仅是"形式"，为查韦斯不能按时就职提供坚实的法理依据。反对派虽控诉执政党做法"违宪"，但由于执政党全面掌控立法和司法机构，抗议无法产生实际效果。

11—13日，日本《读卖新闻》针对国内1074名受访者进行的民调结果显示，安倍内阁的支持率为68%，较安倍刚刚组建内阁时的（2012年12月26—27日）的支持率（65%）有小幅上升。有分析指出，安倍内阁实施的紧急经济对策等积极推进摆脱通货紧缩的政策，成为了安倍内阁维持高支持率的重要原因。另一份民调显示，54%的受访者针对安倍内阁时隔11年增加新年度防卫预算的政策给予了肯定评价，反映出日本社会右倾化的发展趋势。

14日，尼泊尔四大主要政党未能在总统设定的期限内就组建共识政府达成协议。这是自去年5月巴特拉伊政府解散制宪会议以来，各党在总统连续八次延长组建共识政府期限后仍以失败告终。15日，总统亚达夫召集原制宪会议全体政党会议，要求各党继续努力组建共识政府，但不再设定期限。

15日,"巴基斯坦人民运动"主席卡德里领导的示威游行队伍进入首都伊斯兰堡,并宣布将发动一场"人民革命",要求总统扎尔达里辞职、解散议会、进行彻底的政治改革、惩治腐败等。目前看,卡德里发动的抗议活动性质不断升级,诉求由"争取民主"变为"推翻政府"。人民党政府的压力陡增,控局难度明显加大。同日,巴最高法院以涉嫌腐败为由下令逮捕总理阿什拉夫等16名"租借能源项目受贿案"被告,更使人民党陷入执政危机。17日,执政当局与卡德里经过数轮谈判最终达成协议,以和平方式结束示威,避免了紧张局势升级。内容主要有:一是国民议会将于3月16日前解散,90天内举行大选。二是由各方与"巴基斯坦人民运动"协商一致推举两位正直、公正的人士作为看完政府总理人选。三是大选前根据宪法有关条款进行选举制度改革,确保选举自由、公平、公正,清除腐败。

17日,津巴布韦民盟领导人穆加贝总统和民革运茨派领导人茨万吉拉伊总理及民革运另两派领导人联合召开记者会,宣布各方就新宪法草案内容达成一致。这标志着历时四年的津制宪进程基本结束,为津准备年内大选提供了必要的前提条件,但关键看下一步如何落实,是否真正能为大选营造和平环境。

22日,新西兰总理约翰·基宣布小幅改组国家党政府内阁,新提拔三位内阁部长,撤免两位部长,并调整了有关部长的分工。约翰·基此次改组政府意在应对不断蔓延的住房危机和提振就业,牢控内政议程主导权,表明其致力革新、用人唯贤的决心,受到各方积极评价,有利于国家党增强活力,更好地备战2014年大选。

2月

一、选举情势

17日,厄瓜多尔举行总统选举,执政党主权祖国联盟运动候选人、现任总统科雷亚以56.7%的支持率获得连任。这是科2006年、2009年以来第三次赢得总统选举,其胜选的主要原因:一是政绩突出,民众满意度较高;二是竞选策略得当,选情持续高涨;三是反对党缺乏强有力的领军人物，难以形成合力。

18日，亚美尼亚举行独立以来第六次总统选举，现任总统萨尔基相以58.64%的支持率在首轮投票中胜出，成功连任。萨获得连任的主要原因：一是2008年执政以来政绩突出，社会民生得到较大改善；二是执政党共和党组织力量强大，辅选工作到位；三是有效利用执政资源，争取选民支持；四是反对派四分五裂，难以构成有力挑战。

19日，格林纳达举行议会选举，反对党新民族党大胜，赢得众议院全部15个席位，其领导人米切尔第四次出任总理。该党获胜的主要原因：一是执政党内部不团结，实力受到削弱；二是经济形势不佳，政府满意度低；三是执政党缺乏执政经验，能力受到质疑。

21日，巴巴多斯举行大选。22日，大选结果公布，执政党民主工党赢得众议院30个席位中的16个，以微弱优势赢得继续执政的资格。该党领导人在选后表示，将继续以提高人民生活水平为工作目标。

21日，塞浦路斯举行总统选举第一轮投票，民主大会党、劳进党、社会党三党支持的候选人无一获得半数以上支持，不得不举行第二轮投票。24日，塞浦路斯举行总统大选第二轮投票，反对党民主大会党候选人阿纳斯塔西亚迪斯以57.48%的支持率击败执政党劳进党候选人马拉斯，当选国家独立后第七任总统。阿纳斯塔西亚迪斯赢得选举的主要原因：一是执政党执政业绩不彰，民众不满情绪上升；二是民主大会党顺应民意，提出针对性反危机策略，受到欢迎；三是欧盟间接为民主大会党助选，拉抬其选情。

22日，吉布提举行立法选举。根据吉内政部长公布的初步统计结果显示，执政党"总统多数联盟"在全国六个选区名列前茅，获得议会65个席位中的80%席位，继续保持议会第一大党地位。反对党"救国联盟"则囊括20%比例代表制的全部席位。执政联盟获胜的主要原因：一是政府施政业绩突出，社会事业蓬勃发展；二是执政党政治基础牢固，长期植根社会；三是握有执政资源，能够有效影响选情。

24日，古巴召开第八届全国人民政权代表大会，选举产生政府和人大新一届领导班子，劳尔·卡斯特罗连任国务委员会和部长会议主席，原部长会议副主席卡内尔当选国务委员会兼部长会议第一副主席，原国务委员会副主席拉索当选全国人大主席，任期5年。新一届国务委员会31名成员中，一半以上为新当选，平均年龄57岁，其中61%为革命胜利后出生。

24—25日，意大利举行大选。在众议院选举中，中左联盟得票率为29.53%，凭借选举奖励制度，获630席中的340席，占据多数地位；中右联盟得票率为29.13%，获122席；"五星运动"得票率为25.55%，获110席。在参议院选举中，中右联盟得票率为31.6%，获315席中的116席；中左联盟得票率为30.66%，获110席；"五星运动"得票率为23.79%，获54席。中间派在众参两院选举中表现均不尽如人意，分获46席和18席。就单个政党而言，"五星运动"在众议院选举中击败传统大党民主党（得票率25.41%）和自由人民党（得票率21.56%），成为第一大党；在参议院选举中名列第二，仅次于民主党（得票率27.43%），超过自由人民党（得票率22.3%）。根据意大利宪法，只有在众参两院均占据半数以上席位的政党或政党联盟才能够组阁，但是目前中左和中右联盟均没有获得单独组阁的权力，能否组阁、如何组阁成为困扰意大利政坛的最大难题。

25日，埃及总统穆尔西发表声明，呼吁各党派在26日进行全国性对话，共同商讨如何在将要举行的人民议会选举中保证诚信。26日，埃及反对派联盟"全国拯救阵线"宣布拒绝参加将于4月举行的人民议会选举，并再次拒绝参加总统穆尔西发起的全国对话。"全国拯救阵线"领导人、国际原子能机构前总干事巴拉迪也呼吁抵制选举。

二、政党动态

2日，罗马尼亚主要执政党国家自由党召开特别党代会，全国1800多名党代会参加，党主席安东内斯库连任，增设1名第一副主席，产生1名总书记和31名副主席。会议还选举安为该党和执政联盟唯一总统候选人，安的领导和权威地位得到巩固。

2—8日，尼泊尔联合尼共（毛）召开七大，选举产生以党主席普拉昌达、副主席巴特拉伊、普拉卡什以及总书记博格迪为核心的新一届中央领导集体，并通过新的党章和政治报告。大会重申坚持马列主义道路，积极维护最大左翼政党的地位。党的政治路线是经济基础和上层建筑的统一，即在继续夺取国家政权的同时，大力发展生产力，加强经济工作，以便在和平进程中，为革命转变打好基础。强调把生产斗争和政治斗争共同作为党的中心工作,积极推进科学的土地改革和农业的商业化和机械化。在斗争方式上强调要走议会斗争路线,彻底放弃武装斗争。在对外政策上刻意淡化反印色彩,不再把"印度扩张主义"作为主要敌人。

3日,阿尔及利亚执政党民族解放阵线召开第六次中央委员会会议,会议以4票优势通过对总书记贝勒卡迪姆的不信任案,迫其辞去总书记职务。

7—10日,法共召开第36次代表大会,800多名代表参会。大会总结了三十四大以来的工作,根据形势确定未来一段时间党的路线方针政策,修改党章并产生新一届党的领导机构。大会政治报告主张推翻金钱政治,建立人道的可持续发展模式,以和平民主的公民革命来改变资本主义模式。下阶段的工作重点是迎接2014年的一系列选举,进一步激发欧洲左翼政党的活力,争取扩大左翼党团在欧洲议会的地位和作用。同时团结国际进步力量,在全球范围内不断壮大反对帝国主义和替代资本主义的力量。

14日,匈牙利反对党"政治可以是别样的"党8名议员致信国会主席,宣布退出该党议会党团,使得该党议会党团仅存7人,达不到法定的12人标准,不复存在。这标志着该党正式分裂。"政治可以是别样的"党2009年成立,2010年首次参加选举即进入国会,是议会内部力量最小的反对党。

23日,俄罗斯联邦共产党召开第15次代表大会,俄总统普京首次向大会发去贺信。大会总结俄共20年经验教训,分析面临的国内和国际形势,通过16份决议和声明,并选举产生新一届领导层,包括180名中央委员,平均年龄50岁,较上届减少10岁;116名候补委员,平均年龄为39岁。大会还为俄共保护劳动者权益、推进反危机政策指明了方向。此外,俄共还申请成立"俄罗斯和谐"运动,由党主席久加诺夫亲自领导,以争取扩大社会支持。

27日,蒙古人民党主席恩赫图布辛在党报《真理报》发表公开信,分析总结议会选举失利的教训。恩赫图布辛认为该党败选的主要原因:一是未能认真分析选举得失,采取恰当的政治斗争策略。2000年议会选举中的大胜导致党内自满、膨胀情绪上升,脱离群众问题增加。2004年议会选举中虽然受到挫折,但没有总结教训,忙于同民主党瓜分执政利益。2008年议会选举中有权单独组阁却选择拉拢民主联合执政。二是党的自身建设出了问题，特别是干部选拔、任用出了问题，引发党内和社会不满。高层矛盾逐步升级为斗争，破坏党内团结。为胜选不惜开空头支票，引发选民不满。三是对外部形势的变化过于乐观，未能有效应付对手。认为该党的性质是社会民主主义，要求实现基于信仰的内部团结，以国家利益为优先，深入群众，重视党员质量，制定正确的干部政策，进行组织机构改革。

三、朝野动态

1日以来，西班牙主要报纸《国家报》披露执政党人民党主席、副主席、总书记等领导人领取党内秘密资金，以及非法接受企业捐赠和违规申报收入等问题，引发舆论哗然，人民党陷入极大被动。

5日，乌克兰最高拉达（议会）全会一开会，祖国党、打击党、自由运动等三个反对党议员团即要求修改议会议事规则，要求议员不分党团，必须由本人进行议会表决，并与执政党地区党议员发生冲突。19日，经过议长斡旋，各党达成妥协方案，就修改议会议事规则达成一致，暂时平息议会危机。

13日，摩尔多瓦总理、自民党主席菲拉特宣布退出执政联盟组阁协议，引发该国政坛激烈斗争。自民党联手反对党摩共在议会通过取消第一副议长案，逼迫民主党籍第一副议长普拉霍特钮克主动辞职；民主党则利用掌握的政府权力，查找自民党领导人的贪腐等行为并予以攻击。反对党摩共一方面联手自民党，另一方面则谋求推动政府下台，提前举行大选。目前摩尔多瓦总统以及欧美等外部力量也在积极斡旋，促进实现和解，维系执政联盟。

19日，突尼斯总理贾巴利宣布，由于改组政府失败，已经向总统马尔祖基提交辞呈。这是突尼斯政治过渡进程中遇到的又一个危机。此外，6日，突尼斯统一爱国民主党总书记贝拉伊德在住所附近遭枪击身亡，引发社会不满，反对党要求政府下台。

20日，保加利亚执政党争取欧洲进步公民党宣布政府辞职并随后获得议会通过。保加利亚政府辞职的直接导火线是电价高企，引发群众不满并发起社会抗议活动。保加利亚执政党尽管占据议会多数，但迫于群众压力，政府也被迫辞职。目前来看，保加利亚可能由总统任命看守政府并组织提前大选。

25日，尼泊尔最高法院发表声明，首席大法官雷格米应主要政党的要求，同意领导临时选举政府，以结束当前政治僵局。尼泊尔主要政党对此表示欢迎，表示将尽早为大法官领导临时选举政府清除宪法和法律障碍，以便早日组建政府，为大选铺路。

27日，斯洛文尼亚议会以55票对33票通过对扬沙政府的不信任案，并推选积极的斯洛文尼亚党候选人布拉图舍克为总理。这意味着刚刚执政一年的中右翼政府垮台。

3月

一、选举情势

9日，肯尼亚选举机构公布大选结果，"银禧联盟"总统候选人、现任副总理肯雅塔以50.07%的选票赢得总统选举，"改革和民主联盟"总统候选人、现任总理奥廷加落败；在47个参议员席位中，"银禧联盟"和"改革和民主联盟"分获21席和20席；在47个郡长选举中，"银禧联盟"和"改革和民主联盟"分获19个和23个。30日，肯尼亚最高法院宣布大选结果有效，肯雅塔正式当选总统。

9日，马耳他举行全国大选。10日，选举结果揭晓，在野党工党获得55%选票，击败执政党国民党，成为最大赢家，结束该党在野25年的历史。

20日，巴基斯坦总统扎尔达里宣布巴国民议会选举将于5月11日举行。巴国民议会已于3月16日完成了5年任期，巴内阁也于同一天解散。如果此次选举一切顺利的话，巴基斯坦建国66年历史上将首次实现以民主选举的方式完成政权交接。

21日，英国政府首席大臣、苏格兰民族党领导人萨蒙德在爱丁堡宣布，苏格兰将在2014年9月18日举行公投，以决定苏格兰是否从英国独立出去。同日，《苏格兰独立公投法》草案被提交议会讨论。根据这份草案，选民将就"苏格兰是否应该成为一个独立国家"的问题作出选择。去年10月15日，英国首相卡梅伦与萨蒙德在爱丁堡签署了有关苏格兰独立公投的协议，为举行公投扫清了障碍。

21日，瓦努阿图总理基尔曼在议会举行不信任案表决前提出辞职，主要原因是反对党成功拉拢执政党议员，已形成政治优势地位。23日，瓦努阿图议会就总理人选举行秘密投票，绿党联盟主席卡凯塞斯当选新总理。卡随后任命新政府成员并公布政府施政方针。

二、政党动态

1日，罗马尼亚民主自由党召开特别党代会，全国4500名代表参加，现任党主席布拉加获得连任。此次党代会是在该党失去政权的背景下召开的，没有促进党内团结和形成共识，反而使得党内分歧更加凸显。

1—3日，印度人民党召开执委会暨全国委员会闭门会议，5000余名代表出席。大会通过了《政治决议》和《经济决议》，要求搞好明年选举备战工作。大会抨击国大党政府施政无能，民众不安全感和痛苦指数上升，表示该党有信心领导国家，使国家重新走上高速增长的轨道。

1—3日，希腊联合政府执政党之一泛希社运召开九大，选举产生170人组成的中央委员会，党主席维尼泽洛斯的地位得到巩固。会议提出应坚持三党联合政府，出台新的紧缩政策；要求扩大左翼合作，向民主左翼发出合作邀请。

8—10日，缅甸最大反对党民盟召开成立25年来首次全国代表大会，约900名代表与会。大会选举产生120名中央委员、30名候选中央委员；15名中央执委及5名候补中央执委。该党在2012年重返议会，党员队伍不断扩大，目前拥有120万名党员。

9—10日，德国自民党召开第64次党代会，约660名党代表出席。大会选举产生新的主席团和联邦理事会，党主席罗斯勒高票连任，北威州党主席兼议会党团主席林德纳，联邦司法部长、巴伐利亚州党主席施伦纳贝格以及萨克森州党主席萨斯特洛夫当选副主席，总书记和司库留任。该党为扩大社会基础，政策将更多向中间阶层靠拢，但是社会基础薄弱，面临生存危机。

15—16日，捷克最大反对党社民党召开第37次代表大会。会议选举产生新一届领导班子，党主席索博特卡连任；通过2014年议会大选竞选纲要，修改了党章。会议还批评政府的紧缩措施，认为政府将危机的后果转嫁给民众，提出党的近期工作重点是备战大选。明确党的政策是在经济发展、提高就业和维持债务水平之间寻求平衡，以及关注社会福利和促进社会公平。指出党不仅要争取下层社会的支持，还要争取中产阶级的支持。

16—17日，柬埔寨执政党人民党召开全国特别代表大会，该党主要领导人及代表2000多人参加。会议肯定了过去五年该党以及政府的工作成就，审议通过2013年党的工作方针计划以及《2013—2018年人民党关于建设和保卫国家的纲领》。同时还就今年7月大选工作进行布置，推选副主席洪森为本届及以后各届大选的候选人。会议还决定要推选一批有能力的年轻人作为党的议员，以促进党的新陈代谢。

21日，日本国民新党党首自见庄三郎在党总部召开记者会，宣布该党解散并表示将于近期向日本总务相新藤义孝进行解散登记。国民新党成立于2005年8月，旨在重审邮政民营化。修正后的日本《邮政民营化法》于去年4月通过，加之国民新党在众院选举中只有1人当选、沦为在野党，越来越多社会舆论认为该党应该解散。

21日，澳大利亚工党举行临时党内投票，党的领袖吉拉德成功闯关，再次打破了前总理陆克文支持者的"倒吉"努力。在过去一年里，澳大利亚社会关于陆克文取代吉拉德的猜测一直没有停歇，工党的领导权问题依然是媒体津津乐道的话题。

23日，柬埔寨奉辛比克党召开全国特别代表大会，该党领袖盖博拉斯美、执行主席涅本才、西哈努克太皇之女阿伦公主以及近4000名代表参加。大会修改党的章程，总结过去工作，规划未来发展。宣布分裂出党的民族主义党正式并入奉党，推选阿伦公主为党主席以及参加第五届全国大选首相候选人，选举涅本才为秘书长、绍拉尼（原民族主义党主席）为副秘书长。大会还决定加强与人民党合作，在选后继续组建联合政府。

31日，朝鲜劳动党召开党中央全会，会议共三项日程，一是讨论根据形势和革命发展的要求，实现主体革命事业决定性转折的任务；二是拟提交最高人民会议第十二届七次会议的干部名单；三是组织问题。金正恩围绕第一项议题作主题报告，会议一致通过《关于并行推进经济建设和核武力建设，提前夺取建设社会主义强盛国家伟业最后胜利》的决定。

三、朝野动态

11日，马拉维警方以阴谋叛国为由，逮捕民进党代主席彼得·穆塔里卡，经济发展与计划部长贡德伟、总统与内阁办公室首秘萨姆卡以及一批前政府高官。彼得等人被捕引发该党支持者不满，发起针对警方的示威抗议活动。

16日，意大利参众两院经过几轮投票，分别选举中左翼候选人、联合国难民署前发言人劳拉·博尔德里尼为众议长，中左翼候选人、前全国反黑手党检察官皮耶罗·格拉索为参议长。但是在组阁问题上，中左翼领导人贝尔萨尼困难重重，一方面遭到激进政党"五星运动"的拒绝，另一方面出于政治考虑又不能与贝卢斯科尼领导的中右翼组建大联合政府。鉴此，总统纳波利塔诺任命10名不同领域的专家起草一份能使各党派认同的政策建议，促进组建联合政府进程。

16日，津巴布韦就新宪法草案举行全民公投。全国560万合法选民中有330多万名选民参加，其中有超过300万选民对新宪法投了赞成票。津巴布韦选举委员会19日宣布，新宪法草案以近95%的高支持率获得通过。根据联合政府成立时的协定，在对新宪法进行公投后，会依照新宪法进行总统和议会大选，并组成新政府。因此，对新宪法草案的全民公投被认为是大选前最重要的里程碑式节点。

18日，以色列四个主要政党经过40多天谈判组成第33届政府。新政府由22个部组成，"利库德——我们的家园以色列"联盟、未来党、犹太家园党、运动党分别获得12个、5个、3个和2个部长职位，内塔尼亚胡任总理兼外长。新政府以中右为政治路线，宗教色彩相对淡化，对内注重发展经济，对外则继续保持强硬政策。

19日，印度国大党领导的执政联盟第二大党德拉维达进步联盟宣布退出联合政府，主要原因是印度政府未能很好地保护斯里兰卡泰米尔人权。该党领导人卡鲁纳尼迪还宣布，该党将不会在外部支持执政联盟。印度执政联盟议会席位本就不占多数，得益于社会党、大众社会党的议会外支持，才保住政权。德拉维达进步联盟的退出虽不致使政府垮台，但无疑也增加政府施政难度。

20日，斯洛文尼亚议会投票通过由积极的斯洛文尼亚党、社会民主人士党、公民名单党和退休者民主党组成的、以布拉图舍克为总理的中左翼政府。新总理布拉图舍克表示，新政府将自行解决国家财政问题，确保金融业稳定、实施结构性改革、促进就业等问题的解决。中左翼政府面临的国家经济形势较为严峻，执政前景可能不会一帆风顺。

21日，格鲁吉亚议会以全票通过免除总统单方面解散政府和议会权力的提案。此提案由执政联盟"格鲁吉亚梦想—民主格鲁吉亚"提出。2006年，格鲁吉亚修改宪法，赋予总统在议会选举后六个月内，单方面解散政府和议会，并宣布进行"临时议会选举"的权力。

23日，黎巴嫩总理米卡提向总统苏莱曼提请辞职，苏莱曼予以批准并要求他作为看守政府首脑继续工作。米卡提辞职的主要原因是内阁无法就成立黎议会选举监督委员会以及延长黎内部治安军司令任期事达成一致。

4月

一、选举情势

3日，马来西亚总理纳吉布宣布解散国会，并正式启动第13届全国大选。10日，马来西亚选举委员会宣布将于5月5日举行选举投票，并于投票日当晚揭晓投票结果。20日，选委会公布第13届全国大选候选人提名结果，共有1901名候选人获得提名。各党派候选人将在下月大选中竞逐222个联邦议席和555个州议会席位，赢得半数以上席位的政党将获联邦或各州议会组阁权。

7日，黑山举行大选，来自社者党的现任总统武亚诺维奇和独立候选人莱科奇竞逐总统宝座。投票结果显示，武获51.21%选票，以微弱优势连任，创下其在总统选举中"三连胜"的记录。

13日，几内亚总统阿尔法·孔戴发布总统令，决定将于今年6月30日举行被拖延两年多的议会选举。此系该国首次以总统令的形式确定议会选举日期，之前几独立选举委员会也曾多次确定选举日期，但均因执政党几内亚人民联盟与反对党阵营在相关问题上未达成一致，被迫一再推迟。近来几内亚人民联盟宣布答应反对党部分要求，双方关系有所缓和，政治对话得以重启。

14日,委内瑞拉举行总统选举。15日,委内瑞拉国家选举委员会宣布,代总统、执政党统一社会主义党候选人马杜罗以50.75%的得票率险胜反对派联盟"民主团结圆桌会议"候选人卡普里莱斯,当选新一届总统。马以1.87%的微弱优势勉强获胜,

20日,意大利举行总统选举第六轮投票,88岁的现任总统乔治·纳波利塔诺独揽左、中、右三大阵营超过73%的选票,以738票高票连任意大利第十二届总统。22日,纳波利塔诺宣誓就职,成为意共和国历史上第一位连任总统。本次选举异常艰难,前五轮投票各主要政治力量分歧严重,自由人民党和民主党两大政党甚至集体弃权,出现弃权票高于候选人得票"奇观",总统人选一度难产。后左、中、右三方经反复磋商,决定请此前再三表示不再连任的纳出来解围,并在投票中以大联合之势确保纳成功连任,才暂时化解僵局。

20日,伊拉克举行省级议会选举,8000多名候选人围绕12个省级议会378个席位展开激烈角逐。25日,选举初步结果揭晓,总统马利基领导的"法治国家联盟"在首都巴格达等八个省级议会获胜。什叶派政治人物萨德尔领导的"自由者联盟"、纳杰夫省省长祖尔菲领导的"忠于纳杰夫联盟"、萨拉赫丁省省长阿卜杜拉领导的"伊拉克人联盟"和逊尼派"迪亚拉伊拉克人联盟"则分别在什叶派聚居的米桑省和纳杰夫省、逊尼派聚居的萨拉赫丁省,以及什叶派与逊尼派混居的迪亚拉省占据优势。

21日,巴拉圭举行总统大选。投票结果显示,初出茅庐的反对党"全国共和联盟"(红党)候选人卡特斯获46%的选票,领先头号对手执政党"真正激进自由党"(蓝党)候选人阿莱格雷9个百分点,成功当选总统。

24日,韩国举行第19届国会议员补选,朝野各派竞逐3个国会议员、2个地方行政首长和7个地方议会议员席位。结果显示,无党派候选人安哲秀、新国家党候选人金武星、李完九3人分别高票当选国会议员,最大在野党民主统合党在上述12项选举中一无所获。分析人士认为,此次补选反映出韩政坛新生力量上升、新国家党坐大、民主统合党式微等特点。此外,本次补选还首度引入"事先投票制度",选举当天无法投票的选民

已被安排于19日和20日在各选区缺席投票所进行了事先投票。这一措施解决了不少特殊阶层选民无法当天赴现场进行投票的苦恼，提高了选举投票率。

27日，冰岛举行议会选举。30日，选举结果出炉，反对党独立党和进步党分别以26.7%和24.4%的得票率领先，各自获19个议席；现联合政府执政党社会民主联盟党和左翼绿色运动党以12.9%和10.9%的得票率位列第三和第四，分别收获9个和7个席位；新兴政党光明未来党获8.2%的选票和6个议席，海盗党获5.1%的选票与3个席位。因无政党获半数以上席位，新一届政府仍将由党派间联合组成。

二、政党动态

3—7日，瑞典社民党召开第37届全国代表大会。大会改选了中央领导机构，党主席略夫文和总书记叶姆婷继续留任。会议将党代会由四年一次改为每两年举行一次，并对党代会代表名额及出席人员等作了新规定。会议表决通过了《追求变革的党纲》草案，确立了名为《未来的契约》的2014年大选参选纲领和系列政策主张，并把争取全面就业列为竞选策略的重中之重。

14日，加拿大反对党自由党选举新领袖。联邦众议员、前总理皮埃尔·特鲁多之子贾斯廷·特鲁多获80%的选票，以绝对优势当选。分析人士认为，自由党以此次领袖选举为契机调动全党组织机器，并以小特鲁多为焦点掀起"造星"运动，意在凝聚人心、提振士气。

14日，德国汉堡大学经济学教授贝尔恩德·卢克创建和领导的政治组织"德国的抉择"正式宣布组建政党，贝尔恩德出任党主席。该党宣称超脱于传统左右翼分野，以反对欧元为核心政策主张，致力于捍卫民主、自由的国家秩序。其党员和支持者主要来自联盟党和自民党内持反欧元立场及部分坚持保守主义价值观的知识分子、经济界人士和媒体从业人员，其中不乏企业巨头和学界知名人士。分析人士认为，该党是欧债危机的政治衍生品，反映出危机背景下部分民众的担心和恐惧，其反欧元立场虽难获多数选民支持，但恐将在大选之年给左右翼力量相差无几的德国政局带来新的不确定因素。

14日，德国社民党召开特别党代会，会议通过了题为"建立一个新型、社会平等的国家,更好、更公平地治理德国"的竞选纲领,再次将社会公正定为下届竞选核心议题,并把整顿金融市场,提高富人税负用以发展教育、确定最低工资、保证低收入者权益,以及改进教育、医疗和住房政策等列为社会公正重要内容。此次党代会是今年9月大选前德国首个政党召开的竞选大会,标志着联邦大选帷幕正式拉开。

18日,马拉维前执政党、现最大在野党民进党召开全国代表大会。会议主题为"寻找我们的使命",旨在凝聚共识,动员全党力量备战2014年总统、议会、地方"三合一"选举。会上首次采用党内直选方式选举产生了该党新一届全国管理委员会。代党主席、已故总统穆塔里卡胞弟彼得·穆塔里卡以压倒性优势当选党主席,并成为该党2014年总统候选人。

19日,意大利中左翼联盟领导人贝尔萨尼宣布辞去意大利民主党党首一职,同时宣布辞职的还有该党主席罗西·宾迪。主要原因是党内分歧严重,各派力量就总统候选人推荐人选意见不一,加之原来的盟友也相继分道扬镳,导致中左联盟接连推荐的总统候选人均未能当选,新政府迟迟未能组建。

19—20日,罗马尼亚主要执政党社会民主党召开全国代表大会。此系该党去年底赢得大选、上台执政以来首次重要会议。大会主题为"团结、稳定、改革"。会议选举产生了新的领导机构,作为青年政治精英代表的总理蓬塔连任党主席。会上还修改了党章,并通过了该党《2013至2016年政治纲领》、《社民党与全国进步联盟合并》和《修改宪法》等六项决议。分析人士认为,蓬塔成功连任,说明其领导地位和权威已得到全党认可和拥护。

三、朝野动态

近日,受政局持续紧张、暴力事件层出不穷等影响,军队干政再度成为孟加拉朝野博弈焦点。反对党民族主义党(BNP)认为,只有允许军队逮捕和起诉破坏选举秩序的人员,才能确保大选自由和公正。执政党人民联盟(人盟)则要求孟加拉军队效忠国家和民选政府,不要听信煽动,被党派利益利用,严防军队干政。此外,孟加拉主流媒体和社会各界均认为军队干政有违民主理念,不仅将损害孟加拉国际形象,还可能危及孟加拉经济发展。对此，BNP计划发动更加频繁的大罢工和封路运动，试图推动局势进一步激化，迫使孟军出面。

近日，缅甸爆发穆斯林和佛教徒之间的教派冲突。骚乱持续数日，蔓延至多个地区，造成数十人死亡，上万人无家可归。缅甸自两年前开始"民主化进程"以来始终未能解决好民族和教派矛盾。

近日，印度议会独立负责调查2G电信腐败案的联合委员会最新调查报告显示，该案一些关键性内容和结论与此前印政府调查机构及高等法院的调查结果出入明显。报告披露印人党瓦杰帕伊政府执政期间制定的电信利润分配政策造成国家财政4000亿卢比的巨额损失，前财长贾斯旺特·辛哈、前电信部长阿琼·夏瑞里等瓦政府多位高官在电信问题上涉嫌违规操作、决策不当和贪腐行为，在印度朝野引发轩然大波。

近日，法最新民调显示，法国总统奥朗德民意支持率已从上任之初的53%骤降至25%，奥朗德本人也因此成为法兰西第五共和国历史上支持率下降最快的总统。主要原因，一是经济政策左右摇摆。奥朗德执政以来既想坚持左派主张，促进社会公平，对富人征收重税，规范金融市场；又想采纳右派意见，实施改革，给企业松绑减负，提高竞争力，结果导致政策方向不明，两面不讨好。二是社会政策招致不满。奥朗德隆重推出的《同性恋婚姻及收养子女法案》在朝野引发巨大争议。同时，其在社会治安政策方面耗费的大量精力也收效甚微，与民众期望相去甚远。

近日，蒙古人民党以任人唯亲、滥用职权、屡次违宪，经济管理不利导致经济严重下滑、国家负担加重，以及在重大外交事件中对国家不负责任等理由，向议会提交弹劾总理阿勒坦呼雅格的议案。议案经人民、民主两党议员激烈争辩后，在议会全会投票表决中遭否决。

10日，摩尔多瓦总统蒂莫夫蒂提名自民党主席、代总理菲拉特为新总理人选。该提名遭到包括自由党主席金普在内的众多政治人士反对。22日，摩尔多瓦宪法法院宣布有关菲拉特的提名"违反宪法"。至此，摩尔多瓦朝野围绕新总理人选的博弈再陷僵局。分析人士认为，提名龃龉背后暴露出摩主张提前议会选举和组建新执政联盟两大阵营间的尖锐对立。

10日，美国总统奥巴马向国会提交2014财年联邦预算报告。这份"难产"两月的预算案欲"开源"与"节流"双管齐下，通过同时采取对富人加税与减少社会保险福利金和老年保健医疗制度支出的方式，实现10年内削减1.8万亿美元财政赤字的目标。分析人士认为，预算案同时触动富人和穷人利益，两面不讨好，或将招致两党以及民众普遍不满，奥巴马与国会的预算谈判也会将更加艰难和激烈。

15日，委内瑞拉反对派联盟"民主团结圆桌会议"候选人卡普里莱斯拒不承认选举失败，指责统一社会主义党选举舞弊，要求全国选举委员会重新计票，并号召其支持者上街"以敲锅等和平方式"向政府示威。16日，委内瑞拉政府宣称，反对派在示威过程中纵火焚烧统社党一些州的党部，并围攻国家电视台。总统马杜罗也指责卡普里莱斯领导的右翼反对派阴谋借机发动政变。卡普里莱斯则指称马杜罗指使支持者混入游行队伍制造混乱，然后嫁祸于反对党。

16日，巴基斯坦吉德拉尔地区法庭决定取消前总统穆沙拉夫在该区的参选资格，使穆沙拉夫欲借大选东山再起的希望更加渺茫。19日，穆沙拉夫因涉嫌在2007年实施紧急状态时拘禁多名法官以及涉嫌贝·布托遇刺案等罪名遭警察逮捕，并被软禁。

23日，意大利议会各主要党派经磋商决定组建左、中、右各派共同参加的"大联盟"政府。同日，总统纳波利塔诺任命中左翼政治人物莱塔为新一届政府总理。27日，莱塔提交新一届内阁名单。28日，新政府宣誓就职。本届政府21位部长中民主党占7个，自人党占5个，公民选择联盟占2个，体现左中右共治的大联合特征。此外，内阁成员中技术专家和女性阁员的比例也均达三分之一，并首次出现非意裔女性阁员。

5月

一、选举情势

近日，蒙古各主要政党敲定将于下月举行的总统大选提名人选。民主党提名现总统额勒贝格道尔竞选连任，人民党提名该党议员、前著名摔跤手巴特额尔德奈参选，人民革命党决定由卫生部长乌德沃勒代表本党参选，民族民主党、公民意志绿党决定支持民主党提名的现总统，不单独提名参选。

2日，英国举行地方议会选举，各党派竞逐英格兰35个地方议会和威尔士1个地方议会共2400多个议席。结果显示，传统政党保守党、工党和自民党得票率分别为25%、29%和14%，以"脱欧"为宗旨的独立党异军突起，斩获23%的选票。此次选举主要发生在保守党传统势力范围，从力量消长看，保守党虽获1116个议席和18个地方议会控制权，但丢掉林肯郡、诺福克郡等10个传统"后院"的地方议会控制权，成为最大输家。工党得票率和议席均有所增加，但未能收复上次选举中丢掉的"失地"，席位总数和所控制地方议会数量仍远逊保守党。自民党延续近年选举颓势，一蹶不振。独立党从原来的8个地方议席一举增至147席，得票率大幅上升，成为本次选举最大赢家。

5日，马来西亚举行第13届全国大选。6日，选举结果揭晓，执政联盟国民阵线以49%的得票率赢得222个国会议席中的133席，以简单多数蝉联执政。反对党阵营人民联盟虽赢得超过50%的选票，但仅获89个议席。

11日，巴基斯坦举行国民议会和省议会选举，4671名候选人竞逐268个国民议会议席，10958名候选人竞逐各省议会席位。15日，选举结果出炉，在已确认的244个选区中，穆盟获127席，人民党获37席，正义运动党获27席，统一民族运动党获18席，神学会获10席，穆盟（功能派）获4席，伊促会获3席，普什图赫瓦民族人民党、民族人民党、穆盟（领袖派）各获2席，人民民族党、全巴穆盟等8个政党各获1席。此系巴民选政府首度完成宪法任期，并通过选举实现权力平稳过渡。

12日，保加利亚提前举行第42届议会选举，38个政党和7个政治联盟角逐240个议会席位。15日，投票结果揭晓，争取欧洲进步公民党、以社会党为主的保加利亚联盟、争取权利与自由运动党、阿塔卡党等四个政党分别以30.54%、26.61%、11.31%和7.3%的得票率进入议会。此次选举在民众街头抗议不断升级、公民党政府被迫提前下野背景下举行，投票率仅为51.3%，系1989年保加利亚剧变以来历史最低点，选举还遭民众小规模抗议和冲击。

13日，菲律宾举行中期选举，改选半数12名参议员、全部291名众议员、全国80个省、1491个市和棉兰老穆斯林自治区的全部正副行政长官及省、市、区理事会成员。结果显示，由总统阿基诺领导、以主要执政党自由党为核心的执政六党联盟"阿基诺团队"力挫副总统比奈领衔的参政三党"联合爱国同盟"，赢得三分之二左右两院议席及省、市长职位。

二、政党动态

1日，德国"联盟90/绿党"召开第35届联邦党代会，800多名代表参会。会议主要针对下届大选讨论并通过了题为《绿色变革的时代》的竞选纲领，其主要内容包括提高"富人税"、改革劳动市场和社保体系、扩大教育投入、加快能源转型和气候保护等，强调公平分配机遇和财富，建设一个"更团结、更现代、更开放、更包容的社会"。会议还把与社民党结盟写入党纲。

1—4日，塞拉利昂执政党全国人民大会党召开全国代表大会，推选产生新一届领导。现任总统科罗马继续担任党主席及领袖，塞拉利昂驻加纳高级专员奥斯曼·福戴·扬桑内担任党的总书记。

2—11日，越共召开十一届七中全会。会议进行了高层人事补选；讨论了《战略级干部规划提案》等高级领导干部规划中有关具体选拔原则和推荐方案；明确了倾听人民声音、一切权力属于人民、坚持发展社会主义定向市场经济体制等修宪原则；确定了政治体制改革"三同步"原则；强调做好批评与自我批评后续工作，加强党对群众工作的领导以及加强党群血肉联系；把应对气候变化，加大资源管理和环保工作定性为关乎国家可持续发展的重要战略问题，并确定了2050年总体环保目标。

4日，韩国最大在野党民主统合党召开全国代表大会。会上修改了党章，将党名改为民主党，并选举产生了新一届领导机构，非主流派代表人物金汉吉当选党首。分析人士认为，此次会议在民主党近期选举中接连失利、民调支持率大幅下跌背景下召开，意在带领全党走出阴影，励精图治，变革图强，重获国民信任支持。

6—16日，老挝人民革命党召开九届六中全会。会议总结了老挝党九大决议和国家经济社会发展"七五"规划中期执行情况，肯定了国家发展成就，指出了目前仍存在的问题，并明确了未来工作目标：一是要坚持解放思想，确保正确发展方向；二是继续为投资兴业营造良好氛围；三是坚持经济、社会和环境协调发展，促进物质文明和精神文明共同进步；四是继续改革教育和卫生工作，落实全民保健政策；五是提高政府依法行政能力和宏观经济调控水平；六是继续坚持全民国防治安路线，在基层建立全民国防治安阵地；七是重视预防和打击腐败行为，加强党内监督。

23日，波兰执政党公民纲领党召开全国委员会会议，决定将原定于今年9月召开的全国代表大会提前到6月底举行，届时将修改党章，为党首直选铺平道路。

23日，德国社民党举行建党150周年庆典，德国总统高克、总理默克尔、欧洲议会议长舒尔茨、法国总统奥朗德等欧洲领导人以及来自亚洲、非洲、拉美等地区的数百名政党代表出席。德国社民党主席加布里尔发表主旨讲话，重申了社会民主主义思想内涵，强调将一如既往推动民主和社会变革，努力创造更多就业岗位、防止社会与文化分裂、提高教育水平、保证机会均等、使所有人都获得美好生活。

三、朝野动态

近日，埃塞俄比亚展开新一轮打击贪腐行动，包括执政党埃革阵成员党阿民运执委、埃税务和海关总局局长梅拉库·范塔在内50多名政府官员和涉嫌行贿富商遭逮捕。此次行动特点：一是坚决贯彻埃革阵"九大"有关"毫不留情"打击税收、司法、土地等系统腐败问题的政策。二是敢打"老虎"，除梅以外，多名税务系统高官和在政、商两界有重要影响的商人也应声落马。三是行动规模大，反腐行动在关税系统掀起"廉政风暴"，并另有三个政府机关被公开"点名"。

近日，瑞典连续发生多起恶性骚乱事件，参加者砸毁门窗、焚烧汽车、袭击警察，严重扰乱正常社会秩序。骚乱由警方在移民区击毙一名私闯民宅并拒捕的男子引发。

近日，日本维新会共同代表、大阪市长桥下彻接连就"慰安妇"等问题大放厥词，引起民众警觉。最新民调显示，71%的民众认为桥下有关言论不妥当，维新会民意支持率从7%跌至4%，表示将在夏季参院选举投票支持维新会的意愿从11%降至5%。此外，维新会的合作伙伴"众人之党"也于近日决定取消其与维新会在夏季参议院选举及冬季议会选举中的合作。

近日，南非印裔巨富古普塔家族将接待国家元首和政府领导人专用的空军基地用于停降其"世纪婚礼"包机,并动用警察等护送宾客车队等引发的"古普塔门"在南非掀起轩然大波。民众抗议"国家成为外国富人的游乐场",要求严惩涉案人员;反对党借机推波助澜,加紧攻击、抹黑非国大和祖马本人,并指责政府的一系列危机公关意在"舍卒保帅"、转移民众视线,要求公共利益保护官就此事件展开独立调查。

近日,日朝野各派力量围绕"修宪"展开热议。自民党、维新会、大家党等要求首先修改宪法第96条以降低修宪程序性门槛,进而修改包括规定"放弃战争"的第9条等实质内容。民主党、公明党称应先就修宪内容达成共识再降低修宪门槛,公明党尤其强调要坚持宪法第9条。共产党、社民党等则明确反对修宪。

近期,奥巴马政府陷入美国税局对共和党保守组织进行过严审查、秘密获取美联社记者电话记录,以及试图隐瞒班加西事件真相等一系列争议性事件。共和党人借机大力抨击奥政府和民主党,试图给其贴上"执法不公"、"滥用行政权力"等政治标签,并欲阻止前国务卿克林顿参加2016年总统选举。分析人士认为,奥政府与国会共和党人矛盾或进一步激化,奥第二任期施政难度加大。

近日,支持他信的泰国"红衫军"接连举行大规模集会,并向上议院递交2万人联署的请愿书,要求罢免宪法法院9名法官,停止其干预政府施政。另有最新民调显示,44.2%的民众相信宪法法院的公正性,反对"红衫军"施压,61.8%的民众希望能够制定相关法律,维护宪法法院裁决。

近日,土耳其首都伊斯坦布尔爆发大规模游行示威活动,并迅速蔓延至全国各大城市,导致数人死亡,数千人受伤,大量公共设施被毁,经济损失超过7000万里拉。事件由土政府拟将伊斯坦布尔中心的唯一绿地改造为购物中心和兵营,环保人士前往和平示威却遭警察粗暴驱赶直接引发。

10日,印度铁道部长班萨尔和司法部长库马尔宣布辞职。原因是两人均深陷腐败漩涡。班系亲属涉嫌"铁道门"受贿卖官案,库则涉嫌干预"煤矿门"腐败案调查受到最高法院点名批评。此系国大党首次在同一天有两位内阁部长因涉腐辞职。

21日，格鲁吉亚最大反对党"统一民族运动"党总书记、前总理梅拉比什维利因涉嫌在总理任期内挪用公款、非法侵占民宅等罪名遭检方逮捕，成为新政府上台以来被捕的多名前政府官员中级别最高者。

31日，黎巴嫩议会全会决定延长现任议会任期，推迟原定于6月16日举行的议会选举。主要原因：一是上届议会选举采用的"60年法案"遭多数党派反对，但短期内找不到可平衡各方利益的新方案。二是受叙利亚危机影响，利国内安全形势紧张，影响正常选举氛围。

6月

一、选举情势

14日，伊朗举行总统大选，德黑兰市长卡里巴夫、首席核谈判代表贾利利、前首席核谈判代表鲁哈尼、前革命卫队司令雷扎伊、前外长韦拉亚提和前石油部长加拉齐等六人竞逐总统宝座。15日，投票结果出炉，鲁哈尼以50.68%的得票率获绝对优势，成功当选伊朗第11届总统。

23日，日本东京举行都议会选举。投票结果显示，自民党推荐的59名候选人全部当选，该党成为都议会第一大党。与自民党联合执政的公民党获23个议席，成为都议会第二大党。日本共产党获17个议席，成为都议会第三大党。都议会原第一大党民主党仅获15席，远低于之前的43个议席。大家党获7个议席，日本维新会获2个议席。

23日，阿尔巴尼亚举行第八次全国议会选举。新一届议会席位争夺战主要在以社会党为首的左翼"为了欧洲的阿尔巴尼亚联盟"和以民主党为首的右翼"为了就业、福祉和一体化联盟"间展开。26日，投票结果揭晓，左翼联盟一举拿下全国12个大选区中的11个，获新议会中84席，占据绝对多数。右翼联盟仅获56席，遭遇历年来最大惨败。

26日，蒙古举行第六次总统选举。27日，选举结果出炉，由主要执政党民主党提名的现总统额勒贝格道尔吉以50.23%的得票率击败主要竞争对手、在野党人民党候选人巴特额尔德奈（得票率为41.97%），当选新一届总统。此次选举总体平稳进行，未发生大的争议冲突，各主要政党均表示接受选举结果。

二、政党动态

近日，缅甸掸族民主党、若开民族发展党、全孟地区民主党等15个少数民族政党召开会议，决定合并成立"联邦联合党"，参加2015年大选。目前新党的纲领、方针已起草完毕，将于7月向联邦选举委员会提交注册申请。分析人士认为，此次联合组党是缅政治转型以来，继全国性政党全国民主力量党和少数民族政党掸族民主党等10个政党共同组建"民主之友"政党小组之后，一些中小政党借组建联盟提升在政坛的发言权和影响力的又一次尝试。

8—9日，印人党召开全国执委会会议，任命其领导人、古吉拉特邦首席部长纳兰德拉·莫迪为2014年大选印人党选举委员会负责人。此举遭党内不少资深领导人抵制，议会人民院反对派领导人阿德瓦尼甚至提交申请，要求辞去其在印人党全国执委会、议会委员会和选举委员会所任职务。此外，印人党盟党、比哈尔邦最大执政党人民党（团结派）也因不满印人党确定莫迪为总理候选人而终止了与其长达17年的联盟关系。

11—12日，俄罗斯"全俄人民阵线"在莫斯科举行成立大会，宣布由临时性竞选联盟发展为常设性社会组织。大会通过了章程、宣言等纲领性文件，确定了领导机构，选举普京等为领导人，并将名称改为"人民阵线——为了俄罗斯"全俄社会运动。截至目前，该组织共吸收俄联邦性社会组织189个，地区性社会组织1680个。

15日，乌克兰反对派召开联合大会，会议决定将"祖国党"、"变革阵线"、"改革与秩序"及部分"人民鲁赫"合并为"祖国党"，并出台了以建设欧洲国家为核心的新党纲。大会选举原"祖国党"主席、前总理季莫申科连任党主席，并推举其为2015年总统大选"祖国党"候选人。

16日，波兰民左联党主办左翼大会，90个政党和政治组织近千人与会。作为波左派力量近年来最大规模集会，大会下设新社会政策、波兰经济与全球经济危机、民主的未来、文化的社会化、21世纪的左派、现代波兰和妇女解放之路等7个议题，意在抓住波经济形势下滑、民众不满情绪增加等有利时机，改变近期波左翼力量不断式微的颓势，谋求左翼联合自强，以图东山再起。

20日，尼日利亚执政党人民民主党（PDP）召开全国执行委员会紧急会议。会议通过决议,接受16名全国工作委员会(NWC,共20名成员,相当于我政治局)委员的辞职请求,宣布成立临时NWC,并决定于7月20日召开PDP全国特别代表大会,选举新NWC成员。

26日,澳大利亚联邦工党党团特别会议重新选举工党领袖,前党首陆克文以57票对45票战胜现任党首、总理吉拉德,时隔3年后再次出任工党领袖。

28—30日,尼泊尔联合尼共(毛)召开中央全会。作为该党七大后首次中央全会,其主要议程:一是补充任命领导层成员,选举常委会和政治局,补充任命中央委员,完善领导架构。二是着眼重新大选明确选举纲领和口号,并考虑与少数民族政党、马德西政党结成选举联盟。三是进一步明确七大确定的将发展生产力作为党的新路线,并制定尼经济社会发展规划。

28—30日,希腊新民主党召开第九次全国代表大会,来自全国4090名代表与会,参政的泛希社运和在野的左联党、希共、民主左翼等亦派员参加。大会选举产生了由204人组成的新一届政治委员会。与会代表围绕提高希腊经济创造力和竞争力、创造更多就业机会、建设更公平社会等议题进行了广泛深入讨论。

29日,波兰执政党公民纲领党召开全国代表大会。大会修改了党章,决定将于8月以网络和邮件投票的方式直选党首。现任党首、政府总理图克斯在会上呼吁全党精诚合作。会议还提出了一系列振兴经济、增加就业计划。

三、朝野动态

近日,巴西爆发自1992年以来最大规模示威游行。引发抗议活动的导火索是里约等11个州首府联合上调公交票价,深层次原因是国际金融危机影响下经济不景气、民众收入增长缓慢、通胀率居高不下,使得包括中产阶级在内的广大民众生活成本增加、不满情绪上升。社交网络和新媒体也在背后起到了推波助澜的作用。此次示威游行升级速度之快、持续时间之长和波及范围之广为巴近年罕见。

近日,土耳其大规模反政府示威活动基本平息。此次示威活动持续近一个月,波及全国81个省中的79个,参与人数超过250万,为土近10

年来最大规模民众自发性示威活动。分析人士认为,当前土耳其社会秩序虽已渐复正常,但示威活动带来的负面影响不容忽视。

2日,埃及最高宪法法院裁定,2012年协商会议(议会上院)选举及制宪委员会组建时依据的法律违宪。同日,埃及总统府发表声明,称最高宪法法院的裁定无实际效力,协商会议将继续代行立法权直至选举产生新的人民议会,并强调制宪委员会起草的宪法经全民公投通过,具有法律效力,不可推翻。28日,在穆尔西总统上台一周年之际,多座城市爆发要求穆尔西下台的大规模示威游行并引发暴力冲突,局势陷入新一轮动荡。

5日,巴基斯坦国民议会举行总理选举,穆盟(谢)主席谢里夫获全部317张选票中的244张,高票当选新任总理。总统扎尔达里随后为谢里夫举行就职仪式。7日,新政府首批25名阁员正式宣誓就职。各党派均承诺将全力配合新政府,共同维护和推进民主进程。

12—13日,捷克掀起该国历史上最大规模反腐风暴,警方突袭搜查了总理办公室、国防部、布拉格市政厅、铁路公司等部门以及两名富商的别墅和办公室,搜出了大量巨额现金和金条。农业部长、总理办公室主任、军事情报局长以及国家物资储备管理局长等因涉嫌滥用职权、洗钱、操控政府采购等罪名被捕。其中总理办公室主任纳吉约娃首当其冲,成为被调查的重要人物。16日,总理内恰斯迫于政治压力,宣布辞去总理职务及执政党公民党主席的职务。

24日,马来西亚第13届国会下议院召开首次会议,包括总理纳吉布和曾宣布抵制下议院开幕的民联领导人安瓦尔在内的全部222名当选议员宣誓就职。在当天举行的议长选举中,巫统提名的班迪卡·阿敏击败民联候选人,成功连任下议长。

25日,卡塔尔埃米尔哈马德宣布退位,33岁的王储塔米姆出任新埃米尔。

7月

一、选举情势

7日,墨西哥举行地方选举,各政党围绕14个州的441个州议员和931个市长职位展开激烈角逐。投票结果显示,执政的革命制度党以较大优势赢得胜利，反对党国家行动党明显失利，民主革命党遭遇惨败。分析人士认为，作为墨西哥新一届政府上台以来国内各主要政党间的首轮较量，此次选举一定程度上是墨西哥当前国内政治形势及未来发展走向的"风向标"。从选举结果来看，革命制度党第一大党地位暂时得到巩固。

10日，几内亚总统孔戴宣布将于9月24日举行立法选举，并敦促各方积极筹备，呼吁选民踊跃投票。几内亚总统大选以来，朝野双方围绕立法选举持续角力，选举日期屡遭拖延。此次确定选举日期是在民心思稳思定和国际社会全力斡旋背景下，朝野双方相互妥协的结果。

13日，不丹举行国民议会（下院）选举第二阶段投票。14日，选举结果出炉，第一阶段处于不利地位的人民民主党扭转乾坤，获国民议会总共47席中的32席，超过三分之二多数，首次获得执政权。前执政党繁荣进步党仅获15席，沦为最大反对党。

21日，日本举行参院中期改选。22日，选举结果揭晓，自民党获此次改选的参院半数议席（121席）中的65席，以较大优势胜出。与自民党联合执政的公民党获11席，两党连同非改选议席在参院共拥有135席，占据稳定多数。民主党再遭惨败，由改选前44席跌至17席，连同非改选议席共59席，勉强维持参院第二大党地位。一度势头强劲的日本维新会遭受挫折，仅获8席，远低于预期目标。其他政党有喜有忧，大家党和日共各获8席，席位有所增加，社民党及小泽一郎领导的生活党几近全军覆没。

24日，马来西亚举行登嘉楼州瓜拉勿述州议席补选，执政联盟国民阵线巫统候选人扎伊汉获胜，国阵在登州保住对人民联盟17∶15的议席优势，避免了"悬峙议会"局面，继续掌控登州政权。

25日，多哥举行议会选举。12个政党、2个政党联盟及12位独立人士围绕新一届议会席位展开激烈角逐。29日，选举结果揭晓，总统派政党保卫共和联盟获62席，激进反对党联盟拯救多哥联盟获19席，彩虹联盟获6席，变革力量联盟和独立全国崛起组织分别获3席和1席。本次议会选举本应于去年11月举行，因政治、资金、技术等原因数度推迟至今。非盟、西共体等多个国际选举观察团均称此次选举程序民主，选举的公平、公正性及透明程度得到充分保证，选举结果真实可信。

28日，柬埔寨举行第五届国会选举。结果显示，执政的人民党获国会123席中的68席，比目前所拥有的90个议席大幅减少，但仍达到宪法规定的单独组阁需国会过半数支持的要求。最大反对党救国党获55席，较上届29席有明显增加。参选的其他6个政党未获席位。

31日，津巴布韦举行总统和议会选举。结果显示，津巴布韦民族联盟—爱国阵线（津民盟）领袖穆加贝以61%的得票率蝉联总统，民革运（茨派）领袖、原联合政府总理茨万吉拉伊获33.94%选票，民革运（纽派）领袖纽比获2.6%的选票。议会选举中，津民盟获众院210个议席中的158席，民革运（茨派）获50席，独立候选人获2席，民革运（纽派）沦为无议席小党。总的看，津民盟得票率较上届选举出现强烈反弹，穆加贝所获选票增加约18个百分点，津民盟议席亦从99席增至158席，超过议会三分之二，再次赢得议会第一大党地位。

二、政党动态

近日，阿尔巴尼亚民主党党主席、现任总理贝里沙因议会选举失利引咎辞去党主席职务。随后，该党以全体党员一人一票的方式选举现年39岁的地拉那市长巴沙为新一任党主席。巴沙以得票率为80.39%的绝对优势当选后，民主党内部出现一些分歧。其竞争对手、交通部长奥尔达希称此次选举程序错误，有失公正；民主党副主席帕托齐也认为选举不公平，贝里沙暗中操纵选举、内定由巴沙接班。

近日，因英国最大工会"联合工会"涉嫌通过"突击"为100余名会员注册工党党员身份，以确保工会支持的候选人胜出的方式"操纵"地方议会补选工党候选人遴选，工党与工会关系出现紧张局面。9日，工党领袖米利班德发表讲话，就调整与工会关系提出几点建议，力争2015年推行包括废除工会成员自动成为工党"集体党员"的做法、逐渐实施工党候选人公开遴选制等在内的改革。联合工会表示谨慎欢迎，事件暂时得到平息。

23日，澳大利亚工党决策委员会会议以压倒性多数通过了澳大利亚总理、工党领袖陆克文关于修改工党领袖选举规则的动议。修改后的规则一方面增加了普通党员参与领袖选举的权力，规定工党领袖不再由决策委员会内部选举产生，改由决策委员会成员和普通党员共同选举产生，决策委员会成员和普通党员投票权各占50%。另一方面限制了决策委员会更换领袖的权力，明确要求工党执政或在野期间，须分别获得决策委员会75%或60%成员支持才能提出更换领袖。

31日，尼日利亚酝酿已久的反对党联合成为现实，行动大会党、进步变革大会党和全体尼日利亚人民党等三大主要反对党合并成全体进步大会党。分析人士认为，此次合并使尼首次出现全国性反对党，将对执政党人民民主党形成一定压力，在尼日利亚初步形成"两党政治格局"，并深刻影响尼日利亚政治生态未来走向。

三、朝野动态

近日，葡萄牙财长加斯帕和外长波塔斯相继辞职，引发严重政治危机。10日，葡总统席尔瓦敦促葡社会民主党、人民党和社会党等三大政党尽快达成一份中期"救国协议"，以确保葡萄牙在明年退出国际救援协议前维持政治稳定。19日，三大政党结束了八轮谈判，但未能就"救国协议"达成共识。21日，席尔瓦总统发表全国讲话，支持联合政府继续执政直至任期结束。23日，席尔瓦批准总理科埃略提交的政府改组方案，对联合政府进行其执政两年来最大幅度的改组。人民党主席、原国务兼外交部长波尔塔斯升任新设立的副总理；社民党元老、73岁的马谢特接任国务兼外交部长；人民党全国委员会主席德利马接替无党派的佩雷拉出任经济部长，新成立环境、土地管理和能源部，由社民党第一副主席达席尔瓦出任部长，其余内阁部长不变，部长总职位由13个增至14个。至此，延宕20多天的葡萄牙执政危机实现软着陆。

近日，西班牙执政党人民党"秘密账簿"腐败案被捕入狱的该党前司库巴尔塞纳斯揭露首相拉霍伊领取"特殊津贴"等违法行为，导致人民党腐败丑闻急剧发酵。西最大反对党工社党紧急召开高层会议，决定与人民党断绝一切关系，不再与其就任何问题达成共识，并要求拉霍伊立刻引咎辞职。联合左翼也要求拉霍伊辞职并宣布提前大选。共和左翼则指责人民党已沦为"匪帮"，呼吁该党议员"倒戈"，协助启动并批准针对拉霍伊的"不信任案"。社会舆论也要求拉霍伊公开对有关问题做出合理解释。部分地区还发生要求拉引咎辞职的小规模民众抗议活动。面对各方压力，拉坚决否认曾接受非法津贴，并矢言不会辞职，将一直干到任期届满。

近日，特立尼达多巴哥新成立的独立自由党候选人杰克·沃纳赢得特多查瓜纳斯西区议员补差选举，特多政坛真正呈现红（人民民主运动党）、黄（联合民族党）、绿（独立自由党）三足鼎立格局。此外，沃纳的胜选创造了1950年以来首位非裔特多人在传统印度裔聚居区以独立政党候选人身份参选获胜的历史，从侧面反映出越来越多的年轻人和精英阶层已逐渐淡化种族偏见，在选举过程中更注重寻找自身实际利益的代言人。此次胜选也为正在从种族选举向自由选举过渡的特多民主化进程指明了新的方向。

近日，孟加拉高等法院判决孟加拉国伊斯兰大会党在选举委员会的注册非法，取消其参选资格。该判决受到以人民联盟为首的十四党执政联盟的欢迎，但遭伊大党强烈抗议，该党表示将向最高法院提出上诉，并发起多起暴力活动，同时计划在开斋节后发起全国大罢工。反对党民族主义党（BNP）也批评高法判决，表示将继续与伊大党结盟。此举或将成为朝野新一轮政治冲突的导火索。

8—26日，老挝召开七届国会五次会议。会议主要内容为审查落实老挝党九大各项目标、"七五"规划中期的情况，总结今年上半年政府和国会工作。老挝拥有政局稳定、自然资源丰富、人口压力较小、外资外援较稳定等诸多优势，未来经济仍可保持稳定增长，若无重大变故，有望顺利实现老党九大制定的主要经济目标。

15日，加拿大总理哈珀宣布改组内阁，取消了人力资源和技能发展部，代之以就业和社会发展部；将运输、基础设施和社区部拆分成交通部和基础设施、社区和政府间事务部；还对国防部、司法部、移民事务和多元文化部、环境部、卫生部等多个部门主官进行调整。此次改组共增加了8名新阁员，其中4人为女性，改组后的政府共有39名内阁成员，其中12名为女性。这是哈珀政府2011年连任以来最大规模改组，被认为是现政府消除今年春季一系列丑闻带来的负面影响、改变自身形象的一次尝试。

17日，捷克众议院就最大反对党社民党提出的解散议会提案进行表决，结果显示，与会的188名议员中，包括社民党、捷摩共、公共事务党全体议员在内的96名议员投赞成票，前右翼执政联盟三党92名议员投反对票，未达通过提案所需五分之三多数，提案流产。7月10日成立的、由鲁斯诺可总理领导的专家政府成员也列席了会议，新政府预计将于8月8人接受议会信任表决。

25日，在突尼斯共和国日之际，左翼反对党"人民运动"领导人、制宪会议议员穆罕默德·布拉米遇刺。作为继今年2月6日反对党领导人贝拉伊德遇刺后的第二起政治暗杀，引发政坛震荡。突尼斯呼声、共和党、人民阵线等主要反对派发表声明，称刺杀案表明三党主导的政治过渡进程已遭失败，要求解散议会和政府。近70名反对派议员宣布临时终止议会工作。26日，总劳联举行全国总罢工并终止其主导的全国对话，多地爆发示威游行，支持和反对政府的两派民众发生冲突。执政党复兴运动的部分地区党部遭受冲击。突尼斯过渡政府称刺杀事件系政治阴谋，旨在破坏民主过渡进程，呼吁各方勿受挑拨，保持冷静克制，维护国家安全和稳定。

25日，缅甸议会正式批准成立宪法评估委员会。该委员会由109人组成，联邦议会副议长担任主席，两院议长担任副主席。委员会成员分别来自20个政党和军方，按各自在议会中议席比例进行分配名额，其中巩发党52人、军方25人、民盟7人，其他政党也拥有少量名额。民盟领导人昂山素季表示，民盟将与巩发党密切配合做好宪法评估工作，但双方并未就此进行正式讨论，也没有明确需要修改的具体条款。根据现行宪法规定，修宪必须得到至少75%的支持，并经全民公决获半数以上支持才能生效。

26日，秘鲁国会选举产生新任领导班子。执政的秘鲁胜利联盟党团候选人弗雷迪·奥塔罗拉当选国会主席，秘鲁可行党党团候选人卡门·奥蒙特、伟大变革联盟党团候选人路易斯·伊维利科和民族团结党党团候选人何塞·鲁纳分别当选国会第一、第二和第三副主席。新班子于当日宣誓就职，任期一年。此系执政党党团第二次连任国会主席一职。

31日，南苏丹组建新一届政府。新政府撤销了议会事务、人道主义事务和灾害管理部等部门，政府部门数由原来29个减至19个。原内阁仅有新闻、石油、住建等6名部长留任，外长、防长、内政部长等易人，副总统及总统事务部长待任命。

8月

一、选举情势

1日,津巴布韦举行总统、议会和地方政府"三合一"大选。现任总统穆加贝以61%的得票率击败民主变革运动茨派候选人、总理茨万吉拉伊,当选新一届总统。穆加贝领导的津巴布韦非洲民族联盟—爱国阵线在众院选举中也斩获三分之二以上多数席位。大选标志着津巴布韦2008年以来政治过渡进程结束。

1日,马里公布过渡期后首次总统大选结果,经过两轮投票,马里联盟党候选人易卜拉欣·凯塔最终以77.61%的得票率胜出,成功当选新一届总统。此次选举过程较为平稳,结果得到广泛认可。凯塔从政经验丰富,政治形象清新,在国内具有较高声望,且在此地区和西方国家中人脉广泛,为外界普遍认可,是其成功当选的主要原因。

5—9日,哈萨克斯坦举行首次地方行政长官选举,共选出2454名州辖市市长、农业区(比州辖区低一级的地方行政单位)区长和村长,占全哈各级行政长官总数的91.5%。当选者平均年龄为47岁,绝大多数有教育、经济、农业、工程等专业背景,其中妇女280人,占11.4%。分析人士认为,此系落实哈萨克斯坦《2050年战略》中有关扩大地方自治、实行地方行政长官选举改革设想的重要举措,为哈萨克斯坦进一步理顺中央和地方关系、扩大地方职权、建立地方管理人才储备、加强民主参政和社会监督奠定了良好基础。

6日,阿尔巴尼亚中央选举委员会公布2013年大选最终结果。左翼"为了欧洲的阿尔巴尼亚联盟"以57.63%的得票率获99.4万票,右翼"为了就业、福祉和一体化联盟"以39.46%的得票率获61.9万票。在参选各党中,社会党和民主党分获71.3万票和52.8万票,居于前两位;一体化社会运动党位居第三,获18万票。根据投票结果,将有9个政党进入新一届议会,议席分配如下:左翼联盟83席,其中社会党65席,一体化党16席,人权联合党和人民民主基督党各1席;右翼联盟57席,其中民主党46席,共和党5席,正义、一体化联合党4席,基民党和国家发展运动党各1席。

12日，柬埔寨公布第五届全国大选结果，执政党人民党获123个国会议席中的68席，反对党救国党获55席，人民党一党独大格局被打破。

二、政党动态

近日，法国主要反对党人民运动联盟主席科佩宣布将在自己回归后6个月内重新审视本党纲领并实施相关改革，把人运盟打造成"所有法国人的政党"和"模范政党"。其改革主要内容：一是赋予教职人员更多自主权，加强其自身责任感；二是要使招聘变得更容易，并让民众摆脱每周35小时工作制束缚；三是减少公共支出，将民众从沉重税务中解放出来；四是取消国家医疗援助；五是减少政治运作中的官僚主义现象。

2日，塞拉利昂最大反对党人民党召开全国代表大会，选举该党新一届领导。该党现任副主席阿哈吉·巴伊·塞伯勒·索马诺·卡彭与塞前驻加纳大使阿利·班古拉竞逐党主席职位。投票结果显示，卡彭以310票比287票战胜班古拉，当选人民党主席及领袖。大会选举威望较高的党内元老卡彭为新领袖，有助于凝聚党内人心，促进党内团结，并为该党重新规划今后发展创造了条件。但班古拉派并不甘心败选，扬言将加大牵制，如何消弭各派分歧、实现党内和解仍是卡面临的最大挑战。

2—4日，圭亚那执政党人民进步党召开第30次全国代表大会。来自圭亚那十大行政区的党员（按3∶1比例出席）、观察员、旅居国外的圭侨代表等共约1650人出席。大会审议通过了人进党总书记、圭亚那总统拉莫塔所作的工作报告，修改了党章，选举了新一届党的中央委员会，并确定了未来3年党的奋斗目标、工作重点和战略规划。此系人进党建党63年以来规模最大的一次党代会，也是前总统贾根夫妇等党的老一辈创始人去世后由新生代主导召开的首次党代会。大会实现了党的领导层新老交替，确定了加强自身建设重点，是该党发展进程中的一个重要分水岭，意味着未来将开始正式由"60后"新生代引领全党前行。

5日，蒙古人民党举行代表会议第八次会议（相当于我中央全会），包括久未露面的前党主席、前总理巴雅尔等在内的310名代表（相当于我中央委员）与会。党主席恩赫图布辛作了题为"得失的一年：觉醒和未来任务"的政治报告。党内"改革运动"青年代表、国家大呼拉尔委员额尔德奈巴特作了8分钟发言。

10—11 日，新西兰执政党国家党召开第 77 届全国大会。国家党领袖、总理约翰·基、主席古德费洛、全体国家党议员及该党党员代表等 600 余人出席。大会以"为新西兰建设更强大的国家"为主题，着眼明年下半年大选，重点宣扬本党政绩，并与工党住房政策针锋相对，提出包括增加土地供应、简化新建和改建住房审批手续、加大金融支持力度、降低首套购房者获得补贴门槛等政策，力图打压工党势头。

16 日，波兰公民纲领党 4 万余名党员通过互联网和邮寄两种方式投票选举新任党主席。23 日，该党全国选举委员会宣布，经过党内首轮投票，现任党首、政府总理图斯克以 79.58% 的得票率战胜对手前司法部长戈文，再次当选党主席。选举结果表明，以戈文为首的党内异见分子尚难以撼动大局，图斯克在党内地位暂时得到稳固，但其带领公民纲领党赢得 2015 年议会大选的抱负仍面临振兴经济等重重挑战。

17 日，土库曼斯坦民主党召开第七次代表大会。党主席、总统别尔德穆哈梅多夫在会上发表重要讲话，强调民主的重要性，表示进一步推进民主变革对土实现社会现代化意义重大，同时宣布根据去年通过的《政党法》相关要求，不再兼任党主席职务，并在任总统期间暂停党籍。

22 日，新西兰最大在野党工党领袖戴维·希勒突然宣布辞职，工党随即启动新领袖选举程序。此次选举将借鉴美国总统选举前政党内部初选模式，改以往由议会党团成员投票决定党的领袖的做法为按比例计算选举结果：议会党员选票占比 40%、党员选票占比 40%、工党附属工会占比 20%，且工会不能作为一个整体投票。参选人得票超过 50% 者获胜。若所有参选人无一得票过半，最后一名出局，进行第二轮投票，直至产生新领袖。分析人士认为，新规则更好地体现了公平、公正原则，扩大了基层党员的发言权，有利于增强对普通选民的吸引力以及扩大本党选民基础。

31 日，尼日利亚执政党人民民主党(PDP)举行全国特别代表大会，选举全国工作委员会(NWC，相当于我政治局，共 20 名委员)16 名新委员。总统乔纳森、PDP 全国主席图库等党政高层与会。会议期间，前副总统阿提库及六位北方州长悉数退场，抗议各自提名人选被剥夺候选人资格，指责选举程序不公，拒不承认以图库为首的党中央，并另立"新 PDP"中央机构。

三、朝野动向

近日，哈萨克斯坦文化和信息部起草了《国家支持非政府组织法》草案。法案确立了国家支持非政府组织的法律、经济和组织基础，规定了国家与非政府组织各自的权利和义务。此系哈《2050战略》中借非政府组织建设促进"创新社会模式"又一重要举措。哈萨克斯坦当局近年先后出台包括隔年举办一届哈领导人亲自参加的"公民论坛"；创办为非政府组织发展、活动提供指南的信息中心和网站；拟定扶持规划，增加国家预算社会采购拨款；向公民社团报告政府工作等在内的系列措施，不断加大对非政府组织支持力度。

近期，部分欧洲国家着手政治体制改革。爱尔兰拟废除参议院，并裁减众院席位；意大利拟定裁并升级行政区的宪法草案，拟废除整个省级行政区体系，将现行省级政府下属企业机构由8000多个减至6000多个，并计划改革选举法、削减议员数量及其薪资福利；匈牙利决定大幅精简国家行政机关及地方自治政府，拟将下届国会议员席位由386席锐减至199席。

1日，蒙古总统额勒贝格道尔吉颁布总统令，赦免前总统恩赫巴亚尔。随着恩赫巴亚尔获释，民主党与人革党之间的重要政治障碍已被扫除，这为蒙古政府平稳执政创造了一定有利条件。

4日，伊朗新任总统鲁哈尼宣誓就职，并向议会提交了内阁名单。鲁哈尼在就职仪式上阐述其新施政纲领称，将推行更加温和、务实的内外政策，把发展经济、改善民生作为第一要务，愿通过平等互信、相互尊重的建设性互动推动伊核问题的解决。15日，议会对内阁名单进行表决。18位提名部长中除教育、科技和青年体育部长外均顺利过关。加上鲁哈尼新任命的5位副总统和1位办公室主任，执政团队构架基本成型。分析人士认为，鲁哈尼一手打造的"包容性、专家型、温和务实"新政府获得各界广泛认可，为其顺利施政奠定了良好基础。

13日，尼日尔总统伊素福改组内阁，组建尼日尔史上首届民族团结政府。此系伊素福上台执政以来最大规模的内阁调整。新内阁成员由原来26人大幅增至37人，参加政党由原来的9个增至11个。总理和14个部长留任，新入阁22人。国务部长由4个增至5个，新增总统府国务部长。

为照顾各方诉求，将原来的计划、内政、教育、环境、文化等部拆分，并新设4个部长级代表职位。总统派——民社党内阁成员由9人增至13人，除继续把持国防、外交、财政、能源等实权部门外，将原由社民党占据的内政公安部长一职也揽入囊中，权力进一步强化。此外，伊索福还邀请原执政党、现最大反对党全国社会发展运动总书记、4个副主席和青年主席等6人入阁，既加强了新内阁代表性，又成功分化了反对党力量。

19日，加拿大总理哈珀称，拟向总督建议将众议院夏季休会延长至10月本党新施政报告出台之时。哈珀执政以来曾两次打众院"休会牌"，使保守党在艰难时刻变被动为主动。

20日，埃及警方以涉嫌煽动暴力、致死多名示威者等罪名逮捕埃及穆兄会最高领导人穆罕默德·巴亚迪。

21日，也门政府发表声明，代表前政权和其他所有挑起或参与1994年内战及数次萨达战争的政治力量，向南方各省份、萨达及其他受内战波及的地区人民和受害者道歉，并呼吁社会各界支持民族和解，使社会恢复安定团结。声明未能取得如期效果，南方激进派与温和派领导人均不接受政府道歉，认为道歉方不应是现政府，而应是全人大、改革集团等参与1994年战争的所有政治力量，道歉没有真正触及南方人民遭受的不公正待遇，没有给予南方人民所期盼的自决权。南方运动支持者在也门南部多个城市举行游行，拒绝接受道歉，要求独立。

25日，泰国政府举办政治改革论坛，泰国前总理差瓦立、班汉、颂猜、民主党前领导人披猜等前政要，以及国会主席颂萨、泰反对独裁民主联合阵线（红衫军）领导人提妲、泰工业协会主席帕扬萨等泰各界重量级人物出席了会议。总理英拉在会上提出维护君主立宪制度的稳定、缩小贫富差距、建立司法公正、提高工作透明度、相互信任谅解等7项政改目标。论坛邀请各界代表通过对话共同探讨解决当前政治分歧途径的做法得到与会者和社会各界一定的认同，但最大反对党民主党党首阿披实拒绝参会。此外，重要反对派别人民民主联盟（黄衫军）因23日宣布解散，亦未派员与会。

26日，菲律宾多地民众举行大规模反贪腐游行示威。以学生、工人、商人和公务员为主的示威者要求政府废除给国会议员大量拨款，从而滋生贪污和腐败问题的"政治分肥"制度。菲律宾"政治分肥"又称"政治拨款",指政府专门拨给国会议员用于其各自选区地方性项目的款项,先后以"农村发展资金"、"优先发展援助资金"等形式出现,在此名目下,菲律宾国会每名参议员每年可获约455万美元拨款,每名众议员的拨款数也达159万美元。

28日,韩国国家情报院以涉嫌阴谋制造内乱、颠覆国家体制和通敌等罪名,突查在野的统合进步党国会议员李石基住所和办公室。此系韩国宪政史上首例现职国会议员因内乱罪名遭调查,在韩国内引起轩然大波。统合进步党和李石基本人均否认有关指控,谴责国情院此举系朴槿惠政府打压民主力量;执政的新国家党要求对案件进行彻底调查;最大在野党民主党表态谨慎,暂与统合进步党保持距离。

29日,加纳最高法院就2012年总统选举纠纷案作出裁决,驳回反对党新爱国党有关执政党全国民主大会党总统候选人马哈马与选委会涉嫌选举舞弊的申诉,裁定选举结果有效。至此,持续8月之久的总统选举纠纷宣告结束。

29日,阿富汗伊斯兰促进会、民族联盟、民族阵线、伊斯兰民族运动党、伊斯兰人民党、绿色运动党、伊斯兰统一党、新阿富汗党和阿拉伯人民协调委员会等14个主要党派宣布成立"阿富汗选举联盟"。该联盟将改革现有政体,扩大民众对政治、经济、社会事务的参与度,促进国际和平发展与权力的合理分配作为自身宗旨,并宣布将推举一名候选人参加2014年总统大选。

9月

一、选举情势

近日,塔吉克斯坦议会上下院召开联席会议,宣布将于今年11月6日举行总统选举。塔执政党积极开展选举筹备工作,加大政绩宣传,总统拉赫蒙加大"下基层"频率,广泛争取民心。塔其他主要政党也积极开展竞选准备工作,其中伊斯兰复兴党、社会民主党等反对派团体公开"揭短"政府;部分党派、政治团体谋求联合,壮大声势,伊斯兰复兴党、社会民主党及其他社会团体建立较为松散的"改革力量联盟";塔共及社会主义党、农业党和经济改革党等小党纷纷召开全国代表大会,出台参选纲领,确定候选人。

7日,澳大利亚举行第44届联邦大选。投票结果显示,反对党联盟党获众议院150个议席中的88席,执政党工党仅获53席,绿党获1席,其他政治力量获2席。

8日,俄罗斯举行2013年地方选举,54个政党参加了包括8个联邦主体行政长官、16个联邦主体立法机构议员、8个联邦主体行政中心城市市长和12个联邦主体行政中心城市代表机构代表等在内的选举。选举总体平稳有序进行,各政治力量和绝大多数候选人基本接受选举结果,未出现大规模抗议反对活动。选举结果显示,梅德韦杰夫总理领导的统俄党在绝大多数地区选举中取得胜利,俄共、公俄党和自民党分列第二至第四位。从此次选举结果看,行政资源仍牢牢把控在统俄党手中,各级议会中仍是统俄党占据优势地位,俄共、公俄党和自民党等其他主要政党作陪衬,俄"一党独大、几党陪衬"的政党政治格局未发生实质性变化。但此次地方选举投票率普遍较低,多数在25%—30%左右,也成为各主要反对派政党指责当局和统俄党的重要把柄。

16—18日,卢旺达举行五年一度的众议院选举,80个众议员议席中的53席由全国选民直选,其余27席为妇女、青年、残疾人代表席位,通过间接选举产生。21日,选举结果公布,爱国阵线竞选联盟(76.22%)、社会民主党(13.03%)、自由党(9.29%)分获53个普选议席的41席、7席和5席。此次选举结果反映出卢民众对卡加梅总统及其领导的爱国阵线19年执政的充分肯定和拥戴。

21日,伊拉克库尔德自治区举行该自治区成立以来的第4次议会选举。选举结果显示,库区主席马苏德·巴尔扎尼领导的库尔德民主党居首位,获71.9万选票;变革运动居次席,获44.6万选票;库尔德爱国联盟、库尔德伊斯兰联盟等党派位列其后。此次选举是1991年以来变数最大的一次议会选举,库民党和库爱盟两党历史首次未组织竞选同盟而分别参选,改变了库民党和库爱盟两分天下的格局,库民党保持强势地位,反对党和伊斯兰势力呈上升趋势。

22日，德国举行新一届联邦议院选举，默克尔领导的联盟党获胜，默再次蝉联总理。据初步统计，联盟党得票率42.1%，获302席，稳居议会第一大党地位；社民党25.6%，获183席；左翼党8.7%，获62席；绿党8.2%，获59席。此外，自民党获4.6%，德国选择党获4.9%，其他小党共获5.9%。

29日，葡萄牙举行四年一度的市政选举，全国308个市级行政单位、3092个区级行政单位负责人进行换届。主要反对党社会党得票率36.25%，赢得149个市长职位，较2009年增加18个，成为此次选举的主要赢家。执政的社民党（含与其他政党联合竞选）得票率31.52%，赢得106个市长职位，较2009年减少33个，创该党近20年来市政选举最差成绩。联合执政的人民党，葡共和绿党联盟和左翼集团得票率分别为3.04%(5个市长职位）、11.06%(34个市长职位)和2.42%(无市长职位)。独立参选人士表现抢眼，共有13人当选。此次选举总体平稳有序，葡萄牙各主要政党均公开表示接受选举结果。此次选举适逢葡萄牙政府执政中期、全力执行与"三驾马车"签署的援助备忘录的关键时期，一定程度上被视作对选民意愿的摸底测试和下届大选的预演。总的看，执政的社民党在此次选举中遭受重创，但葡萄牙政局近期内不会出现颠覆性变化。

29日，奥地利举行第25届国民议会选举。初步计票结果显示，联合执政的社民党和人民党得票率分别为27.1%和23.8%，在国民议会中分获53席和46席。其他各党得票率和议席分别为：自由党21.4%，42席；绿党11.5%，22席；施特纳赫党5.8%，11席；新奥地利党4.8%，9席；未来联盟3.6%(未获议席)。此次选举选民投票率为65.9%，比上届大选下降12.9个百分点。总体看，社民党和人民党两大党虽得票率有所下降，但仍成功保住多数，为继续联合执政奠定基础。小党喜忧参半：自由党和绿党得票率小幅上升；施特纳赫党和新奥地利党成立不久即进入议会；未来联盟未能进入议会。

二、政党动态

近日，赞比亚执政党爱国阵线(PF)内部"倒卡运动"（即要求免除卡宾巴总书记职务）声势继续高涨。全国十个省的基层党部负责人联名向爱国阵线中央委员会提交陈情书，声援支持萨塔为2016年总统大选党内唯一候选人，同时要求尽快召开中央委员会免除卡的职务。

13日，印人党召开会议，宣布莫迪为该党2014年大选总理候选人。

15日，为期两周的新西兰工党领袖选举结果公布，坎利夫以总选票50.15%获胜（赢得议会党团32.35%、普通党员60.14%及所属工会70.77%的选票）。

27日，缅甸全国民主联盟（民盟）在总部举行25周年纪念活动。昂山素季重申有意参加下一届总统选举，并表示民众应选举一个有能力、负责人的民主政府领导缅发展经济，民盟在建设民主、发展民生方面已有明确想法，特别是在电力、交通等急需解决的问题上已有具体计划，希望同各方共同努力，推动缅甸民主改革与国家建设继续深入发展。

28日，匈牙利执政党青民盟举行第25次全国党员代表大会，会议总结评价了过去三年来青民盟执政情况，选举产生青民盟新一届领导人，并就2014年大选进行全民动员。会上，青民盟现任党主席、总理欧尔班连任党主席，总理府办公厅主任拉扎尔当选副主席。欧尔班当选党主席后发表讲话，重点回顾总结青民盟执政成绩及匈牙利与欧盟关系，强调青民盟政府经过努力成功纠正前社会党政府错误，使匈牙利国家发展重新走上正轨。

30日，越共中央召开十一届八中全会，主要议题为经济社会发展、教育改革、1992年宪法修改草案、新形势下保卫祖国战略、党内选举制度修改草案。在经济社会发展方面，会议分析了国内外形势，总结了本届中央执政以来越经济社会发展情况，并提出了本届任期最后两年（2014—2015年）经济社会发展总体目标：一是继续稳定宏观经济，抑制通货膨胀；二是进一步革新增长方式，调整经济结构，恢复经济增长，提高竞争质量；三是确保社会福利，民众生活；四是保护资源环境，应对气候变化；五是推进行政改革，加大反腐力度。在1992年宪法修改草案方面，会议集中就党的领导地位、越南工会的地位、经济成分、土地征收、信任投票、地方政权、宪法委员会等问题进行讨论，认为此草案无论在内容还是文字上都达到了预期目标，草案将在即将召开的第十三届国会第六次会议上审议通过。在新形势下保卫祖国战略方面，会议认为国际地区政治经济形势特别是南海局势迅速复杂演变，敌对势力的破坏活动更急隐蔽，实行市场经济和融入国际带来一些消极影响，社会思潮发生新变化，治党治国过程中存在思想蜕化、贪腐、驾驭能力不强等问题，又使越南发展面临困难。在党建工作方面，会议对党章关于党内选举制度的内容进行补充修改：一是选举制度覆盖对象的范围；二是关于政治局、书记处、总书记、中检委、中检委主任的自荐、推荐和选举规定以及中央委员、政治局委员、书记处书记、中检委委员的补选规定；三是关于推荐候选人的手续，包括进入候选人名单的条件，候选人的差额以及当选后分工建议等。会议决定成立十二大政治文件、经济社会、党章、人事和会务小组，标志着越共十二大筹备工作正式启动。

三、朝野动向

近日，尼日利亚索科托、河流等7州22名参议员及57名众议员先后发表联合声明，宣布与以图库为全国主席的人民民主党（PDP）领导层划清界限，转而拥护以巴拉吉为全国主席的"新PDP"派系，此举系人民民主党内讧在议会的连锁反应。据尼日利亚宪法规定，只要"新PDP"派系不注册成新政党，"新PDP"派参众两院议员资格将难以被终止，尼议会人员情况短期内不会发生大变化。但如这一分裂局面未能及时扭转，议会对乔纳森政府支持度恐将明显下降，进而牵制其施政。

近日，土耳其众多示威者涌上街头，与警察发生冲突并造成死亡。土耳其动荡与部分西亚北非阿拉伯国家变局的相似之处在于二者出现自上而下的反政府"街头运动"，暴力事件引发警民冲突并造成伤亡，呈现教俗对抗，以及新媒体技术推波助澜等特征。

近日，随着孟加拉国大选进入倒计时，以人民联盟和民族主义党（BNP）为首的朝野两大阵营斗争日趋激烈。一方面，朝野两党围绕下届大选安排等斗争，人盟在大选组织形式问题上立场僵硬，民族主义党猛烈批评人盟在下届大选安排问题上的立场倒退，并威胁如政府拒绝让步，将发起街头运动，迫使政府同意由非党派政府主持选举，双方恶斗导致局势失控的可能性增大；另一方面，人盟掌握执政资源，积极谋划各地选举造势集会，加大执政成就宣传力度，广泛笼络人心，以巩固统治基础，民族主义党则将竞选准备工作和反政府运动相结合，攻击人盟施政无方，争取民意支持。

11日，菲律宾再度爆发"反政治分肥"集会，近千名民众聚集，打出要求阿基诺政府立即废除"政治分肥"，彻查丑闻的标语。集会受到各界广泛关注,表明"政治分肥"丑闻牵动各方神经,仍在持续发酵。菲政坛对"政治分肥"丑闻司空见惯,但此时集中爆发,既有利益集团着眼2016年大选相互揭短的意图,也反映出菲律宾社会对政治现实的不满。阿基诺打着反腐、扶贫的旗号上台,树立了清廉形象,菲律宾经济保持快速增长,但以"政治分肥"为代表的制度性、系统性腐败在阿基诺任期内愈演愈烈,菲有增长、无就业,失业率、贫困率居高不下,阿基诺总统承诺的"包容性增长"口惠而不实至,民众特别是中产阶级和精英阶层对此大失所望,压抑已久的不满情绪集中迸发,成为反对"政治分肥"主力军。

11日,津巴布韦新一届内阁宣誓就职。津新内阁仍以老面孔为主,以确保稳控局面,同时又着力培养新秀,受到新生代欢迎。津巴布韦新内阁部长来自全国10省,有8名女性担任正、副部长,体现了内阁地域、性别等多方面的平衡。在内阁部委设置上,由上届的33个精简至26个,机构效能将进一步提高。同时多数内阁部长能顾全大局,政府内部相互掣肘等现象有望终结,为津下一步发展奠定有利基础。

23日,新西兰反对党工党领袖坎利夫宣布调整党内排名并改组影子内阁。坎此次调整幅度不大,基本兑现不计前嫌、任人唯贤的承诺,各界反应总体积极。这表明:一是经济发展是工党主攻方向;二是党内稳定团结仍是工党当前要害;三是保持上升势头是工党近期关键任务。

10月

一、选举情势

5日,新西兰举行三年一次的地方政府选举,改选国家各市市长及市议会、地区委员会、卫生委员会等地方行政管理机构。选举结果显示,奥克兰市市长林·布朗、惠灵顿市市长韦德·布朗实现连任,在其他主要城市中,汉密尔顿、达尼丁等市市长连任,内皮尔、新普利茅斯等市市长换人,尼尔逊、罗托鲁阿两市产生了本市历史上首位女性市长。此外,有7个小城市市长因无人挑战而连任。

20日,爱沙尼亚举行四年一届的地方选举。初步统计结果显示,在野的中间党得票率最高,为32%;联合执政的祖国联盟—共和国党与改革党的得票率分别为17.2%与13.7%，社民党得票率为12.5%。此次选举呈现的主要特点：一是中间党执政理念重点关注民生，得到普通选民支持，继续保持领先优势；二是改革党失分较多；三是祖国联盟—共和国党吸引大量改革党流失选票，成为黑马；四是社民党进步明显。

21日，特立尼达多巴哥举行2013年地方政府选举。选举结果显示，反对党人民民族运动党（PNM）赢得11.6万票，执政党联合民族大会党（UNC）赢得8.4万票，成立仅四个月的独立运动党（ILP）赢得6万票，"三足鼎立"之势正式呈现。

25—26日，捷克提前举行众议院大选。初步结果显示，在众议院200席中，左翼社会民主党（社民党）以20.45%的得票率获50席，政坛黑马ANO2011党异军突起，获47席，捷克和摩拉维亚共产党获33席，TOP09党、公民民主党（公民党）分获26席和16席，曙光—直接民主党和基督教民主联盟—捷克斯洛伐克人民党分获14席。

27日，阿根廷举行国会中期选举，改选127名国家众议员和24名国家参议员，分别占总数的1/2和1/3。初步统计结果显示，执政联盟胜利阵线及其盟党获63个参、众议员席位，激进党和社会党组成的竞选联盟以33个参、众议员席位及创新阵线以16个众议员席位紧随其后。此次选举中，胜利阵线保住第一政党地位，但优势大幅收窄，在部分"传统票仓"败北，同时，传统反对派实力有所恢复，激进党沉寂多年后东山再起，巩固了全国最大反对党地位。

27日，格鲁吉亚举行总统选举，格执政联盟"格鲁吉亚梦想"候选人马尔格韦拉什维利获超过66%的选票，当选新一届总统。此次选举是格独立后进行的第一次没有在任总统参加的大选，选举过程总体平静，选民投票积极性不高，仅为46.6%。

二、政党动态

近日，随着土耳其大选逼近，土耳其正发党内部斗争异常激烈，新一轮权力斗争白热化。今年以来，埃尔多安总理对内力主推动与库尔德工人党的"和平进程"，承诺给予库尔德人更多政治权利，并宣布"民主化一揽子方案"；对外在叙利亚、埃及、巴勒斯坦等问题上立场激进强硬，使土耳其在地区处境颇为尴尬，正发党高层不少人对政府的内外政策颇有微词。

3—5日，俄罗斯统俄党召开第14次代表大会，总结过去一段时间的成绩和表现，修订了党章，补选产生了最高委员会、总委员会和中央检查监察委员会新成员名单，并确定了该党未来一段时期的任务和工作重点。从大会情况看，统俄党将更加注重基层组织建设，发挥基层组织作用，努力使该党向基层扎根，巩固并扩大民众支持，为2017年国家杜马选举前的数次地方选举做充分准备。

3—6日，科特迪瓦最老政党、现参政的民主党召开第12次党代会。大会通过取消竞选党主席年龄限制、废除总书记职位等决议，选举原主席、前总统贝迪埃连任主席；组成有300至400名成员的政治局；废除党总书记职位，代之以执行秘书处；新成立大区大理事会；将原青年组织分为城市部、农村部和大学生部，将原妇女组织分为城市部、农村部；关于2015年总统选举，党代会要求民主党推出候选人，要求对2010年总统选举竞选联盟（RHDP）进行必要调整。

6日，波兰帕里克特运动党在华沙举行党代会暨新党"你的运动"（Twoj Ruch）成立大会。原帕里克特运动党主席帕里克特担任新党主席，欧洲议员、原民左联党领导成员希维茨任副主席。帕在大会发言中表示，成立新党旨在推出新的改革举措，抓住机遇，克服危机。

13日，澳大利亚工党公布新一届领袖选举结果，前工党政府教育部长、劳资关系部长比尔·肖顿当选工党第20任领袖，前工党政府卫生部长坦尼娅·普里伯塞克当选工党副领袖。在议会党团投票和普通党员投票中，肖顿得票率分别为63.95%和40.08%，按照议会党团和普通党员投票各占50%权重计算，肖顿最终以52%的总支持率获胜，同时成为澳反对党领袖。

18日，哈萨克斯坦执政党"祖国之光"人民民主党举行第15次非常代表大会。会议分组讨论并审议通过党的新政治学说，该学说确定了"祖国之光"党在21世纪的使命和"在保障有效推进实施'哈萨克斯坦—2050'战略中的作用"；会议还通过修改党的名称和党徽、党章的决议；改组党的最高代表机关—政治委员会；决定扩大党的政治局任务范围，提高党的机关工作效率。纳扎尔巴耶夫在开幕式上发表讲话，介绍了此次大会召开的背景和重要性，回顾了"祖国之光"党成立14年以来的历史和成就，同时就党的发展方向提出了七个方面要求。此次大会呈现的主要特点：一是系统总结纳领导下的哈国家发展成就；二是着眼留下纳本人的思想遗产；三是重视加强执政党的建设，提出重视培养青年，为年轻人成长指明方向和今后接班做准备；四是确立国家行动方向。此次大会体现纳对哈未来发展的政治设计和理论纲领，是纳在未来权力交接前的一次思想"交接"，意义重大。

18—20日，德国绿党召开党代会，分析大选结果，选举新的领导核心、调整未来发展方向。会议认为，绿党大选失误的主要原因：一是对社会形势的误判，过于专注提出面面俱到的执政纲领，引起选民不满；二是税收和经济政策未赢得广大"社会中间"的理解和支持；三是一味强调与社民党的结盟，"力量选项"过于狭隘，丧失绿党独立性。此次大会选举西蒙娜·彼得（女）和约茨德米尔（连任）为新的党主席，选举米希尔·凯尔纳为新的联邦干事长。

19日，马来西亚最大执政党马来人统一机构（巫统）举行选举，投票产生新一届最高领导层，包括主席、署理主席各1名，副主席3名，巫统大会议长和副议长各1名以及最高理事会成员25名，同时选出191个区部主席。此系巫统成立67年来最大规模的党选，巫统主席纳吉布总理和署理主席穆希丁副总理成功当选，3名原副主席成功连任。纳表示，本届党选是巫统2009年修改党章、改革党选制度后的首次选举，具有历史意义，党选改革是巫统转型的重要一环，旨在使巫统成为更加民主、开明和包容的政府。

19日，匈牙利社会党全国党员代表举行选前动员大会，大会选举产生由麦什戴尔哈兹、博特卡、多比什、古尔、哈郎格左等人领衔的151人国会选举候选人名单。大会还投票通过该党明年国会大选纲领，提出要提高政府责任意识、促进公平与法治、实施就业保障、改革教育政策等。

26—27日，俄罗斯公正俄罗斯党举行第七次代表大会。大会选举产生新领导层并对党章进行修改，公俄党领导人米罗诺夫和列维切夫做报告。根据大会选举结果，米重新当选党主席，前任党主席列维切夫当选该党议员理事会主席，二人均以较高支持率当选。此次二人职务调整最重要的原因是列权威和地位受到党内质疑，出于维护党内团结稳定等考虑，公俄党再次推出米任党主席。此外，大会还对党章进行修改，精简了该党的中央领导机构。一方面是精简机构数量，不再设立中央委员会主席团常设局，中央委员会主席团不再由中央委员会选举产生，而是通过党的代表大会直接从党员中选举产生，主席团内新设书记若干人；另一方面，精简各机构人数，其中中央委员会人数由 180 人减至 103 人，中央委员会主席团人数由 40 人减至 20 人，议员理事会和中央检查监察委员会人数也有不同程度下降。

27—29 日，蒙古人民党召开第 27 次全国代表大会，会议重点讨论了修改党纲党章、2021 年蒙古国发展目标、党内改革、人事变动等问题，通过了新党章，选举产生了由 310 名代表组成的新一届中央委员会，蒙古国大呼拉尔副主席、人民党前党主席米耶贡布·恩赫包勒德以 91.65% 支持率再次当选人民党新任主席。会上，人民党总结了败选原因：一是人革党分流人民党选票；二是党内缺乏团结；三是选民工作不扎实；四是未及时追究失职党员责任；五是选举工作未充分重视、依靠基层党组织；六是提名候选人时未充分听取广大党员意见；七是对选举的领导、组织、宣传工作不到位；八是选举存在舞弊行径等。为应对当前局势，人民党主张：一是为把蒙古建设成工业化国家而奋斗，提高竞争力，完善经济结构；二是要求执政当局停止增发外债；三是减少政府对经济的参与，恢复投资者信心；四是矿业收益优先用于基建，特别是热电站、铁路等战略项目；五是节约政府开支，节省下来的经费用于改善民生、发展中小企业、增加工资补助、扩大就业等；六是尽快在互利基础上修订 OT 投资协议等。

三、朝野动向

近日，由于共和、民主两党未能就 2014 财年预算决议达成共识，国会参众两院没有批准联邦政府临时拨款议案，导致美国政府非核心部门自 1 日起关门，约 80 万雇员被迫无薪休假。两党分歧的核心是奥巴马医改法案，在众议院占优的共和党决心将批准政府预算决议与奥巴马医改法案捆绑，要求奥巴马推迟实施该法案。但民主党把持的参议院坚持实施医改并否决众议院议案，最终导致政府关门。16 日，美国国会参议院和众议院先后投票通过议案，给予联邦政府临时拨款，提高公共债务上限，美国联邦政府非核心部门的"关门"风波结束。此次美政府停摆产生严重影响：一是直接损失巨大；二是冲击世界经济；三是搅乱美外交安全议程；四是损害美国际形象；五是激发民主忧思。

近日，布隆迪主要参政党"争取全国进步党"（音译乌普罗纳党，简称乌党）核心成员发表申明指责现任第一副总统、乌党执行局成员泰朗斯·西农古鲁扎任职期间将个人利益置于本党利益之上，且极力阻碍党内各派间的和解与统一，要求其辞职。14日，西农古鲁扎被迫宣布辞职。

10日，摩洛哥国王穆罕默德六世主持新政府成员任命仪式，第二届班基兰政府正式成立。改组后的摩洛哥新政府由39名阁员组成，新的执政联盟及其新内阁席位安排为：公正与发展党占12席、全国自由人士联盟占8席、人民运动占6席、进步与社会主义党占5席、无党派人士占8席。新政府反映出执政联盟第一大党公发党权重下降，在总阁员数增加的情况下，其阁员数未有增加，力量明显削弱，同时全国自由人士联盟囊括外交、财经、工贸等重要部门席位，实现强势入阁。此外，政府成员新面孔增多，呈年轻化趋势，女性数量大增，独立人士和技术官员增多。虽历时近半年的摩政府危机结束，但摩洛哥新政府仍面临诸多挑战。

14日，菲律宾最大本土宗教组织"基督堂教会"举行为期一天的大型义诊活动，参与民众和部分群众打出反对"政治分肥"口号，政治色彩浓厚，被认为是菲律宾近年来发生的规模最大、影响范围最广、持续时间最长的集会，分析人士认为，这反映出"政治分肥"问题仍在持续发酵升温。随着丑闻波及面越来越广，阿基诺面临的挑战增加。

22日，德国公布第18届联邦议院选举结果，联盟党（基民盟／基社盟）稳居第一大党，社民党地位被削弱，绿党和左翼党处于政策调整关键时期，自民党面临生存危机。在此形势下，泾渭分明的"阵营之争"走向终结。因德国中间阶层比例在社会中占约80%，为迎合中间选民，联盟党与社民党在社会、劳动、经济、税收等政策上进一步左倾和趋同。绿党与左翼党也不愿放弃中间选民，绿党在社会、劳动和税收政策上与社民党出现重合，左翼党提出更左的主张，以求固守"东部全民党"的领地。这直接导致各党传统选民大量流失；小党特色更加模糊；"单一议题"新党异军突起。

23日,突尼斯迎来制宪会议成立两周年,拉哈耶德总理原定于当日举行新闻发布会,宣布现政府辞职,为全国对话正式会议举行扫清障碍,但当日6名国民警卫队士兵在清剿恐怖分子行动中身亡,新闻发布会被迫推迟,全国对话正式会议再度流产。一段时间以来,突尼斯各政党因严重缺乏互信,囿于各自政治利益考量,围绕政治过渡主导权激烈博弈,全国对话始终难以实质启动,政治危机空前加剧。

11月

一、选举情势

2—11日,印度四邦举行选举。此次选举是2014年印度人民院选举(大选)前最后一次较大规模的地方选举。12月8日,选举结果揭晓,印人党在四邦均大获全胜,在中央邦、恰蒂斯加尔邦蝉联执政,并夺下拉贾斯坦邦和德里。去年10月刚成立的平民党在德里议会选举中异军突起,一举成为第二大党。此次邦选反映出:一是"民生"、"反腐"仍是邦选关键词,国大党执政不力遭选民不满;二是印人党高举"发展"、"清廉"旗帜,迎合选民求变心理,竞选策略得到;三是平民党成为德里选举"黑马",德里选举呈现国大党、印人党、平民党三足鼎立的格局。

4日,在特立尼达多巴哥圣·约瑟夫地区议员补选中,反对党人民民族运动党(PNM)以微弱优势赢得该区议席。这是人民民族运动党党今年以来在四次选举中的三连胜,也是联合民族大会党(UNC)的四连败。联合民族大会党在这场传统印度裔选区的失利,表明该党的民众支持率继续走低,人民对联合政府的不满情绪有增无减,未来继续执政前景堪忧。

5日,美国新泽西州、弗吉尼亚州及纽约、亚特兰大、西雅图等地举行州、市主要地方官员换届选举。其中,新泽西、弗吉尼亚州长和纽约市长选举引人关注。共和党人克里斯蒂、民主党前全国委员会主席麦考利夫和民主党候选人白思豪分别赢得新泽西州、弗吉尼亚州和纽约市的州、市长选举。此次选举被认为是继2012年美国大选以来具有风向标意义的关键选战,反映了当前美国政治生态的新动向:一是克里斯蒂高票当选新泽西州州长,在全国知名度、筹款能力、共和党内支持率等方面为参选总统赢得先机；二是民主党人麦考利夫以微弱优势赢得弗吉尼亚州州长选举，共和党内"茶党"保守势力受挫；三是美国第一大城市纽约选出24年来首位民主党市长。

7日，塔吉克斯坦中央选举委员会公布初步选举结果显示，现任总统拉赫蒙以83.6%的选票赢得此次大选。

17日，智利举行总统选举首轮投票及议会、大区议员选举。根据初步计票结果，在总统选举中，前总统、在野的中左翼联盟候选人巴切莱特和执政的中右翼联盟候选人马泰得票率分别为46.7%和25.0%，顺利进入12月15日举行的第二轮投票。中左翼、中右翼联盟在半数改选后的参议员席位占比分别为55.3%和42.1%，在全部改选后的众议院席位占比分别为55.8%和40.8%，在大区议员中席位占比分别为56.5%和37.3%。

19日，尼泊尔举行第二届制宪会议选举，根据初步计票结果显示，在240个直选议席中，大会党获105席，尼共（联）获91席，联合尼共（毛）获26席，分列前三。截至28日，比例代表制计票工作已完成90%以上，三大政党得票比例分别为大会党25%、尼共（联）24%、联合尼共（毛）14%。尼泊尔第二届制宪会议选举是尼泊尔政治转型期各政治力量围绕制宪和政治主导进行的又一场激烈博弈。随着选举结果的出炉，由于没有政党拿到过半数议席，组建联合政府不可避免，各党已开始围绕组阁并着眼未来制宪展开新一轮的政治角力和分化组合。

20日，阿富汗独立选举委员会(IEC)公布2014年阿富汗总统与省议会选举最终候选人名单，共有11名总统候选人、2740名省议员候选人通过终审。根据《选举法》，各候选人将于2014年2月2日正式开始竞选活动。虽竞选大幕尚未正式拉开，但卡尤姆、拉苏尔、谢尔扎伊、萨亚夫等纷纷通过媒体宣介各自原则性竞选纲领。对内均高举"改革"大旗，主张加强国内治理、严厉打击腐败、推进和平和解、改善国内安全，承诺保护人权尤其是妇女权益。对外，除海拉尔外的候选人均主张加强同美西方合作，继续依靠美西方援助，赞同签署阿美双边安全协定(BSA)，同时重视地区国家作用。

23日，四年一度的斯洛伐克地方州选举落下帷幕。根据投票结果显示，执政党方向党候选人在特伦钦、日利纳、普雷肖夫等八州直选胜出，当选州长。在同步进行的州议会换届选举中，方向党在全国408名州议员中获161席，基民运获57席，在州议会层面保持优势地位。

25日，孟加拉国选举委员会宣布将于2014年1月5日举行孟第10届议会选举，2013年12月2日为提名截止日期。选举日程公布后，孟加拉最大反对党民族主义党（BNP）宣布于26日起发动48小时的全国性封路行动，阻断公路、铁路、水陆交通，以抗议选委会决定。随即，全国各地大批BNP支持者走上街头，制造纵火、爆炸等暴力事件并同人盟支持者发生冲突，达卡多地发生土制炸弹爆炸。

二、政党动态

1—3日，新西兰最大反对党工党召开第97届年会，此次工党年会以"为所有新西兰人建设更加公平、美好的未来"为主题，年会讨论了工党的政策主张，重点通过工党首个高级别政策平台，明确了工党执政理念。同时，工党还宣布将逐步提升女性议员在该党议会党团中的比例，以体现女性在全国人口中所占比例。此次工党年会达到了团结全党，提振士气的目的，提前拉开了2014年选战的序幕，坎利夫也进一步坐实工党领袖地位。

8日，吉尔吉斯斯坦社会民主党举行第13次代表大会。此次大会旨在庆祝该党成立20周年，并为筹备下届议会大选作准备。大会通过题为《社民党20年——加强党在吉独立强国建设中的作用》的简短决议，强调该党要坚定奉行社会民主理念，代表全体吉尔吉斯斯坦人民的共同利益，要继续坚持所提出的各项纲领主张，并根据现实情况进行必要调整，将党的目标任务与总统提出的《吉尔吉斯斯坦2013—2017年稳定发展战略》相结合，以公正、自由、团结为核心，进一步发挥党在改善民生、捍卫自由、维护法制、巩固团结等方面的作用。

8—9日，第15届世界共产党和工人党国际会议在葡萄牙里斯本召开，共有来自63个国家的75个共产党、工人党出席以"资本主义危机的深化，工人阶级的作用以及共产党在维护劳动者和人民权利的斗争中所肩负的任务。帝国主义的进攻，国际舞台上各方力量的重新整合，国内问题，阶级解放，为实现社会主义而斗争"为主题的会议。会议认为：一是当前资本主义危机仍在不断蔓延深化，唤醒了人们的社会主义意识，为开展阶级斗争提供了有利条件；二是帝国主义加强了全面进攻，世界社会主义和进步力量面临新的挑战；三是各国共产党人应协同合作，团结一切进步力量共同抵御资本主义攻势。

8—10日，西班牙工社党举办以"赢得未来"为主题的政治研讨会，全党2500多名代表与会，与会人员坦诚交流，深入反思当前形势和改革措施。会议认为，西班牙人民党执政两年来，经济危机逐步向政治危机和社会危机蔓延，腐败丑闻严重影响执政党信誉，地方分离运动高涨，失业问题迟迟得不到解决，社会贫富差距加大，普通民众生活水平大幅下降，各种社会矛盾加剧，社会运动风起云涌，极右势力、民粹主义伺机抬头，工社党正面临前所未有的严峻形势。为赢得民众信任，恢复民众对政党政治、公共机构和民主制度的信心，工社党提出了应对策略：一是力推西个人所得税、公司税等税收体制改革，促进社会公平；二是创立专项社会福利保障基金，将"公民有权享有公共医疗"写入宪法，维护公共、世俗教育体系，保障基本社会福利；三是推动在西实行联邦制，承认加泰罗尼亚有自身民族、文化特色，缓和中央与地方矛盾；四是降低党首候选人门槛，通过开放式的党内初选决定最终候选人、全体党员投票选出总书记，不断提高党内民主。

14日，巴西共产党举行第13次全国代表大会，大会以"锐意进取，寻求变革"为主题，分析了当前国际和拉美地区形势，提出几点看法：一是爆发于2007年的国际金融危机暴露出资本主义经济固有的矛盾和局限性，标志着新自由主义的失败，迄今还没有结束的迹象；二是这场危机加速了国际权力的转换，新的力量平衡正在形成，世界正朝多极化方向发展；三是这场危机表明资本主义不能确保经济发展、社会进步、国家主权、世界和平和环境可持续，使得社会主义选择从来没有像现在这样变得那么有必要，但总的看，社会主义力量仍在战略防御阶段，还须付出更多努力才能实现既定目标；四是拉美左翼力量间进一步加强了团结与支持，社会主义在拉美的吸引力进一步增强，在当前资本主义危机背景下更显示出生机和活力；五是左翼卢拉政府执政以来，巴西在政治、经济和社会发展方面取得了巨大成就，扩大民主、减少贫困，转变了新自由主义发展模式。会议还认为，巴西面临着扩大民主、推动经济发展、促进社会进步等方面的挑战，巴西共产党必须顺应形势的发展变化，将党的建设提升到更高水平，进一步推动国家发展，为拉美社会主义的发展作出自己的贡献。

14—16日，德国社民党召开例行党代会，主要议题：一是选举党的新一届领导集体；二是分析大选失利原因；三是说服全党支持与联盟党的结盟谈判，实现参政。主席加布里尔、总书记纳勒斯及其他四位副主席悉数再次当选，但得票率大不如从前。加布里尔在发言中分析了该党大选失利的主要原因：一是在德国政党竞争中，经济稳定已超越社会公平，逐渐成为政党竞争的首要议题，但该党在经济领域的领导能力较弱；二是社会阶层和利益诉求出现多元化，该党代表的弱势群体已不再是社会主流，要有宽泛的社会视野，赢得中间阶层支持；三是该党领导人不了解百姓生活，该党与工会的传统盟友关系出现裂痕，与基层选民隔阂明显。

15—17日，西班牙共产党召开第19次党代会，以"社会的、非资本主义的、民主的危机出路"为主题。西共总书记森特利亚就过去四年工作做报告，全体与会代表共同讨论了新时期行动纲领，选出了114名新一届联邦委员会成员，决定其余58名联邦委员会成员由各地区党支部推荐产生。西共领导人指出，危机以来，西班牙工社党和人民党均听命于由国际货币基金组织、欧委会和欧洲央行组成的"国际三方"，将还债和巩固财政作为应对危机的关键，导致西班牙主权不保，逐步沦为欧洲边缘国家。西政府应对危机不利，经济疲软，失业问题严重。大会通过了《号召广大劳动者开展民主革命宣言》，指出了西共未来的工作重点：一是推动新的危机应对出路，要求西政府与"国际三方"断绝关系，不再使用欧元，创立由民众组成的债务审计机构，对西债务进行重组，不偿还不合理债务和高额利息；二是坚决捍卫地方政府权力，健全基层民主制度，组织社区、城市居民开展群众运动，维护社会福利；三是推动创立民主监督委员会，负责监督执政党实现党选诺言，规范政党竞选活动；四是推动选举法改革，按各党实际得票率分配议会议席；五是推动议会参政议政制度改革，允许工会和其他社会组织直接向议会提交议案；六是继续推动在西建立第三共和国。

16日，意大利中右联盟核心政党自由人民党召开党代会，贝卢斯科尼决定重建力量党并出任党主席，自人党书记、副总理兼内政部长阿尔法诺拒绝参加，决定另立门户组建"新中右"党。

22日，坦桑尼亚最大反对党——民主发展党中央委员会经过长时间闭门会议，宣布该党副总书记卡布维、中央委员姆昆博和阿鲁沙省党主席姆维加巴3人因秘密成立"胜利计划2013"团体，阴谋从事分裂党的活动，被撤销党内职务。卡布维表示他没有参与推翻党内高层的阴谋，不会退党。此事反映出该党内部矛盾不断，内斗明显加剧。主要原因有：一是各党派力量着眼下届大选，围绕总统宝座展开激烈竞争。卡布维自视为党内改革派领袖，作风高调，打乱了党内现有格局，引起元老强烈不满；二是民主发展党领导人奢华腐化、任人唯亲现象严重，引发基层不满；三是党内体制不畅，领导层处理派系矛盾方式简单粗暴，缺乏民主和公正，导致党内矛盾积累升级；四是执政党革命党利用执政优势，挑动民主发展党内部矛盾。

三、朝野动向

近来，泰国执政党为泰党力推"特赦法案"，反政府力量联手向政府发难，英拉面临执政两年多来最严峻的考验。为泰党为扭转困难局面采取了措施：一是加强与"红衫军"的协调，弥合与"红衫军"前一阶段的分歧，巩固同盟力量，并借助"红衫军"的支持显示广泛民意基础，同时注意避免"红衫军"与反对力量发生正面冲突；二是加强舆论正面引导，积极与社会各界对话沟通，争取理解与支持，劝阻民众不要参加反对派的游行示威；三是对反对派的游行示威活动采取谨慎克制态度，未扩大《国内安全法》管制范围，未采取强硬手段驱散游行示威的民众；四是英拉总理亲自前往医院探望因肾结石住院手术的诗琳通公主，向王室示好。而民主党则趁热打铁，继续鼓动街头政治，将斗争矛头从阻止"特赦法案"指向推翻英拉政府，图谋进一步扩大事态，逼迫政府提前解散议会，重新大选，双方斗争日趋激烈。

近日，孟加拉国哈西娜总理在孟加拉内阁成员集体请辞后，邀请工人党主席梅农、艾尔沙德夫人等五名民族党议员及两名人盟元老加入内阁，财政部长穆希特、农业部长乔杜里、新闻部长伊努等十余人获留任，组成"多党派过渡政府"。同时，人盟高层表示欢迎BNP入阁，但BNP坚决反对所谓"多党派过渡政府"，强调不会加入该政府，更不会接受其主持的大选。BNP领导人虽表示仍愿与政府进行对话，但也强调不会在看守政府制度问题上妥协,将继续发起抗议活动。

3日,瓦努阿图瓦库党主席、副总理纳塔佩与民族联合党主席、议会反对党领袖利尼举行和解仪式,双方宣布摒弃前嫌,相互谅解,并同意成立和解委员会研究两党"统一路线图"。瓦库党系瓦执政党联盟的第一大党,纳塔佩和利尼家族均认为自己继承了国父利尼的政治遗产,肩负着恢复瓦库党当年影响与尊严的使命,两党高层对政党联合不谋而合并达成共识,将此次和解最终目标确定为将瓦库党和上世纪90年代从瓦库党分裂出去的民族联合党、美拉尼西亚进步党和人民进步党等重新联合起来,成立一个政党集团(BLOC),共同筹备2016年大选,重塑瓦努阿图政坛,由一党执政取代多党联合执政府,还瓦努阿图一个稳定的政治局面。

11日,为抵制将于19日举行的尼泊尔制宪会议选举,尼泊尔尼共(毛)领导33党联盟发起全国性"关闭"活动,阻止车辆通行,禁止商店开门、学校开课。

21日,尼泊尔联合尼共(毛)发表书面声明,表示尼泊尔第二届制宪会议选举不公平,计票工作存在不规范和舞弊行为,要求政府立即停止计票,进行全面调查。该党决定撤出在全国各计票中心的监督人员。在调查完成前抵制计票,也不会参加新一届制宪会议。

22日,乌克兰政府暂停与欧盟签署联系成员国协议谈判,引发乌克兰国内局势持续动荡,主要反对派在10余个中心城市策动大规模示威抗议活动,要求总统和政府辞职,提前大选。乌克兰政局动荡系内外多方面因素综合作用的结果:一是极右翼政党"自由运动"等"橙色革命"势力余烬未消,伺机重搞革命;二是乌克兰经济社会形势恶化,失业人数陡增,两极分化加剧,民众不满情绪蔓延;三是乌克兰系俄与美西方围绕欧亚地缘政治角力的重要国家,俄与美西方争夺成为乌克兰政局再趋动荡的外因。

27日,德国基民盟主席、联邦总理默克尔,基社盟主席、巴伐利亚州州长泽霍夫(基民盟、基社盟合称基盟党)及社民党主席加布里尔共同宣布黑红两党关于大联合执政协议的谈判结束,并在协议上签字。此举标志黑红两党向组成新政府迈出重要一步。协议涵盖政治、经济、社会、外交等各个领域,两党在多数议题上分歧不大,但在体现各自特色问题上争斗激烈,只能相互妥协。社民党得到了最为关切的法定最低工资标准、双重国籍等,联盟党得到了不增税、停止举新债、向外国小轿车征收高速公路费等。两党均表示协议体现了各自的主张,同时也是着眼未来合作、实现双赢的结果。德经济界认为,协议内容宽泛,但不够充实、具体,较上任政府政策变化有限。虽在能源转型、养老金改革、促进社会公平、数据保护等方面推出了一些新的举措,但并未触及矛盾焦点,多以长期性虚化目标取代短期性实质计划。此外,相关政策主张涉及巨额支出,资金来源未予明确,新政府将面临沉重财政负担。从目前看,能否最终组成大联合政府的关键在于社民党全体党员对执政协议的投票结果。

12月

一、选举情势

近日,新西兰克莱斯特彻奇市举行国会议员补选。初步计票结果显示,反对党工党候选人波托·威廉斯获61%的选票,以绝对优势胜出。

近日,莫桑比克举行第四届全国市政选举,17个政党和社团参选,其中执政党莫桑比克解放阵线党和反对党民主运动在全国53个城市参选,其余小党仅参加个别城市选举,主要反对党抵运党抵制选举。选举在莫局部地区形势紧张背景下举行,但除个别城市因选票印制有误或投票点涉嫌作弊外,选举投票总体平稳有序。初步结果显示,解阵赢得37个城市,并在其他城市处于领先地位。解阵以压倒性优势胜选原因:一是该党长期为国家发展建设作出重大贡献,且近年经济社会政策收效颇佳,政绩得到民众普遍认可,社会基础牢固。二是基于国家发展水平不高和民众受教育程度较低的现实提出针对性强的竞选纲领,并注意响应民众诉求。充分发挥格布扎总统个人魅力,在"开放包容总统府"活动中全面动员选民投票,竞选策略得当。三是充分利用执政资源和议会多数优势,根据地缘政治结构新增10个市政并列入选举,既迎合了选民意愿,又扩大了自身赢面。

近日,毛里塔尼亚举行市政和议会选举。67个政党围绕市政和议会席位展开角逐,其中45个政党同时参加市政和议会选举,22个政党只参加议会选举。另有9个反对党抵制选举。经过两轮投票,执政的争取共和联盟（UPR）最终以161个市政席位和74个议会席位获得压倒性优势，成功保持了第一大党的地位。此系毛里塔尼亚2006年以来举行的首次市政和议会选举，投票率高达75%，选举总体平稳有序，反映出毛塔民主政治进程进一步深入，民众参与意识有所增强。

8日，委内瑞拉举行市政选举。计票结果显示，执政联盟以49.24%的得票率赢得196个市长席位，反对党"民主团结圆桌会议"以42.72%的得票率赢得53个市长席位。

15日，智利举行总统选举第二轮投票。结果显示，在野的中左翼联盟"新多数派"候选人、前总统巴切莱特以超过60%的得票率完胜执政的中右翼联盟候选人马泰，成功当选下届总统。

二、政党动态

1日，德国基社盟举行党代会，会议选举产生了新一届党领导及地方代表，党主席泽霍夫，副主席施塔姆、拉姆绍尔、施密特等成功连任，另新选联邦议员高维勒为副主席。会议通过了主旨提案，强调其"巴州道路"在保障增长与就业、稳定财政、巩固社会保障体系等方面的成功，并宣称将致力于在大联合政府组阁谈判中强化本党色彩，推广其成功经验。

1日，塞浦路斯民主党举行党主席选举，前副主席尼古拉斯·帕帕多普洛斯获得51.12%的选票，并以546张选票的微弱优势击败前党主席卡洛扬，当选新主席。

5日，马来西亚巫统召开第64次党代会，包括58位最高理事会成员、191位区部主席等在内的巫统全国2700多名代表，以及来自30多个外国政党的120多位代表与会。马来西亚总理、巫统主席纳吉布在会上作政治报告，重申马2013年大选结果公正有效，称巫统正在积极转型，加快新老交替，将继续致力于捍卫马来人和原住民权益，消除族群发展差距，巩固伊斯兰国教地位，推动国家经济结构升级，引领马来西亚走向新的辉煌。

8日，新加坡执政党人民行动党举行两年一度的党大会，会议主题为"我们的新征程"，1400余名党员与会。会议重新阐释了党的未来发展方向和面向21世纪的工作目标，并通过了"2013人民行动党决议"。此系该党25年来首个决议，包括加强新加坡人的身份认同、为新加坡人创造机会、维护具有开放性和同情心的任人唯贤制度、建立公平和公正社会、制定以行动为导向的民主机制、成为迅速且负责任的政府等6方面内容。会议同时要求加强人行党组织建设；改进工作作风、加强与民众沟通；坚持种族与宗教和谐，维护新加坡和平稳定；落实惠民政策，鼓励人民自力更生。

13—14日，津巴布韦非洲民族联盟—爱国阵线（民盟）召开题为"可持续性社会经济转型计划：为授权与就业而发展经济"的第14次全国代表会议，民盟政治局委员、中央委员会委员、各省和地区代表及妇女、青年组织代表等6000余人与会。大会紧扣经济建设和党建两个主题，重申发展经济乃本党及政府未来5年首要任务，并全面总结反思了党内存在的派系斗争、选举违规、贪污腐败、意识形态淡化、组织机构建设松散等问题，提出要继续深化党内民主建设。

21日，马来西亚执政联盟国民阵线第二大成员党马华公会召开第60届中央代表大会，2300多名中央代表与会，会议选举产生了新一届领导层。投票结果显示，原署理总会长廖中莱以近51%的得票率战胜原总会长蔡细历全力支持的严炳寿，当选新任总会长，其竞选搭档魏家祥亦成功当选署理总会长。在4名副总会长、25名中央委员以及青年团和妇女组织领导层的选举中，廖、蔡两派基本平分秋色。

24日，阿尔及利亚"民族民主联盟"党举行第四届全国代表大会，选举该党临时总书记、阿民族院议长本萨拉赫为新任总书记。此系本第二次正式出任民盟党首，其在随后讲话中表示将继续维护党内和解与团结，不会进行报复和清算。

30日，秘鲁执政党民族主义党召开全国代表大会，总统乌马拉、总统夫人埃莱迪亚、国会主席奥塔罗拉等9人当选该党2014年至2017年度全国执行委员会委员。会上，党主席乌马拉以更好地履行国家元首职责为由，提出希埃莱迪亚接替其党主席职务，该建议经新一届全国执行委员会讨论后通过。根据秘鲁《选举法》，埃将先任该党临时主席，待全国选举委员会等机构履行相关注册和变更手续后再正式任党主席。

三、朝野动向

近日，越南召开第13届国会第六次会议，主要议程包括通过宪法修正案、确定经济社会发展计划、开展主题监督质询、批准政府人事调整等。会上越共中央保持政治清醒，以斗争求团结，充分照顾各方诉求，最大限度地凝聚共识，特别强调了党对国家和社会的领导地位，坚决不搞三权分立和军队非政治化，维持越南社会主义共和国国名不变。分析人士认为，此次会议标志越国内围绕修宪展开的思想碰撞告一段落，着眼越共十二大的相关布局已经悄然展开。

7日，孟加拉国反对党联盟发起连续72小时全国交通大封锁行动，要求恢复遭总理哈西娜领导的人民联盟政府取消的无党派看守政府制度，监督下届议会选举。29日，要求无果的反对党联盟在首都达卡举行示威大游行，进一步要求当局取消明年初的议会选举，并恢复无党派看守政府制度以保证大选公正。游行队伍与防暴警察及执政党成员发生暴力冲突，导致数十人伤亡。

8日，泰国民主党主席阿披实宣布该党全体议员集体辞职。9日，素贴宣布发起对"塔信制度"的决胜战役，逼迫总理英拉下台；同日，英拉宣布提前解散国会下院，并决定将于明年2月2日举行大选。21日，民主党宣布抵制明年大选，要求"先改革、再选举"，通过改革和完善选举制度来恢复民众信心、维护民众政治权益。

8日，新加坡印裔聚居的"小印度"街区出现因数百名南亚籍外国劳工不满同伴被公交车撞倒身亡而引发的骚乱，骚乱人群殴打肇事司机并攻击现场救护和警务人员，放火焚烧警车和建筑设施，严重扰乱了正常秩序。此系新加坡40余年来首度发生社会骚乱事件，反映出近年来新本土民众对新移民排斥日益显现，人行党及政府在平衡通过吸引外劳发展经济与安抚本土民众情绪、维护社会团结稳定之间关系面临的问题与挑战不断增多。

14日，突尼斯全国对话大会召开全会，就新总理提名进行表决。现任工业部长迈赫迪·朱玛凭借复兴运动、争取工作与自由民主论坛、倡议党等9党支持胜出。分析人士认为，此系今年7月底反对党领导人布拉米遇刺案引发政治危机以来，继10月初启动的政治过渡路线图之后，全国对话大会又一重大举措，新总理提名为突破当前政治僵局提供了有利契机，为政治平稳过渡释放了利好消息。

15日，柬埔寨反对党救国党掀起"天天示威"活动，抗议首相洪森独裁，要求其下台并重新举行大选。抗议群众围攻政府和国会，活动声势持续发酵、规模不断扩大。

17日，德国联邦议院以462票赞成、150票反对、9票弃权的表决结果推举默克尔为新一届联邦政府总理，默克尔随后率全体阁员宣誓就职。此系德国历史上第三个黑红大联合政府。作为联盟党与社民党激烈博弈的结果，新政府具有以下特点：一是内阁人事安排上联盟党占据上风，但也充分照顾社民党的关切；二是对内政策上更多反映社民党诉求，强调平衡经济增长与社会公正之间关系；三是在欧洲政策上主要体现默克尔的欧债治理思路，积极主张推进欧洲一体化进程；四是在国际政策上将继续坚持价值观与利益并重策略，积极承担国际责任，努力做国际社会可信赖的伙伴。分析人士认为，黑红两党占据联邦议院近80%的席位，在参议院也拥有多数，德国政局有望继续保持稳定。

25日，土耳其总统居尔批准总理埃尔多安提交的内阁改组方案，除因卷入高层贪腐丑闻已宣布辞职的内政部长、经济部长、环境与城市规划部长外，副总理、司法部长、欧盟事务部长等职位也悉数易人。

25日，埃及过渡政府宣布，内阁决定将穆斯林兄弟会（穆兄会）定性为恐怖主义集团，并称过渡政府下一步将依法对违反该决定的相关行为予以惩罚，同时依照此前的法庭判决禁止穆兄会的一切活动，冻结其资产，并接管其下属机构和组织。穆兄会成立于1928年，历史上曾数次遭埃及当局解散。今年3月，穆兄会注册为非政府组织，重新获得合法地位。自穆尔西7月3日被解除总统职务后，其支持者不断发起游行示威，并与军警及反对者爆发冲突。9月23日，开罗紧急事务法院作出裁决，禁止穆兄会及其分支机构在埃及的一切活动。10月9日，埃及社会团结部宣布正式解散穆兄会注册的非政府组织，禁止其在埃及的一切活动并没收其全部资产。

附录二 希腊、葡萄牙、意大利三国政党政治考察报告

邹国煜　唐海军　周余云

应希腊卡拉曼利斯基金会、葡萄牙社会党及意大利欧洲意大利人基金会的邀请，中联部研究室副主任周余云率考察小组于2013年10月21—30日访问上述三国。此次考察正值南欧三国政党政治格局在欧债危机催化下发生深刻变革的关键时期，考察小组紧紧围绕当前三国社会政治生态、政党格局与社情民意的变化及其对未来政局走向与中欧关系的影响等问题，进行多方接触、深入交流。

一、基本情况

考察期间，考察小组先后与希腊新民主党、泛希社运、希腊左联党、卡拉曼利斯基金会；葡萄牙社民党、葡萄牙社会党、葡共、葡社民党萨卡内罗学院、葡社会党思想实验室；意大利民主党、意大利共产党人党、欧洲意大利人基金会、意大利《信使报》等各国主要政党及相关智库、媒体座谈。泛希社运总书记尼科斯·安德鲁拉基斯、欧盟事务和国际关系书记加拉利奥斯·雅尼斯，左联党中央书记迪米特利斯·韦查斯，国际关系部部长科斯塔斯·伊西霍斯，新民主党国际关系部副书记玛伊·扎妮，伯罗奔尼撒大学专家帕帕佐格鲁，希腊最大私营电视台MEGA记者耶朗托妮；葡萄牙社民党总书记马托期·雷沙，社民党萨卡内罗学院院长、欧洲议员科埃略，社会党中央书记安东尼奥，社会党前议会党团主席、该党思想实验室协调人佐里尼奥，葡共中央书记努内斯；意大利

民主党国际关系部长贾科莫·菲利贝克，共产党人党国际关系部长弗朗切斯科·马林乔，欧洲意大利人基金会国际事务负责人海蒂·朱斯托，前参议员路易吉·马里诺，罗马萨皮恩扎大学教授马蒂亚·迪利蒂，罗马路易斯大学教授乔瓦尼·奥尔西娜，意大利《信使报》总经理埃尔维兹·扎纳尔迪、主编露西亚.波慈等50多位政党官员、专家学者及媒体人士与我进行了座谈交流。

二、所见所闻

考察期间，三国官员、学者及媒体人士围绕政党格局演变、社情民意变化特别是极端主义思潮的泛滥、传统政党困境、欧洲共产党现状与前景等问题作了不同视角的阐述，其主要观点包括：

（一）传统政党政治遭遇困境，非主流政党的兴起冲击了政坛原有格局。目前三国政局"变"字当头。一方面，传统政党政治面临的困难和挑战日益增大，主要表现为主流政党式微、民众对传统政党信任渐失、政治精英合法性与影响力下降、政党在社会政治生活中作用日益弱化。意大利还出现在政党运作中引入企业管理模式、党魁个人凌驾于政党之上的新现象。究其原因：一是主流政党短期的危机应对之策趋同，长期发展理念了无新意，丧失自己特性；二是受欧盟、国际货币基金组织和欧洲央行"三驾马车"《紧缩备忘录》的束缚，执政党的施政空间有限，危机应对无力，成为替罪羊；三是民众厌倦主流政党长期掌控政坛的局面，出现"无意识形态倾向"，思新求变倾向明显；四是部分传统政党自身积弊沉疴严重，腐败突出、效率低下，引发民众不满。

另一方面，非主流政党利用社会的失望情绪，从主流政党的传统票仓中捞取了"抗议性选票"，乘机兴起，原有的传统政党朝野力量对比均势被打破：希腊极端主义政党"金色黎明"成立不久即以6.92%的得票率进入议会，左联党从得票仅为4.7%的小党一跃成为仅次于新民主党的第二大党；意大利民粹主义政党"五星运动"在年初大选中获得25.5%的选票，跃居议会第一大党地位。相比之下，希新民主党、泛希社运影响力不同程度下降，尤其是泛希社运一落千丈、沦为小党，两党主导希腊政坛的局面被打破；意中左、中右两大阵营得票率和议会席位均大幅减少，朝野力量由"两极争霸"变为"三足鼎立"。同时，传统小党、弱党均受到不同程度挤压，日益走向边缘化，处境更加艰难。极端主义、民粹主义政党迅速走红的原因主要是：一是抓住民众最关切的问题进行自我宣传，口号往往比传统政党更加直接，更具有煽动性和诱惑力；二是利用网络新媒体等新兴技术手段宣传造势，迎合了广大青年选民的胃口。

（二）疑欧主义、民粹主义情绪上扬，社情民意出现新变化。随着债务危机的持续发酵、蔓延，南欧各国民众对欧盟及欧洲一体化的态度发生了变化：一方面，抱怨欧盟未能及时施以援手，埋怨"三驾马车"《紧缩备忘录》带来的公共开支缩减、福利下降等；另一方面，还对欧盟存在"等靠要"的心态，把国家的经济复苏寄希望于德国及其主导下的欧盟。此外，由于民生维艰，社会阶级阶层的碎片化趋向明显，难以形成团结一致的社会共识，为极端主义、民粹主义、孤立主义的滋生和蔓延提供了土壤，使其能以较大的社会影响力和号召力牵制着政府施政举措，这已引起有识之士的担忧。此外，民众的社会心态和生活方式也出现一些新变化，具体表现为对政党、政府和政治家信任度降低，对未来预期信心不足，以及由过去讲求舒适享受的消费方式转变为节俭和实用，家庭开始为未来而储蓄。考察中，我们发现希腊等地以前中餐馆作为高档餐馆吸引了不少当地居民，而现在生意冷清了许多，鲜见当地居民。也有专家指出，希"金色黎明"的崛起并不意味着希社会有认同、支持纳粹的思潮，更多只是民众在危机背景下发泄不满情绪的一种表现。意反体制的民粹主义上扬，很大程度上得益于民众对现行体制不满的一时宣泄，"五星运动"领袖格里洛"让所有政治家都滚回家"之类的口号破坏了民主制度赖以存在的基本前提和条件，对政治精英合法性的质疑和传统政党格局具有极大的破坏性。从长远看，这并不利于意政局的稳定有序和健康发展。

（三）三国共产党力量消长不一，但均面临着严峻困难与挑战。努内斯、马林乔等人指出，希、意两国共产党力量大幅下滑，希共在最新选举中得票率从原来8.48%降至4.5%，议席从26个减至12个，元气大伤。意重建共在各类竞选中接连失败，被赶出议会，党员从最高峰时的15万人减少至目前的3万人。意共产党人党也日益萎缩成为边缘化小党。三国中唯有葡共高举"左翼爱国主义"旗帜，通过广泛开展社会运动、组织民众抵制中右政府"以主权换援助"的紧缩政策，赢得不少民众信任，党员数量增至6万余人，且其与绿党结成的"民主团结联盟"在近期选举中获得近12%的支持率，赢得34个市镇选举，力量稳中略升。当前，三国共产党面临的主要困难：一是全球化背景下传统制造业工人数量锐减，共产党依靠的阶级基础严重萎缩，传统的工会组织也被主流政党所控制；二是欧债危机使许多大公司解体，工人被大量分流，打乱原有基层党组织体系，影响党的统一管理和组织建设；三是执政当局借助《政党资助法》和改革选举制度等手法，与主流政党联手打压，使其经费紧张，活动空间缩小；四是原本应团结一致的左翼各党政见分歧、心怀各异，有的党打左翼之旗行右翼之实，迷惑民众，分散了左翼阵营社会基础。从欧洲层面来讲，共产党内部存在着三支力量的分野：一是以德国左翼党、希左联党、法共、意重建共等为代表的欧洲左翼力量，他们通过对传统马克思主义的清算，基本上否定了列宁主义；二是以希共及一些激进左翼为代表的传统共产党；三是介于两者之间的共产党，它们以葡共、塞浦路斯劳进党、摩尔多瓦共产党人党、意共产党人党等为代表。这种力量分散，对共产党在政治上共同发声、联合自强是一种极大的消耗和打击。

（四）部分政党积极调整，寻求危机化解和自强之道，并积极备战明年欧洲议会选举。多位党政官员和专家学者主动介绍了危机背景下各党寻求对策，改善本党形象、争取民众的情况。葡社民党通过对执政伙伴人民党适当让步，调整党内分工、增设常务副主席专司党务和开设专门的电视频道宣传解释本党纲领政策等手段，维系政局稳定、扩大党与民众交流沟通。葡社会党借助思想实验室成立相关委员会吸引了党内外精英参与政策讨论，加强与社会各界沟通协调，通过开办暑期学校，加强对党员、同情者和支持者的交流培训，扩大自身影响力。葡共将于11月主办第十五届世界共产党和工人党国际会议，拟通过国际会议，同声相求，提高在国内的宣传力度，壮大声势。意民主党改革党内初选制度，将投票资格由党员扩大到党的同情者及广大中左选民群体，以扩大本党代表性。贝卢斯科尼通过电视讲话也欲将力量党重新推上政坛，代替自由人民党，重新聚集散落的中右选民，并吸引更多年轻人。希新民主党、泛希社运等也针对政党格局的变化进行了自我反思与调整，重建与民众联系，为赢回选民支持和建设一种健康、稳定的政党政治环境开辟了新空间。此外，三国政党都在积极备战明年5月的欧洲议会选举，尽管目前保守党在欧盟政坛占据优势，但德、英、葡等国社会党的支持率在上升，考虑到选民在危机时期都有惩罚执政党的习惯，有迹象表明，明年社会党在欧选中有可能取得优于保守党的业绩。

（五）政党格局和社会思潮的变化对欧洲一体化和中欧关系产生某些负面影响。一方面，三国主流政党因欧债危机遭受程度不同的冲击，力量与影响明显下降，在一定程度上打击了各国主张加强欧盟建设和欧洲一体化的亲欧势力和欧洲主义的思潮，缺乏一个能够引领民众应对危机、走出危机的执政主心骨和社会主旋律。尤其在"欧猪五国"，由于实行严厉的紧缩政策，民众对欧盟的反感、对默克尔领导的德国在欧盟进一步坐大的疑虑情绪上升，抵制和反对欧洲一体化、要求捍卫国家利益和维护本国政治独立性的声音在三国明显增强，甚至少数政治家也加入附和队伍。在欧盟内部，双速欧洲的出现使南方国家与北方国家关系渐行渐远的迹象开始显现。另一方面，多数外方人士认为，三国长期对华友好，希望继续加强和发展对华关系仍是主基调。但也有部分专家提醒，在欧债危机背景下，由于民粹主义势力的煽动乃至政治施压，针对中国的贸易保护主义和排外主义（主要是反非法移民）倾向上升，甚至在部分地区出现非理性的排华行动。

三、所思所想

第一，欧债危机的最艰难时期虽已过去，但三国仍处于煎熬阵痛期。作为欧债危机最严重的三国，希、葡、意目前已经渡过危机的最困难时期，三国经济形势正逐渐企稳向好，一些经济数字改观，政界信心增强。但危机对三国社会冲击巨大，目前失业率居高不下，尤其是青年失业现象严重，希腊青年失业率超过50%，中下层民众生活相当困难，民怨较盛，社会仍潜伏着动荡的风险。

第二，三国特别是意希两国正处于社会政治转变的过渡期，未来政治重塑的线条尚不明晰。随着债务危机继续发酵和非传统势力迅速上升，三国政局仍处艰难复杂的过渡转型当中。意希等国政治体制正酝酿深刻变革，政党格局也将重构，但当前各主要政治力量无论是相互之间还是其内部还将继续分化重组，政治博弈远未结束，短期难看到新的政治格局定格，其未来总体走向仍不明晰，存在不确定性。

第三，极端主义势力和思潮可以盛行一时，但不致搅乱全局，影响三国长远发展。当前，民粹主义思潮在欧盟特别是意希等国确有相当的市场和土壤，致使极端主义政党崛起，但这种非理性的思想主张虽能借助社会"愤怒情绪"逞一时之能，但却难以打破和超越欧洲民主制度的弹性与框架。三国主要政党和主流媒体对之并不看好，希政府正利用"金色黎明"涉嫌暴力违法对其进行整肃，意大利"五星运动"也在分化。可以预期，未来三国经济实现好转后，极端势力和思潮将失却光环，社会民意会逐渐平复，回到常态。

第四，欧洲共产党内忧外患长期存在，重振之路漫长。当前，三国共产党的发展状况折射出整个欧洲共产党的总体状况不尽如人意。这其中，既有时代背景与外部环境的长期制约，也有内部思想不统一、年龄老化、派系林立、相互争斗等因素的影响，使原本弱小的共产党力量更加分散。尽管不少共产党人意识到实现团结和整合的重要性、紧迫性，但知易行难，当前欧洲国家共产党三支力量各自为"政"、互不买账的状况难以改变，欧洲国家共产党的发展前景堪忧。

附录三　意大利政要学者谈国内形势及政党政治

唐海军

一、关于国内形势变化

意大利民主党国际关系部部长贾科莫·菲利贝克表示，从1993年反腐运动启动以来，意大利经历了沧桑巨变。意大利需要推进政体改革，但机构改革很复杂，未来的思路肯定是朝简化省级机构的方向迈进。在政党制度上，中左政党意图建立法国式的两党制，而中右政党则谋求建立英美式的两党制。

意大利共产党人党中央机构成员、教授马利诺称，当前意大利经济情况非常糟糕，有600万失业者，加上100万未登记者共700万人。南北经济差距日益扩大，发展不平衡问题突出。当前的左中右大联合政府实行的是自由主义的经济政策，推行经济自由化，极力出售国家资产，把涉及民生的国家电力公司等一些国有企业私有化。此外，意大利作为民主国家，在苏东剧变前政坛有包括意共在内的多种政治力量。剧变后，国家机器中关于社会主义的成分越来越少，当局不断挤压意共等社会主义力量的政治空间，以保证少数大党控制国家政治生活。

意大利共产党人党中央机构成员、欧洲研究中心主任几亚科切称，20多年来，意大利经济增长率一直很低，而国际金融危机、欧债危机的爆发，使意经济形势更加恶化。近五年来，意大利投资规模减少了30%，导致意大利许多企业倒闭，大量人员失业，意大利经济结构也随之发生变化。

意大利罗马路易斯大学历史学教授普罗斯贝尔托称，意大利的形势很复杂，长期面临着危机。这与意大利加入欧盟并签订了几个条约有关。除了欧洲一体化外，还有意自身的问题未得到解决。

意大利罗马路易斯大学教授乔瓦尼·奥尔席娜称，意大利是一个文化、信仰多元化的国家，也是一个自由的国家。政坛变化有其文化习惯和社会历史的原因。外界认为，意大利是一个比较软弱、行政低效的国家，但情况不完全是这样。因为意大利作为一个有历史传统的意识形态和文化多元化的国家，历来存在政治多极的现象。意大利政治的主要特点有：一是社会结构复杂；二是政治上不稳定；三是政治斗争不断。这与社会大环境变化有着密切关系，特别是20世纪末苏东剧变、"冷战"结束导致了意大利政局的动荡。此外，欧洲一体化对意大利政局也产生很大影响。欧洲一体化不仅对意，而且对法国等国也带来很大冲击。但意大利的情况比较特殊，主要表现在于：一是国家与社会的关系相对脱节；二是政府权威弱化；三是政治持续动荡。当前，意大利自由职业者、私营业主支持中右阵营，而国营单位职工则支持中左阵营，国家政治前景还存在很大的不确定性。

意大利罗马路易斯大学政党政治史教授安德里亚·斯庇里认为，当前意大利经济面临的最大问题：一是税收，贝鲁斯科尼老讲减税，其实税率并未减少；二是危机本身，不减税就不可能调动企业的积极性。"五星运动"也接过贝的口号提出减税主张，得到中小企业主的支持。左翼的民主党，提出了"信任"、"安全"和"机会"三大口号，但过于空洞。民粹主义的减税口号简洁而具体，更能引起民众的关注。按照欧盟的要求，意大利必须推行紧缩政策，但这对意大利伤害很大，将可能恶化经济问题，从而拖延政治问题的有效化解。意大利现行的政经结构不适应全球化和现代政治的发展要求，政治斗争恶化，不仅政党之间相互斗争，而且政党内部也相互斗争，使得政府极不稳定且虚弱，执政效率低下。同时政治领导人的能力弱化、政党治理能力下降。所以，我们要通过改革政体、选举法来保证意有一个稳定的政治体系；通过宪法来保障政治、公民社会的运作，而不是由政党来决定。

意大利罗马大学社会政治学教授迪莱蒂表示，鉴于意大利近期形势变化，在今后的选举中，可能会出现新的面孔。特别是贝鲁斯科尼已经被判刑，难以复出。由于意大利政局不确定，也可能把大选与欧选捆绑进行。意大利当前政局变化在很大程度上受外部因素影响，特别是受欧盟的影响，并不完全反映民意。

欧洲意大利人基金会专家表示，现在中左、中右任何一方都不可能单独解决问题，两党只有合作才能推动解决国家面临的问题和挑战。但是中左、中右都没有合适的下届总理候选人。

意大利《信使报》总经理埃尔维兹·扎纳尔迪认为，意大利经济仍面临很大的困难，正处于一个重要的调整期。意大利政治正处于过渡阶段，局面十分混乱，未来前景难测。

二、关于意大利政党政治的发展变化

菲利贝克认为，近20年意大利政坛出现了三股势力：一是以贝为首的中右集团，但它的影响力在下降，得票率从38%下降到25%。二是反对现行体制的集团，主要是对当今中左、中右政党不满的人汇聚成的势力。三是民主党。这三股势力力量相近，难分伯仲，但总的讲民主党占优。"五星运动"会在2014年的欧选中成为前三大党，但该党缺乏解决实际问题的能力。从长远来讲，其发展前景并不看好。现在联合政府正在对政体、选举法进行改革。我想强调两点：一是民主党是第一大党、主要执政党，作用突出。二是民主党坚定地支持政府，推动政府通过财政法案。如果通过此案，有利于经济复苏，增加民众对政府的信任。但当前我们也面临不少困难，特别是中右政党在政治上不配合我们。此外，近20年来，意大利政党与民众的联系发生了一定变化。政党固定的选民人数大大减少，选举得票率不确定性增大，在选举中必须全力争取新的力量支持。

意大利共产党人党领导机构成员、教授贺贝尔认为，意大利非传统政党崛起具有多重原因。五星运动是在传统政党集体堕落时期兴起的，民众对传统政党失去信任，让该党占了大便宜。加上"五星运动"的格里罗善于利用网络等新媒体，使之能够迅速发展。在"五星运动"所得的25.6%的选票中，主要来自于青年学生和失业者，两者分别占其支持选民（投票者）的50%和41%。但是该党既不与传统大党也不与小党联合，在最近的地方选举中力量有所下降，其个别创始人及一些议员离开了该党。就政党体制而言，贝鲁斯科尼上台后，大大减少比例选举制的比重，使意民主制度出现倒退。贝想走英美两党制的道路，把小党赶出意大利政治舞台，这就在政治上形成了以贝为代表的中右集团和以民主党为代表的中左集团。但它们都在往中间发展，争取中间选民。这种垄断的、单一的政治体制，是一种专制政治的表现，扩大了强权者的话语权，引起了小党的不满，也导致许多民众的政治参与热情下降。

马利诺认为，意大利政局20多年来从未稳定过，出现了中左、中右两个政党集团。最近"五星运动"的崛起，导致意政局更加动荡复杂。近几年来，这些大党通过合法手段，如修改选举法，加大媒体宣传等方式不断挤压小党，把共产党、绿党、价值党等赶出议会，使得意大利民主体制更加不完整。

几亚科切称，意大利的政党格局变化与全球化有关。经济的变化对政党带来深刻影响，导致中左、中右政党政策趋同。两党没有明显差异，根本不能解决意大利当前存在的各种问题，这样导致了国内反体制、反政党、反欧盟的力量上升。

普罗斯贝尔托称，意大利传统的五党体制垮台后，意共作为影响最大的政党，没有随着形势的变化进行必要的改革，而是向当时的政治妥协，将党改性为左民党。意共最后一任总书记奥凯托把重点放在政党的反腐上，致力于推进政体改革。达莱马领导的另一个主导性政党左民党上台后，实行私有化，推动公共参与。贝卢斯科尼并不是大资产阶级利益的代言人，没有代表大企业的利益。贝卢斯科尼领导的力量党也不是一个完整的政党，起初他是一个企业家，他以这种方式运营政党并不成功。中右、中左政党当政时未能很好地促进经济发展，有力地改善民生，进而引起民众的不满。到今天，"冷战"结束前的传统政党都不存在了。"五星运动"一夜之间兴起，是因为其领导人格里罗抓住了两个部分人：一是中小企业主，二是年轻人。格以反政党、反体制的面目出现，舆论、媒体都支持他，帮助他赢得了选举，使之在政坛一跃而起。贝、格都是近20年来意大利民粹主义的代表。目前政党在政坛不起重要作用，完全由民意牵着走，直接民主决定意大利的政治走向。只要有人打出别出心裁的旗帜，就能获得社会的支持。这是一种不正常的政治现象。

斯庇里称，"五星运动"的崛起，是由于传统政党没有找到解决民众需求的方案，也反映了意大利民众对欧洲一体化的不满。该党是一个极端现代主义的政党，但它能掀起政治风浪，煽动民众的不满情绪。现在，意大利民众对于国家政体改革十分关注，社会上要求推进政体改革的诉求主要体现在：一是减少议员人数；二是精简行政层级，取消现行的省级区划；三是改革现行的选举法；四是减少对政党的资助。

奥尔席娜称，意大利政党格局饱受政治乱象冲击，极端不稳定，短期无法恢复正常。中左的民主党是一个比较完整的政党。中右的自由人民党不完全是一种个人政党，它更像美、法总统选举制下的政党。我不同意意大利重返传统政党政治格局的看法，因为它过时了，而且贝鲁斯科尼的时代也结束了。意大利的政治争斗局面必须结束，必须依照宪法规定形成一种比较稳定的政治局面。

迪莱蒂表示，"冷战"结束后，意大利第一共和国结束，贝卢斯科尼上台后意开始了第二共和国，实施减税、弱化国家干预以及小政府政策，意大利出现了一种新的政治文化。中右内部比较稳定，中左则发生很大变化，其组织构架从左民党到民主党，思想混乱，派系庞杂，未能形成统一的口号，也难以形成自己的鲜明特征。中右的总理候选人一直是贝，而中左则存在很大的不确定性。所以政局的发展还需要一个过渡阶段。尽管两大政党都希望意今后推行两党制，但目前缺乏这种条件。

欧洲意大利人基金会专家均认为，对于意大利未来政党格局的变化，现在谁也说不清。也许中右阵营会出现分裂，党内稳定要取决于现政府能维持多久。力量党与民主党在选举法改革上有分歧，如两党不能达成一致，意政局今后还会继续动荡，我们希望尽快渡过这一特殊时期。中国在现代化进程中有一个强有力的政党领导，而意则没有，如果这一过程继续持续，意大利政党就没有希望。

三、关于意各政党内部情况

马利诺表示，意共长期致力于维护劳动者利益，维护国家宪法精神。而现在政府则要把国家参与排挤出经济生活，实行彻头彻尾的资本主义。所以意共的纲领是：坚决捍卫国家宪法，保卫民众的基本权利。意共多年来坚持批评中左、中右政府,但我们的声音太弱小,难以传递到广大民众中。意共在国际上奉行反对战争、反对霸权主义的政策,主张社会公平、团结与和谐。由于遭大党挤压,难以在国际上和国内生活中发挥作用。即便这样,意共的斗争精神并没有因此削弱,而是继续开展斗争。我们致力于意两个共产党之间的联合,使我们的影响扩大。在国际上,我们也致力于加强同世界上其他共产党之间的合作。

几亚科切称,在经济危机面前,意大利传统的工人力量日益减小。几大传统行业的工人人数大量减少,使得意共所依靠的基本力量不断萎缩,影响越来越弱。

意共产党人党国际关系部负责人弗朗切斯科·马林乔表示,意共的目标就是要把意民主制度恢复到"二战"后初期的状态。意共在不断地总结反思,"冷战"后以来,对意大利民主最大的损害就是意共的分裂、解体,此后在意不存在一个代表劳动者利益的统一的政党来维护意宪法。我们十分担忧意大利民主的削弱,正在致力于共产党力量的重建。

四、关于意大利及欧洲社会思潮变化情况

几亚科切称,"二战"后,欧洲政党格局中,群众性政党如共产党、社会党的影响很大,但当今这些政党的社会基础都遭到削弱,在走下坡路,这就为民粹主义的兴起提供了政治空间。意大利第一个民粹主义的政党就是贝鲁斯科尼创立的力量党。在近期的选举中,又一个民粹主义政党——"五星运动"兴起,它与传统的政党有一些区别,起源于草根运动。它更具群众性、社会性,不仅吸纳了中左、中右政党的主张,甚至吸纳了共产党人的主张。同时,随着金融危机、欧债危机持续蔓延及意经济的不景气,国内的反欧主义、怀疑主义力量上升,民众的消极情绪在增长。

贺贝尔认为,意大利社会思潮发生很大变化,主要表现在:一是通过欧债危机,对欧洲一体化发展模式产生质疑;二是开始对新自由主义进行反思;三是对民粹主义的兴起也开始持一种怀疑态度。此外,在欧洲,一种被称为欧洲进步主义的社会思潮未来更有发展前途。它

坚持凯恩斯主义，主张国家干预，不是传统意义上的共产主义力量，而是包括绿色环保主义、和平主义、女权主义等在内的一种新社会运动。包括意共在内的欧洲共产党可以与各种进步力量联合起来，争取更大的发展空间。

马林乔表示，第三条道路实际上是新自由主义的变种，是对其的一种调整。显然，当前新自由主义已出现困难，需要一种新的方案取代它，但社民主义至今未找到一种新的方案取而代之。

在社会主义阵营垮台后，欧洲共产党的力量大大削弱了，但并不能因此否认左翼的价值观。它们关于团结、平等、公正、集体主义的思想并未失败。我们现在正处于基本价值观念的防御阶段，我们并无能力去发动进攻。维护左翼进步主义并不是一党的事。中国、越南及拉美左翼所取得的成就对于欧洲共产党也是一种帮助，对我们有积极意义。但有些针对中国的负面宣传也对我们产生了不利影响。

欧洲意大利人基金会专家认为，欧盟只是一个协调机构，不是政府。随着欧盟扩大，意受冲击很大，90%的投资都流入到低成本的东欧国家挣钱去了，这都是欧元造成的。欧元不是按各国的情况，而是按统一的标准推行的，这就是意经济形势严峻、产生民粹主义的原因。意大利不是反欧主义国家，但现在为何出现了民粹主义思潮？其主要原因是推行欧元，以及全球化导致意大利国际竞争力下降。在我看来，意大利不应少一点，而应多一点欧洲，因为意大利的问题并不完全是由欧盟带来的。

五、关于欧洲政党政治及欧洲左翼情况

马林乔在应询回答欧洲左翼为何未在金融危机中得到振兴时指出，欧洲的形势很复杂，各国的情况又不一样，不能简单地认为，危机就一定意味着共产党力量的发展。在欧盟所有国家中，意大利左翼目前最困难，尤其是共产党。在此次危机中，有的国家共产党力量也有所回升，如葡共、西共。不同于希、葡，意各个共产党没有属于自己的工会，说明我们联系劳动者的能力也不强。此外，意共产党之间相互又不团结，这无疑削弱了我们的影响力。马还指出，当前欧洲共产党内部分化较为

明显，一个是传统的共产党阵营，包括希、葡、西、塞等国共产党；另一个是非传统共产党阵营，它与其他左翼混杂在一起，包括德国左翼党、法共等。同时欧洲共产党内部还出现三个分支：第一个分支是倾向欧洲左翼党的力量。它包括德国左翼党、意重建共、希左联党等，主张对传统的马列主义进行清算。第二个分支由希腊共产党及一些小左派组成，它们属于极左或激进左翼，虽然党员人数不多，但较为强调意识形态，反对修正主义、机会主义。第三个分支现在正在形成，还未完全成形，主要包括葡共、塞劳进党、摩尔多瓦共产党人党、意共产党人党等。因此，从整个欧洲来讲，共产党之间也不团结，很难整合起来并开展一些具有全欧意义的重大政治活动。

六、关于中意两党两国关系

几亚科切表示，意大利政府在处理对华关系上与德国一样，具有两面性。在经济上需要中国，与中国具有较大的依存关系。在政治上又恐惧中国，它把中国视为欧洲的威胁，认为中国的发展对其威胁大于机遇。在经济上，保守政府倾向于贸易保护主义，限制中国产品进入，导致双方贸易量下降，欧盟对中国的兴趣在减小。

马林乔表示，意大利历来重视对华关系，民众总体对华友好，但现在发生了一些变化。意大利有些政党利用中国问题来争取选民，如利用中国的人权问题。达赖也经常来意，与意大利政党关系密切。此外，意大利民粹主义势力认为中国纺织业的扩张挤占了意大利纺织业的发展，鼓吹贸易保护主义。意大利北方联盟就是通过反对中国、调动民粹主义力量来扩大自身影响的。但是值得注意的是，欧债危机以来，意大利政治精英们越来越意识到中国的重要性，采取了一些措施来减缓贸易保护主义、排外主义的影响。意共希望中国在维护世界和平、建立新的国际秩序上发挥更大的作用。赞赏当前中俄加强在叙利亚问题上的合作，打击了美国的霸权主义，意舆论对此的评价还是积极和正面的。中国还应加强外宣。中国在意大利办厂，是为了增加意大利的就业机会。中国应配合意大利工会、人权组织来宣传中国，从而消除意大利民众对中国的恐惧心理，意共可以从中发挥作用。

七、关于意及西方媒体的作用与功能问题

意大利《信使报》社长维尔曼·库森扎认为,现在西方传统报纸均面临挑战,正处于一种过渡时期。我们正在实现传统与现代新传媒的结合。作为报纸,不能有政治立场,我们是大众新闻。但我们关注政治,并根据民众的爱好进行报道。我们在选举中,尽可能对政党的报道做到平衡,主要是依据政党的影响力来刊发信息量。此外,还要考虑政党领导人提出的问题是否有轰动效应,能否引起公众共鸣。

扎纳尔迪认为,政党领导人可以在报纸上发表自己的文章,但我们都是中立、平衡的,左、中、右都有,不能偏袒任何党。意大利媒体大多是私营的,只有少数是政党的报纸。它们是公共媒体,能得到国家的资助。我们作为私营部门,不能得到国家的任何资助。

附录四　葡萄牙政要学者谈国内形势及政党政治

唐海军

一、关于国内形势变化

社会党中央书记安东尼奥表示，现在葡萄牙存在贪污腐败、执政效率低下以及政府违背竞选诺言等情况，导致失业问题突出、人才外流、民众生活和消费习惯发生变化，民众对政府的不信任增加。信任在应对危机中十分重要，普通民众信任政治家和政府对于国家发展至关重要。现在人民看不到前景，对未来失去信心，这是一种不妙的迹象。因此，葡萄牙出现了一些抗议政府的社会运动。社会党希望加强与这些社会运动的对话，使它们不成为其他党的宣传工具。他指出，无论是社会党还是社民党，都致力于建立一个强有力的国家经济，在增加公共投资的同时，对国家支出进行严格的控制。但是中右执政党坚持新自由主义政策，压缩开支，紧缩财政，这是社会党决不能接受的。我们正致力于寻找一条新的道路，刺激经济增长，解决就业，使国家走出危机，而不是紧缩财政，增加失业。葡萄牙应致力于发展能够出口产品的企业，并同时向外资开放，我们欢迎中国投资者来葡投资、创业。葡未来发展也面临几个大的问题：一是随着欧洲一体化的深入发展，葡国内决策要受到欧盟的影响；二是葡萄牙面临外部产品的更大竞争；三是如何保持政治的稳定性。

葡萄牙共中央书记努内斯认为，当前国家面临的赤字与债务严重地影响了工人阶级的生活环境。失业率不断上升，高达18%—19%，青年失业率更高达40%—50%。葡萄牙原来对外移民数量剧增，而近十几年来移民归国潮巨大，但回国后没有找到工作，生活困苦，工人的工资较低。可以说，葡萄牙当前不仅面临经济问题，而且还面临社会制度问题，即民主、自由权利受到剥夺的问题。垄断资本在剥削工人的同时，也在限制劳动者的民主权利。同时我们还面临北约、欧盟以及欧元区对我们的控制。对葡萄牙共来讲，阶级斗争十分重要，它对于捍卫国家主权是必要的、不可分割的。我们现在正在为捍卫宪法、维护国家主权而斗争，反对"三驾马车"对葡萄牙的控制，大力倡导爱国主义。必须把社会主义作为一个长远目标，并一步一步地予以实现。40年前的"四二五"革命不是一种社会主义的变革，我们称之为民主国家的变革。它是迈向社会主义革命中发生的过程。这不算是葡萄牙共的纲领，它是国家向前发展的一个进程。通过葡共的参与，在宪法中，把社会主义的内容写进去了。但我们以前的斗争成果，现在又被严重地损坏了。如今，我们正致力于走先进民主的道路，目标是实现社会主义。

社民党萨卡内罗学院院长、欧洲议员佐里尼奥·科埃略认为，葡萄牙经济形势在趋向好转，但不如预期的快。失业率高达27%，25岁以上年轻人的失业率达45%。因为葡萄牙的经济发展，不仅取决于葡萄牙自身努力，还要看整个欧洲经济形势的变化。欧盟对葡萄牙经济问题的解决没有承诺得那么及时和有力。欧委会现在开会都不发言，在等待默克尔建立一个强有力的政府，以发出继续拯救欧洲经济的信号，恢复市场的信心。现在，葡萄牙民众要么选择移民，要么选择反对和抗议政府。但多数民众并不反对欧洲一体化，因为葡萄牙30年来从中受益匪浅。人民对政府的最大期待就是尽快结束"三驾马车"对葡萄牙的束缚。当前对葡萄牙联合政府进行改组，实际上是两党在对待"三驾马车"上的意见不同所致，社民党对人民党作了妥协。由人民党主席、前外长担任副总理并负责协调葡萄牙与"三驾马车"关系，而此前这是总理的职权。

社会党思想实验室协调员、前议会党团领袖佐里尼奥称，欧债危机严重，葡萄牙深受世界经济危机的影响。

二、关于葡萄牙政党政治变化

安东尼奥表示,当前葡萄牙政党格局有变化,但变化不大,还在进一步发展之中。人民党拿到 10% 左右的选票,与社民党联合执政,这对其未必是好事。因为这将违背其竞选纲领,可能在下次选举中遭到惩罚。葡共在近期选举中力量上升的原因是,它在选举中没有打着共产党的旗号,而是与其他左翼政党联合竞选。在葡萄牙地方选举中,独立候选人明显增多,但其背后多有政党的背景。社会党与绿党、葡共等开展合作,"借壳上市",取得较好业绩,甚至拿下了社民党的部分传统地盘,在 308 个市镇中赢得 158 个,绿党也进入了议会并掌握部分市镇。但社会党与葡共、左联进一步合作遇到三个突出问题,即北约、欧盟建设、统一货币。因为后两者都反对欧盟建设、统一货币,并反对北约。

佐里尼奥称,现在左翼政党力量上升较快的原因,主要是由于中右政党推行的紧缩财政、削减开支遭到民众反对所致,但中右政府当前能够站稳一段时间。极左翼政党诉诸社会运动,这对于社会党来讲是一个现实的挑战。

安东尼奥称,在葡萄牙,国家对进入议会的政党予以资助,并纳入预算之中。但是最近几年,这笔支出在减少。政党的经费减幅很大,竞选预算不得不压缩。当然,与选民沟通接触的政党,其支出大,获得成功的概率也大。但是在政党竞选宣传时间上,国家明确规定,政党无论大小,机会平等,时间一样。在葡萄牙,右翼政党内部以及相互之间相对团结。左翼政党相互成见较大,分裂较为明显。这也是左翼政党面临的一个重大课题,即如何在左翼政党之间寻找共同点,加强相互合作,共同对付右翼政党的挑战。

努内斯认为,当今葡萄牙与"三驾马车"签订的紧缩政策,是在社会党执政时签下的。社会党下台后,仍支持政府与"三驾马车"的谈判。无论是社会党还是社民党制定的都是有利于保护大资本、冲击劳动阶层利益的政策,两党并无本质区别。社会党尽管是左翼政党,但政策实质上是向右靠拢,这与希腊泛希社运如出一辙。两党提出的左翼政策代替,实际上就是右翼政策,其实质是遏制共产党和工人力量的发展,这是欧洲左翼力量的现状和悲哀。葡共与绿党结成民主团结联盟，虽不是一个巨大进步，但也有较好的成果。它是在不久前的市镇选举中唯一取得胜利的一支力量。葡共原来在28个市镇执政，现在已增至34个，得票率上升到11%，而鼎盛时期达到28%。社会党在市镇选举中得票不佳的主要原因是公信力下降，其很多传统选民转而支持葡共。极右势力、左翼联盟力量的上升也受到现时环境影响，其共同特点是反对欧盟、反对一体化。

科埃略称，在葡萄牙不存在种族主义政党，比较极端的是共产党。它是苏联时期的产物，是一个反欧盟、反欧洲一体化的政党。在欧洲政党中，一般都是组成中间政党联盟。这给人产生一种错觉，好像没有左之分，只有中间力量。事实并非如此，葡萄牙当前发生的一些大规模抗议示威，就是由极端势力发起的。对中左、中右的界定，在很大程度上取决于对国内经济形势的看法。中左大都强调国家对经济的干预，中右则强调放松管制和国家自由化。但现在意识形态不是主要因素，主张经济干预的政党也主张开放市场。

三、关于葡政党自身建设

安东尼奥表示，社会党拥有两大支持群体，一是党员，二是党的同情者。社会党每个党员都要交党费，每人每月1欧元。如果是社会党党员当选各级议员、行政官员，必须要向党作出一份贡献，相当于工资的10%。个人也可以向党捐助，但有上限，每人每年2.5万欧元。但企业不允许向党捐款，因为这是违法的。进入全国议会的政党还可以得到国家资助，但未进入门槛的政党则没有。社会党在本次全国大选中失利后，党的收入减少了32%。

佐里尼奥称，思想实验室作为社会党的一个智库，最近专门设立了一个委员会，下设64个分会，均实行自我管理，主要是为2014年有可能提前举行的大选制定政策。这64个分会，无论是党员还是非党员，均可参加，现在注册会员已经达5000人。随着这个机构发展越来越大，今后最主要的是如何加强协调的问题。委员会的目标是致力于实现社会党上台执政，协助解决未来发展中面临的若干困难。我们将向全国公布我们的工作计划，主要内容是 2014 年预算、葡宏观经济走向。

雷沙称，社民党的经费主要来自国家资助、党员交费与捐赠，公司、企业不允许给党捐款。国家根据得票比率给予政党一定资助。从 2008 年至今，社民党每年获得的资金没有变化。但今后，包括选举在内，国家给予政党的资助将会大幅缩减。

科埃略表示，社民党现有党员 12 万人，18—30 岁的年轻人占党员比例的 35%。党员每人每年缴纳党费 12 欧元，年轻人缴纳 6 欧元。党的组织机构分为中央、省（大区）和市镇三级。现在由于对政府的紧缩政策不满，党员流失严重。社民党作为执政党，上台执政后失去了一些活力。特别是党主席出任总理后，处理党务的时间少了。为此，我们正推动形成一种新的政党运营模式，把党和政府的事务分开处理。现在主要负责党务工作的是常务副主席。2014 年要举行党主席选举，并为此进行了改革，由所有缴纳党费的党员公投产生。此外，他表示，萨卡内罗学院是一个非营利机构，是党的一个智库。它不是党的一个分支机构，而是一个独立的组织，有 100 位成员，包括现任、前任议长、前党主席以及一些独立人士。其职责：一是为党提供理论支撑；二是进行政治培训。

努内斯表示，作为现代共产党必须具备六个特点：一是阶级性；二是工人阶级政党；三是坚持马克思主义意识形态；四是以社会主义为目标；五是坚持民主集中制原则；六是以人民为主要力量。葡共当前面临的较大困难：一是工人和劳动者处境相当困难。党的主要力量来自工人阶层，多数为劳动者，经济危机加剧了我党社会基础的困境。特别是现在许多大公司、工厂都变成了小企业，使得我党的党员发展更加困难。二是苏东剧变对葡共的影响依然存在，但没有十几年前那么严重，葡共在许多方面仍没有恢复到 1989 年前的状态。三是党员老化问题。全党现有 6 万名党员，包括青年团 8000 人。近期党员人数呈上升趋势，增加人数对我党来讲不易，最近几年入党的人都在 30 岁以下，但无法与以前的老党员相抵消，党员老化现象还是很突出。四是经费短缺。党的经费主要来自党费和非党员的个人捐助，还有一些国家资助。有时还会出现因金钱而脱党的现象，部分人交不起党费。政府还在采取各种措施来限制葡共自筹资金。此外，全球化使劳动者的工资价格降低，损害了工人阶级的权利和力量。现在的全球化危机不利于我党力量的发展和壮大，也不利于社会主义意识形态的传播。葡共正在努力阻止政府摧毁葡经济政策，组织了一系列的游行抗议活动。葡共十分重视各党派之间的联合与合作，尤其是共产党之间的合作，我们强调国际主义以及世界进步力量之间的联合。我们始终认为，共产党之间的联系与合作十分重要。但认为，在我们的统一战线中，不包括社会党和社会党国际。

四、关于欧洲政党政治及欧洲共产党合作前景

安东尼奥称，2014年5月将进行欧洲议会选举，欧洲社会党将推出统一的候选人，如欧委会主席。在欧盟，保守政党目前在政坛较强，但也出现一种新的现象。德、英、葡三国社会党的支持率在上升，这是一个好的现象，这意味着在未来的欧洲选举中社会党表现好于保守党。

努内斯认为，欧洲左翼党实际上是在与欧洲社会党搞趋同。葡共曾参与欧洲左翼党的创立活动。这个党的成立，实际上是要遏制共产主义在欧洲的发展，所以我们退出了，但是葡左联很快就进去了。在欧洲，尽管有些国家的党也叫共产党，但它们实际上不是。然而我们也与之保持联系，如法共、西共和塞劳进党等，但我们不参与它们的事情。我们想通过我们的努力，使共产主义更有声势，但是这需要时间，不是明天就能达到目标。努还认为，现在共产党之间因发展阶段、历史的不同，相互之间也有分歧，如对马列主义的理解，有的党认为马列主义是教条的。在国际主义和民族利益上，也存在分歧，有的党认为民族斗争是最重要的。有的党认为社会主义可以在各个领域同时开展，不接受社会主义存在阶段性，有的党认为现在就是社会主义革命的时期。我们党同意在相互尊重的条件下进行讨论，最重要的是大家能坐在一起，而不是分裂。

科埃略认为，2014年欧选社会党人有可能获胜。因为从传统上讲，谁执政，谁就会在选举中遭到选民的惩罚。我预计，在欧选中，葡社会党将会超过社民党，葡共会比左联党多一席。在整个欧洲层面，社会党有可能会取得对人民党的胜利，但不会像社会党人所预期的那样明显，实际上两者差别也不是很大。

五、关于欧洲社会政治思潮

科埃略表示,经济危机使得欧洲各国的民族主义抬头,现在包括葡萄牙在内的整个欧洲都充满了对未来不确定的恐惧感,有一种闭关自守的倾向。极左、极右恐怖主义都在欧洲泛滥,比如法国的极右翼政党国民阵线在2014年的欧洲议会选举中民调支持率为第一,人民运动联盟为第二,社会党为第三。在希腊,泛希社运的民调支持率仅为7%,而希左联党则迅速崛起。在2014年的欧洲选举中,极端主义政党支持率将可能大幅增加,社会党和社民党等传统政党会受到冲击,这是我们所担心的问题。社民党认为,全球化对葡萄牙是一个机遇而非挑战,我们倾向于对外开放而非闭关锁国。葡萄牙自古以来就是一个对外开放的国家。我们与葡共的观点相反,葡萄牙应积极地融入到全球化进程中。

努内斯表示,现在欧洲正出现一种向右转的趋势,欧洲的民粹主义在膨胀,它们也想在欧洲政坛占有一席之地。出现这一现象的原因是:一是资本主义出现了危机。二是欧盟超越国家所形成的联盟,侵犯了各国的独立性。

六、关于中葡两党两国关系

安东尼奥称,葡社会党与中共有着长期的友好合作关系。社会党十分重视党派交往,并以此促进人民之间的交流。葡中两国国情不一样,希望通过两党交流促进两国人民之间的友好交往。近几年来,两党之间的交流在不断深化,尽管我们是作为反对党,但力量雄厚,可以通过两党之间的交流,推动两国关系发展。我们看到中葡两国关系在进一步发展,因为我们有传统的历史友谊。

佐里尼奥表示,现在中葡经贸、能源领域的合作不断加深,我们十分重视加强与中国的合作,并希望扩大与欧洲、中国的合作。

雷沙称,社民党与中共保持良好关系,两党举行了多次会晤,我们愿意保持友好往来。

努内斯表示,葡共十分重视与中共关系。我们之间的友谊与合作关系在不断增长，我们愿意加强这种合作。我们也愿意了解中共的组织发展状况，愿向中共了解社会主义面临的问题与困难。各国共产党之间在如何评价中国方面，观点不一样。在评价中国的改革开放上，各党的立场更不一致。有的党认为，中共在走资本主义，葡共认为这种观点肯定不对。我们看到，中共在带领人民，一步一步地实现了自己的计划和目标。我们想与中共共同奋斗，而不是扩大我们之间的分歧。

附录五　希腊政要谈政党政治

邹国煜

一、关于当前危机与经济社会情况

（一）危机背景下经济社会形势不容乐观

左联党国际关系部部长科斯塔斯·伊西霍斯指出，金融危机引发了严重的经济萧条，导致希腊失业率近年上升很快。当前希腊失业率超过了28%，青年失业率更是高达61%，其中妇女失业率是男人失业率的两倍。希腊社会目前大致可以分为三部分，三分之一失业，三分之一处于贫困状态，还有三分之一勉强能够过得去。希腊面临内战结束以来最严重的移民潮，很多人移居海外。全国范围内目前有33万个家庭处于非常贫困的状态。希腊经济社会严重衰退。

（二）危机源于不合理的制度设计

左联党外交政策秘书处成员、伯罗奔尼撒大学教授索蒂利斯·卢索斯提出，希腊很多政治家、经济学家仅仅认为当前的危机是一场债务危机，其所采取的应对方法也仅限于增加对富人征税等。事实上，1974年以来希腊政治体制上存在的缺陷早就给金融危机的出现和深入发酵埋下了隐患。同时，近年来越来越明显的欧盟经济南北不平衡，以及欧盟制度安排上有利于德国等经济大国的趋势也充分说明，欧洲的危机不仅是一场债务危机。若想从根本上解决这一危机，就意味着必须要推翻原的有不合理制度。

泛希社运总书记尼科斯·安德鲁拉基斯认为，欧盟自身结构问题是导致此次危机的根本原因。《马斯特里赫特条约》中规定，加入欧盟的条件首先是要使公共债务维持在低点，其次是要接受统一货币机制。在该一体化过程中，得益最多的是占优势的北方大国，比如德国。此次希腊债务危机，希腊原本可以通过货币贬值或以大量出口希腊农产品等偿还贷款这两种武器规避危机，但在欧盟框架下，希腊已经没有采取上述措施的权限，只能束手待毙。

（三）社会共识缺乏，执政当局"压力山大"

伯罗奔尼撒大学教授马诺斯·帕帕佐格鲁认为，目前希腊缺乏一个社会共识。在去年6月大选中整个社会围绕是否支持"紧缩备忘录"已分成两派，且各政党内部也没有统一纲领，无法达成一致。尽管就目前而言，新民主党和泛希社运两党政府（今年6月组建）仍然相对稳定。但是其内部一些议员对政府政策持异议，将影响政策实施。此外，目前欧洲议会选举和可能出现的希腊提前大选也会在一定程度上对两党政府构成不稳定因素。如何通过在民众期许较高的领域进行调整，来重新争取到那些在上次大选中把票投给边缘和极端政党的民众，是希传统政党亟须解决的问题。

（四）怀疑主义情绪上扬，社情民意发生变化

帕帕佐格鲁认为，希腊政治危机是经济危机的延续，近期希腊政坛出现了一些新变化，其中突出表现就是怀疑主义盛行：一是政党和政治家以及普通民众当中出现疑欧主义，很多人质疑欧洲到底能给希腊带来什么；二是出现怀疑传统政治和两党轮流执政格局的现象；三是怀疑新民主党和泛希社运合作执政的能力和效果。在此背景下，投票群体出现"无政治意识形态倾向"，与民众最关心的现实利益相比，政党的历史传统、理论纲领、政治取向等在政治生活中已无关紧要，选民也不再像原来一样按照阶级关系与相关政党挂钩。

（五）大规模抗议示威活动稍有平息

泛希社运欧盟事务和国际关系书记加拉利奥蒂斯·雅尼斯指出，危机刚开始时，民众反应非常强烈，各种形式的罢工和抗议示威活动此起彼伏，充斥着希腊的大街小巷。但现在民众已逐渐恢复平静，全国范围内罢工规模和数量均已大幅缩减。现在罢工主要集中于一些专业领域，比如，前不久的大学教师罢工。

安德鲁拉基斯提到，自塞浦路斯银行危机以来，越来越多的民众认为除接受"紧缩备忘录"外已别无选择，相当部分民众已经厌倦罢工，认为罢工无济于事。现在抗议示威的频率和规模均已大大降低。比如，今年公务员、游船工作人员等群体就没有举行过罢工。

（六）破解当前困局仍面临诸多问题

希腊经济大学教授安东尼斯·约奥尼蒂斯认为，债务危机爆发后，希腊政府在处理紧缩与经济发展平衡方面作了很多努力，近来新民主党和泛希社运联合政府又与欧盟进一步接触，要求其不再对希出台新的紧缩方案。同时，政府还出台了包括降低企业和个人税、放开个人自由职业和鼓励国外投资等在内的系列新政策，并积极推动旅游、基础设施及不动产等领域的发展，以期能在2014年重返国际市场。现在，希腊经济已经出现积极、好转迹象，但这些迹象并未体现在社会民生上。虽然经济状况有所好转，经济数据上升，但未给社会带来好处。目前希腊政府和两大主要政党仍面临很大问题。

卡拉曼利斯基金会新闻办公室负责人巴纳尤蒂斯·卡可利力斯也指出，两大执政党推行的紧缩政策在学界被认为是正确的。此次危机影响最大的是中产阶级，其生活水平下降很快，中产阶级是希腊社会中最大的群体，该群体的选择决定着希腊未来政局走向。政府希望给中产阶级以喘息之机。但如何平衡紧缩与经济发展之间的关系，仍然是政府当前面临的最大问题。

二、关于政党政治

（一）传统主流政党力量下降明显，两党格局彻底打破

伊西霍斯指出，自1974年希腊推翻专制统治，建立民主制度以来，新民主党和泛希社运两党交替执政，曾有过相对稳定的时期，两党支持率均在40%以上。2012年两次大选以来，两大党支持率下降很快，新民主党的支持率降到24%—25%左右，泛希社运的情况更糟糕，其民调支持率到现在为止已经骤降至5%左右，元气大伤，战略空间遭严重挤压。目前，希长期保持的由两大政党"轮流坐庄、单独执政"的政党体系已经坍塌，

政治局势动荡，政权更迭频繁。

（二）泛希社运落败因"生不逢时"，但内部因素也不容忽视

安德鲁拉基斯提出，2008年国际金融危机开始后，新民主党政府没有采取任何措施应对衰退，而选择在2009年举行提前大选。泛希社运胜选上台后发现希腊债务远非前政府所说的5%，而是超过了10%，甚至逼近15%。这意味着希腊已经成为世界上最糟糕的负债国，并且已经完全丧失了偿还能力。可以说，泛希社运上台时接手的就已经是一个无可挽回的烂摊子和无底洞。欧盟隔岸观火，迟迟不肯出手相救，以及其后要希腊以施行严厉的紧缩政策换取援助的做法等均很大程度加深了泛希社运的困难处境。但是不明真相的民众却将所有错误归咎于泛希社运身上，并以"报复性投票"来惩罚我们。当然，我们也不得不承认，泛希社运确实曾在一些错误的时间点施行过一些错误的举措。现在回想起来，也觉得在当时推出那样的措施真有点不可思议。

雅尼斯也指出，泛希社运丧失这么多选民的原因：一是近30年的执政经历让民众心生厌倦，革新求变呼声高涨。二是债务危机使希腊经济濒临崩溃，泛希社运成为替罪羊。三是泛希社运内部存在贪腐问题，从内部腐化掉，这也是丧失民心的重要原因之一。

（三）左联党坐大既有历史原因也系"渔翁得利"

左联党中央委员、雅典国立技术大学教授阿里斯蒂迪斯·巴尔塔斯认为，左联党两年前只有4%支持率，是一个名不见经传的小反对党，但现在却跃居最大反对党，其近来支持率迅速上升有其深厚历史根源："二战"后，希共影响相当大，其影响曾达到希腊大部分地区。尽管内战中希共战败，但仍给民众留下了深刻的左翼传统。此外，长期以来轮流执政的主流两党与欧盟关系密切，正因为这一良好关系，欧盟要希腊接受"紧缩备忘录"时，两党都顺从地接受了，但事实上"紧缩备忘录"给希腊带来了巨大伤害，大部分民众对此持反对意见。在此背景下，高举"反紧缩"大旗的左联党获得了很大上升空间。

左联党中央委员齐普拉斯·乔治指出，左联党近来能有如此大的提升很大程度上也得益于两大主要政党在危机中的无能。

伊西霍斯认为，危机背景下失业高企和民生凋敝，激起民众对主流政

党的质疑、不满甚至怨恨，转而把手中的选票投给了主要政党以外的其他党。左联党力量在上次选举中急剧飙升，就是这一客观情况的直接反映。

帕帕佐格鲁也指出，左联党把握时机，抓住民众最关切的问题，在希欧关系及对待"三驾马车"紧缩政策方面鲜明地亮出与主流政党截然不同的立场，所以支持率迅速上升。

（四）"金色黎明"异军突起成因复杂

帕潘德里欧基金会研究员米莲娜·帕纳约奥多布鲁认为，极右翼势力上升很大的原因在于主权债务危机导致失业率飙升，社会福利大幅度削减，很多人生活遭到严重冲击甚至陷入困境。

雅典派迪昂政治经济大学教授安东尼斯·克拉尔西斯认为，经济危机引起社会变化，给民众生活带来严重冲击和影响。民众对现实不满，想要惩罚现行体制和危机中应对不力的主流政党，所以把选票投给极端主义政党，导致"金色黎明"等极端政党势力上升。

安德鲁拉基斯指出，极右翼势力兴起的背后还有一个不容忽视的因素：希腊作为亚、欧、非三大洲的十字路口，是很多向往德、法等发达国家的移民的跳板。而其去往法德之路一旦受阻，则大量滞留在希腊。希腊现在有200多万移民，其中很多是非法移民。希腊移民问题非常严重。金融危机前，经济发展掩盖了移民问题，危机爆发后，这一问题则不断凸显和被无限放大。

（五）部分政党加紧调整重塑

约奥尼蒂斯说，新民主党是保守政党，其指导思想是新自由主义。但受经济危机影响，现在有所调整，希望通过社会市场或者加强国家干预来提升经济发展能力，带领国家走出困境。

扎妮指出，在坚持中右政党性质的基础上，近年来，新民主党不断加强和深化与民众关系，我们的目标是要把新民主党打造成民众能直接接触到的群体。在前不久的反暴力提议以及备战欧盟议会选举等一系列工作中，我们都很注意倾听民众意见和建议。

雅尼斯提到，面对反对派和媒体舆论的巨大压力，泛希社运作为一个传统的中左政党，为适应社会发展，也将不断改变调整政策，更多倾听民众，更大范围采纳民众意见，以帮助自身更好调整。同时，泛希社运内部现已展开讨论，分析支持率下降原因，并深刻认识到必须要进行自我更新重塑。这种更新不仅仅只是领导层的更新，而是要进行全面彻底的社会重塑，并且还要重塑让民众重返健康政治的能力。此外，在治国理政方面，泛希社运积极主张通过改革来提高竞争力，寻找走出当前危机的替代性道路：一是重新注重地方发展模式，政治家不应该仅仅集中在雅典，而应该多到地方看看；二是关注农业发展。多生产高品质、有竞争力的产品，并促进出口；三是大力发展旅游业；四是发挥自身优势大力发展海运业。

安德鲁拉基斯指出，泛希社运决定拒绝接受更多紧缩条款，因为紧缩导致失业、贫困。同时，我们还决定尽量起用新人。因为泛希社运近期遇到好几起政治丑闻，高层涉嫌"政治黑金"等丑闻，为解决这一道德问题，将启用没有执政经验同时也没有丑闻的新面孔，以帮助泛希社运摆脱丑闻影响，重新赢得民众信任。

伊西霍斯指出，目前，左联党也积极调整理论纲领，新纲领核心在于民主、互助、团结希腊人民。2013年10月，左联党党主席齐普拉斯在西班牙召开的欧洲左翼大会上被推举为明年欧洲议会选举的左翼代表人物。下一阶段，左联党还将致力于推动所有欧洲左翼党团结合作，推翻不合理制度，创造一个和平稳定的环境。

（六）未来各党力量消长不一，联合执政将成主流

帕帕佐格鲁认为，危机过后，新民主党或将调整其理论政策，使其更具包容性和更加"中间化"，但其力量不会大幅下滑；泛希社运现在已经沦为一个小党，危机后该党仍将是一个小党，其未来较好的选择是与其他党合作组建联合政府，成为参政党；至于左联党未来的发展，必须要指出的是，一个共产主义性质的政党不可能在如今的希腊成为主流政党。因为，共产主义性质政党很难争取到中产阶级这一最大社会群体的支持。左联党的马克思主义倾向必然会制约其在希社会中影响的大幅上升。同时，该党内部斗争激烈，小党派林立，多个不同思想相互攻讦，自我掣肘消耗太大。此外，希腊是一个欧盟国家，在这样一个国家里，主流政党的政策纲领必须建立在亲欧盟基础之上。所以，若左联党未来无法调整其理论政策的话，不可能成为第二个泛希社运，更不可能取代新民主党成为老大。

克拉尔西斯认为,"金色黎明"影响力短期内的迅速上升并不意味着希腊民众有支持极端主义的思想。事实上,民众把票投给"金色黎明"更大程度上只是想表达对现状的不满。"金色黎明"的暴力、反移民倾向如今已经激起民众反对。前不久该党涉嫌谋杀,政府借机予以整治,逮捕其主要领导人,希将该党定性为一个非法政党,并拟予以取缔,其前景不妙。

雅尼斯提出,左联党纲领空洞,在治国理政方面既缺乏经验,又未能提出切实可行的可替代方案,且其迅速坐大已经引起其他政党警觉,传统上曾互为对手的新民主党和泛希社运现在已经搁置彼此理论纲领的差异,携起手来共同对付左联党,未来左联党的处境不容乐观。

扎妮指出,非主流政党的异军突起更多只是危急中民众为惩罚主流政党发泄的表现。危机过后,其能否风光依旧值得怀疑。危机后,希政坛力量将重组,顺应时势和民意的政党将最终获胜。

卡可利力斯认为,未来即使希腊经济复苏,也不可能再回到两党轮流主导格局。两党都曾犯过错,危机给希腊带来新机会,提供了更多选择,为其未来创造一个更好、更健康的政治体制打下了基础。

帕帕佐格鲁说,从政府组成角度来看,未来五年将超越简单的中右或中左路线,左右多党联合执政将渐成主流。

三、关于希中关系

(一) 政党间友好交往方兴未艾

扎妮指出,希腊新民主党与中国共产党一直保持着良好的党际友好交往关系,仅今年前 10 个月双方就已 3 次互派团组进行访问交流。

安德鲁拉基斯指出,受中国共产党邀请,我今年六月刚刚去过中国,亲眼见到和亲身体会了中共在治党治国方面很多好的做法。中国与希腊所面临的某些问题有一定的相似性。中共目前所做的不是要民众去与西方进行横向对比,而是与过去进行纵向对比。我们当前也应该学习中国的做法,让民众明白,在我们的领导下,民众找到了工作,生活水平得到改善,这是泛希社运重点关注和要解决的问题。我认为,在泛希社运与中共两党交往层面,我们应该也需要开展更加广泛和深入的交流合作。

左联党中央书记迪米特利斯·韦查斯提到，希望左联党与中国共产党在未来能够有更加深入和密切的交往，希望中共的同志们通过两党间友好交往把更多先进经验介绍到希腊来。

（二）两国关系源远流长，前景广阔

卡拉曼利斯基金会国际关系部官员迪米特利斯·科科罗米蒂斯指出，希中同属文明古国，均有悠久灿烂的历史文化。两国自1972年建交后一直保持友好政治交往。20世纪90年代以来，中国进入世界市场，两国经贸等各领域交往迅速升温。现在，两国合作领域越来越广泛，甚至延伸到了运输、海运、港口等领域。希腊愿意通过两国友好合作把自己打造成中国进入欧盟的门户。希腊期望能扩大两国在旅游等方面的合作，增加来希腊旅行的中国游客数量。近期两国在通讯方面的合作快速上升，比如，中信与OTE签订了大单，希腊希望能保持这一势头。同时，希腊也希望在促进中欧关系方面发挥自己独特的作用，并愿意在该领域与中方展开更深入广泛交流。

克拉尔西斯提到，希中两国向来友好，早在1979年，时任希腊总理的卡拉曼利斯基金会创始人老卡拉曼利斯就已访问中国，当时在西方阵营里，访问共产党国家是需要勇气的，卡此举足见其对发展希中关系的重视。

帕帕佐格鲁说，希腊民间曾出现过针对一些国家的反对情绪，如曾一度出现的反美情绪，以及当前的反德情绪。但希腊民众对中国一直保持友好态度。

希腊最大私营电视台MEGA记者玛丽莲娜·耶朗托妮说，无论希腊政局如何改变，希中关系永远都不会改变。因为两国有很好的民意基础，而且是在相互尊重的前提下开展合作。中国是一个开放的国家，中国人民对希腊很了解。希腊的橄榄油、葡萄酒等产品深受中国朋友的喜爱。希腊可以成为中国进入欧洲的门户或桥梁。从欧盟角度，希腊希望中国与欧盟建立更好的关系。一个稳定发展的中国必将对欧盟的发展起到积极作用。此外，中国在选择外汇储备的时候，也可以进一步考虑欧元。

卡可利力斯说，希中两国近年来合作对希腊帮助很大，对中国也有利。经济全球化背景下，希中两国有着广阔的合作前景与基础，深入发展中希关系有利于两国和两国人民。

（三）理解支持中国立场，对中国未来寄予厚望

卢索斯说，在国际货币基金组织改革方面，左联党支持增加中国等金砖国家所占份额的提议。在这一个问题上我们是站在你们一边的，并愿意积极推动政府出台新的纲领政策促成这一提议。

耶朗托妮说，在外交领域，希腊已向中国证明，可以在联合国与国际法框架下帮助中国。比如，三年前疆独分子骚乱事件中，希腊就在第一时间对中国政府进行了声援。希腊与中国站在一起，并相信中国有能力处理好自己内部的这些问题。

巴尔塔斯认为，中国近年来发展很快，并且经济总量巨大，其必将在国际社会中扮演重要角色。

安德鲁拉基斯说，中国已经是世界的一支重要力量，中国所作任何一个决定，将影响世界。中国模式一枝独秀，中国应该要让世界上其他国家知道，这个世界除了美国和西方模式以外，还存在着以中国为代表的模式。中国梦与欧洲梦义理相通，二者均谋求更多发展、更多惠及人民。我个人有一个想法，想把柏拉图和孔子的哲学思想和政治智慧应用到当代世界的政治实践中去，共同维护世界和平、稳定与发展。

图书在版编目（CIP）数据

当今世界政党政治研究报告(2013年)／中共中央对外联络部研究室编.
—北京：中央编译出版社，2014.11

ISBN 978-7-5117-2370-3

Ⅰ.①当… Ⅱ.①中… Ⅲ.①政党-研究报告-世界-2013 Ⅳ.①D564

中国版本图书馆CIP数据核字(2014)第242067号

当今世界政党政治研究报告(2013年)

出 版 人：刘明清
出版统筹：贾宇琰
责任编辑：王　琳
责任印制：尹　珺
出版发行：中央编译出版社
地　　址：北京西城区车公庄大街乙5号鸿儒大厦B座（100044）
电　　话：(010)52612345(总编室)　　(010)52612341(编辑室)
　　　　　(010)52612316(发行部)　　(010)52612317(网络销售)
　　　　　(010)52612346(馆配部)　　(010)66509618(读者服务部)
传　　真：(010)66515838
经　　销：全国新华书店
印　　刷：北京京华虎彩印刷有限公司
开　　本：787毫米×1092毫米　1/16
字　　数：295千字
印　　张：19
版　　次：2014年11月第1版第1次印刷
定　　价：78.00元

网　　址：www.cctphome.com　　邮　　箱：cctp@cctphome.com
新浪微博：@中央编译出版社　　微　　信：中央编译出版社（ID:cctphome）
淘宝店铺：中央编译出版社直销店（http://shop108367160.taobao.com）

本社常年法律顾问：北京市吴栾赵阎律师事务所律师　闫军　梁勤
凡有印装质量问题，本社负责调换。电话：010-66509618